Günther Pallaver (Hg.)

Die ethnisch halbierte Wirklichkeit

siehe Benedict Anderson

Günther Pallaver (Hg.)

Die ethnisch halbierte Wirklichkeit

Medien, Öffentlichkeit und politische Legitimation in ethnisch
fragmentierten Gesellschaften

Theoretische Überlegungen und Fallbeispiele aus Südtirol

StudienVerlag

Innsbruck

Wien

Bozen

Gedruckt mit Unterstützung durch das Bundesministerium für Bildung, Wissenschaft und Kultur in Wien, die Kulturabteilung des Landes Tirol, die Universität Innsbruck, die Kultur-abteilung des Landes Südtirol und die Stiftung Südtiroler Sparkasse.

© 2006 by Studienverlag Ges.m.b.H., Erlerstraße 10, A-6020 Innsbruck
E-Mail: order@studienverlag.at
Internet: www.studienverlag.at

Buchgestaltung nach Entwürfen von Kurt Höretzeder
Satz und Umschlag: StudienVerlag/Thomas Auer

Gedruckt auf umweltfreundlichem, chlor- und säurefrei gebleichtem Papier.

Bibliografische Information Der Deutschen Bibliothek
Die Deutsche Bibliothek verzeichnet diese Publikation in der Deutschen Nationalbibliografie; detaillierte bibliografische Daten sind im Internet über <http://dnb.ddb.de> abrufbar.

ISBN 3-7065-1958-5

Inhalt

Vorwort

Die Funktion von Medien, insbesondere von Massenmedien für die Identität von ethnischen Minderheiten ist im Wesentlichen unbestritten. Die Minderheiten selbst weisen mit allem Nachdruck darauf hin. In staatlich garantierten Schutzbestimmungen, aber auch in Rahmenübereinkommen internationaler Organisationen ist dieses Recht ethnischer Minderheiten auf massenmediale Kommunikation verankert.

Dieser zentralen Funktion von Minderheitenmedien wird in letzter Zeit immer mehr eine zweite Aufgabe hinzugefügt. Massenmedien allgemein, Medien in ethnisch fragmentierten Gesellschaften ganz besonders, haben darüber hinaus eine friedensstiftende Funktion.

Dieses Buch beschäftigt sich mit der friedensstiftenden Funktion von Massenmedien in einer ethnisch fragmentierten Gesellschaft. Am Fallbeispiel Südtirol soll aufgezeigt werden, nach welchen Prinzipien das Mediensystem strukturiert ist, nach welchen Logiken eine ethnisch bestimmte Berichterstattung funktioniert, welche Auswirkungen eine solche Berichterstattung auf das Zusammenleben von Sprachgruppen hat und welche Konsequenzen für das politische System zu erwarten sind.

Leo Hillebrand zeigt die historische Entwicklung des ethnisch getrennten Mediensystems von 1945 bis heute auf. Hermann Atz untersucht Voraussetzungen, Rahmenbedingungen und Einflussfaktoren auf den (ethnischen) Medienkonsum. Günther Pallaver beschäftigt sich mit der ethnischen Berichterstattung der Südtiroler Medien und präsentiert eine Reihe von Ergebnissen quantitativer Untersuchungen von den Landtagswahlen 1998 bis zu den Gemeinderatswahlen des Jahres 2005. Siegfried Baur analysiert in seinem Beitrag ethnische Sprach- und Argumentationsmuster anhand von drei Fallbeispielen: Immersionsunterricht, die zweisprachige Namensgebung der Region in der italienischen Verfassung, Italienisch als Zweitsprache in der ersten Grundschulklasse.

In einem theoretischen Vorspann zeigt Günther Pallaver unabhängig vom Fallbeispiel Südtirol auf, welchen entscheidenden Beitrag Massenmedien für die Befriedung von ethnischen Konflikten leisten können. In seinem normativen Ansatz weist er darauf hin, dass sprachgruppenübergreifende (Massen)Medien einen wichtigen Beitrag für die Herausbildung einer ethnisch ungeteilten Öffentlichkeit sowie für die Herausbildung einer Dachidentität, einer „transethnischen Ökumene" leisten können, in der sich alle Sprachgruppen, unabhängig ob Minderheit oder Mehrheit, wiederfinden können, ohne ihre soziale Identität deshalb leugnen oder Abstriche vornehmen zu müssen. Dies wiederum schafft Vertrauen, baut Vorurteile ab, reduziert ethnische Spannungen, ebnet den Weg für ein friedliches und konstruktives Zusammenleben und Zusammenarbeiten unter den Sprachgruppen, erhöht das gesellschaftliche Sozialkapital und festigt dadurch die Legitimität eines politischen Systems und somit der Demokratie insgesamt.

Der Herausgeber hat den Koautoren für ihre Beiträge, für ihre freundschaftliche Zusammenarbeit und für ihre Geduld zu danken. Ein Dank ergeht an Herrn Georg Hasibeder vom Studienverlag, der sich für die Veröffentlichung dieses Buches nachhaltig eingesetzt hat.

Günther Pallaver   Branzoll, im September 2005

Günther Pallaver

Demokratie und Medien in ethnisch fragmentierten Gesellschaften

Theoretische Überlegungen zur Überwindung kommunikativer Schranken

1. Die friedensstiftende Funktion von Medien

Mit der Ausrufung des Jahres der Sprachen im Jahre 2001 haben die OSZE, der Europarat und die Europäische Union auf die Bedeutung der sprachlichen Vielfalt und Mehrsprachigkeit aufmerksam gemacht. Zuvor hatten sich in dieser Hinsicht auch schon die UNESCO und der Europarat engagiert (Husband 1994; Franchon/Vargaftig 1995). Dabei ging es in erster Linie um die Verwirklichung von kulturellen und sprachlichen Rechten, um das Recht von sprachlichen Minderheiten, sich (massen-) medial in der eigenen Sprache zu artikulieren und dadurch an der Öffentlichkeit, in der sie leben, teilzunehmen, um den Zugang der Minderheiten zu Information und Kommunikation. Massenmedien wurden und werden in diesem Zusammenhang stark als Instanz der Selbstbestätigung betrachtet, zur Erhaltung der Minderheitensprache, als Mittel zur Identitätsbildung, als „Ich" und „Wir"-Identifikation.

Da in medienzentrierten Demokratien soziale und politische Realitäten vorwiegend massenmedial vermittelt und konstruiert werden, hängt die soziale Identität und soziale Existenz von (sprachlichen) Minderheiten ganz wesentlich von deren Möglichkeit ab, sich in der eigenen Muttersprache auszudrücken. Deshalb kann man bei sprachlichen Minderheiten grundsätzlich davon ausgehen, dass die Selbstbestätigungsfunktion der Massenmedien höher und wichtiger eingestuft wird als die reine Vermittlung von Informationen. Ohne die klassischen Funktionen der Massenmedien wie jene der Information, Artikulation und Kontrolle zu relativieren, so geht es bei (sprachlichen) Minderheiten vor allem um die Rolle der (Massen)Medien bei der Konstruktion von nationalen, ethnischen und kulturellen Identitäten (Rautz 1999).

Diesem Ziel dient auch die Charta der Regional- und Minderheitensprachen des Europarats (1992), in der auch die Minderheitensprachen mit ihren Medien angesprochen werden. Die Charta sollte ein Instrument sein, das den Gebrauch von Regional- und Minderheitensprachen schützt. Demselben Ziel dient die vom Europarat verabschiedete Rahmenkonvention zum Schutz nationaler Minderheiten (1995), die 1998 zusammen mit der Charta für Regional- und Minderheitensprachen in Kraft trat. In diesem Schutzinstrumentarium für die Minderheiten sind auch die Medien enthalten (Council of Europe 1992; 1995).

Im selben Jahr (1998) trafen sich zum erstenmal die Herausgeber von Tageszeitungen, die in Europa in einer Minderheitensprache erscheinen, in Triest. Auch

9

bei dieser Gelegenheit wurde die Bedeutung von Minderheitenmedien für die Erhaltung und Entwicklung von Minderheitensprachen betont, wurde einhellig die Bedeutung von Medien für die Identität der jeweiligen sprachlichen Minderheiten unterstrichen (Brezigar/Sussi/Valencic 1999). Die 2001 gegründete Vereinigung der „Minderheiten-Tageszeitungen-Minority Dailies Association" (MIDAS)[1] sieht in ihrer Satzung in erster Linie die Förderung der Tageszeitungen in Minderheiten-Regionalsprachen vor sowie die Unterstützung von Minderheiten ohne Tageszeitungen. Mit der Begründung, dass über 40 Millionen Menschen in der Europäischen Union eine andere als die offizielle Sprache ihres Staates sprechen, soll die Förderung dieser Minderheitensprachen unter anderem durch eine ausreichende mediale Versorgung garantiert werden, insbesondere durch Printmedien in der jeweiligen Minderheitensprache (Dolomiten 2.8.2001; www.midas-press.org).

So wichtig und unbestritten auch das Recht sprachlicher Minderheiten auf ein eigenes Medienwesen ist, so darf auf der anderen Seite nicht vergessen werden, dass Medien ganz allgemein, und in Gesellschaften mit (ethnischen) Spannungen und Konflikten ganz besonders, auch eine friedensstiftende und friedenserhaltende Funktion auszuüben haben.

Dieser generelle Grundsatz wurde in der Mediendeklaration der UNESCO von 1976 verankert, nachdem die friedensstiftende Funktion von Massenmedien und deren Funktion zur Völkerverständigung bereits zuvor in einzelnen internationalen Verträgen Eingang gefunden hatte, wie etwa im Abschlussdokument der KSZE-Konferenz von Helsinki 1975 (Becker 2005, 171).

In diesem Zusammenhang wird in der UNESCO-Deklaration neben den klassischen zusätzlich auf eine Reihe weiterer Funktionen der Massenmedien hingewiesen, wie auf die Diskussions- und Dialogfunktion zur Konsensfindung innerhalb lokaler, nationaler oder internationaler Interessen oder wie auf die Integrationsfunktion, um das gegenseitige Verständnis unter Einzelpersonen, Gruppen und Nationen zu fördern (Warasin 2001, 65–66).

Was die spezifische friedensstiftende Funktion von Massenmedien betrifft, so heißt es in Art. 3 der UNESCO-Mediendeklaration ganz explizit: „Massenmedien haben einen wesentlichen Beitrag zur Festigung des Friedens und der internationalen Verständigung sowie zum Kampf gegen Rassismus, Apartheid und Kriegshetze zu leisten." Davon abgeleitet sehen die in den demokratischen Ländern bestehenden ethischen Verhaltenskodices für JournalistInnen in der Regel die Ablehnung von rassischer und ethnischer Diskriminierung, das Verbot von Kriegspropaganda und die Anwendung von Gewalt vor (Becker 2003, 1–2).

(Massen)Medien in Gesellschaften, in denen mehrere Sprachgruppen miteinander leben, sind in Bezug auf das Verbot der Diskriminierung und umgekehrt in Bezug auf das Gebot der Pazifizierung besonders gefordert. Medien in ethnisch fragmentierten Gesellschaften haben die friedensstiftende Aufgabe, die jeweiligen Vorurteile zu hinterfragen und zu dekonstruieren, um dadurch unter den verschiedenen Sprachgruppen gegenseitiges Vertrauen zu fördern und damit wiederum ethnische Barrieren abzubauen. Die Kommunikation und Kooperation unter verschiedenen Sprachgruppen, die auf einem gemeinsamen Territorium leben, die Überwindung von ethnischen Mauern, ein kultureller Annäherungsprozess der Sprachgruppen und damit die Reduzierung von ethnischen Spannungen müssen Zielsetzungen eines Mediensystems sein, das sich nicht nur der eigenen Sprachgruppe verpflichtet fühlt, sondern darüber hinaus die Mitverantwortung für ein friedliches und konstruktives Zusammenleben zwischen verschiedenen Sprachgruppen übernimmt.

(Massen)Mediale Kommunikation spielt in ethnisch fragmentierten Gesellschaften eine zentrale Rolle im Prozess der Entspannung und Befriedung von Konflikten, oder umgekehrt, eine wesentliche Rolle beim Anheizen und Eskalieren von ethnisch motivierten Gegensätzen.

Die friedensstiftende Funktion von Minderheitenmedien kann in einem erweiterten Sinne auch aus der Rahmenkonvention zum Schutz nationaler Minderheiten heraus interpretiert werden. Die Rahmenkonvention geht nämlich über den reinen Schutz von Minderheiten hinaus und verpflichtet die Vertragspartner, einen interkulturellen Dialog zu fördern, und dies nicht nur in den Bereichen der Bildung und der Kultur, sondern auch im Bereich der Medien. Zusätzlich wird den Medien auch die Förderung von Toleranz und kulturellem Pluralismus aufgetragen. In diesem Sinne förderte der Europarat unter anderem in Südosteuropa interkulturelle Projekte im Medienbereich, die als vertrauensbildende Maßnahmen zur Befriedung ethnischer Konflikte angesehen werden. Die OSZE richtete 1997 das Amt des „Representative on Free Media" ein, das sich mit Dimensionen der Konfliktprävention und Konfliktlösung beschäftigt (Busch 2004, 196).

Die politische Zielsetzung einer friedensstiftenden Funktion massenmedialer Kommunikation in ethnisch fragmentierten Gesellschaften führt uns zur Frage, was wir unter ethnisch fragmentierten Gesellschaften verstehen. Einmal verstehen wir unter ethnischen Minderheiten „Bevölkerungsgruppen im Rahmen einer mit anderen geteilten politischen Gemeinschaft mit eigener umfassender und vom Rest der Bevölkerung unterschiedener sozialer (ethnischer) Identität, Bevölkerungsgruppen, welche politisch und/sozial und/oder ökonomisch der dominanten Gruppe (Hegemonialgruppe) dieser politischen Gemeinschaft als nicht gleich erachtet werden, weil sie zahlenmäßig deren Umfang nicht erreichen" (Reiterer 2002, 23). Auf das Wesentliche eingeschränkt definieren sich ethnische Minderheiten durch die beiden Kategorien Muttersprache und Selbstwahrnehmung. Solche ethnische Minderheiten können autochthon sein, aber auch neue Minderheiten im Sinne von Migranten. Mehrheiten und Minderheiten gehören demselben politischen System an, das durch eine (oder mehrere) ethnische Bruchlinie(n) gekennzeichnet ist, die ihrerseits wieder sehr oft alle anderen gesellschaftlichen Bruchlinien überlagert (Lipset/Rokkan 1967).

Wenn wir von ethnischen Konflikten sprechen, können wir zwei Ebenen unterscheiden. Auf der Ebene der objektiven Konfliktfaktoren geht es um Interessenkonflikte, unter anderem um Konflikte rund um Ressourcen, Macht, Herrschaft, Anerkennung und Diskriminierung. Auf der Ebene der subjektiven Konfliktfaktoren geht es um Identität, Kultur, Religion, Tradition, Geschichte, Nationalität usw. (Bloomfield 1997, 22 ff).

Ethnische Konflikte fallen unter die subjektiven Konfliktfaktoren. In erster Linie geht es dabei um den Kernkonflikt der Anerkennung der Minderheit als solche durch die Mehrheit, somit um die Akzeptanz einer „anderen" Identität. Ethnische Konflikte werden vielfach als „unteilbare Konflikte" angesehen, bei denen es keinen Kompromiss gibt. Hingegen sind Interessenkonflikte in der Regel Verteilungskonflikte, die politisch verhandelbar sind (Nicklas 1997, 222). Allerdings werden Interessenkonflikte in ethnisch fragmentierten Gesellschaften vielfach von ethnischen Konflikten überlagert und verweben sich mit diesen. Erst einmal verwoben, gestaltet sich die Entwirrung eines Ethno-Interessenkonflikts um so schwieriger.

Um ethnische Konflikte zu lösen, müssen diese vom Konflikt zum Diskurs verschoben werden. Das heißt, der Konflikt muss in verhandelbare Konflikte aufgelöst werden. Ethnische Konflikte sind nur dann unauflösbar, wenn man ihren ethnischen Grenzziehungs-Charakter verabsolutiert (Reiterer 2002, 153–155). Massenmedien, sei es jene der Mehrheiten wie jene der Minderheiten, haben deshalb die friedensstiftende Aufgabe, ein öffentliches Klima vorzubereiten bzw. aufrecht zu erhalten, das ethnische Spannungen dekonstruiert und als gesellschaftliche interpretiert, das ethnische Konflikte in verhandelbare Interessenkonflikte transformiert. Diese Funktion ist möglich, wenn ethnische Minderheiten in ihrer Identität nicht gefährdet sind. Sind sie gefährdet, wird das Pendel eher in eine identitätserhaltende Richtung ausschlagen. Aber selbst in Fällen der existentiellen Gefährdung dürfen die Massenmedien auf eine ihrer beiden Funktionen nicht verzichten, weder auf die identitätserhaltende noch auf die friedensstiftende.

Während in den 1980er Jahren von räumlich fixierbaren Gruppen, von autochthonen Minderheiten ausgegangen und deren identitätsstiftende Muttersprache in den Mittelpunkt gerückt wurde, weitete in den 90er Jahren die Europäische Rahmenkonvention die funktionale Zielsetzung von Minderheitenmedien aus. Auf Grund der traumatischen Erfahrungen mit dem Ausbruch der ethnischen Konflikte in den Ländern des ehemaligen Jugoslawien wurde der interkulturelle Dialog stärker in den Vordergrund gerückt. Dieser Zielsetzung massenmedialer Kommunikation wird in der Europäischen Union immer mehr Rechnung getragen.

Bei der Behandlung der Frage über die friedensstiftende und friedenserhaltende Funktion massenmedialer Kommunikation in ethnisch fragmentierten Gesellschaften gehe ich von folgenden Thesen aus:

Massenmedien, sowohl jene der Mehrheit(en) als auch jene der Minderheit(en), haben in ethnisch fragmentierten Gesellschaften die Aufgabe, ethnische Vorurteile abzubauen, um dadurch Spannungen und Konflikte zu minimieren und um unter den Sprachgruppen gegenseitiges Vertrauen zu schaffen.

Kommunikation, insbesondere massenmediale Kommunikation, bildet das Netz und den Kitt einer Gesellschaft und verbindet die Teil- und Subsysteme eines politischen Systems. Massenmediale Kommunikation stellt Öffentlichkeit her und tauscht in diesem öffentlichen Raum Symbole und Zeichen aus, Werthaltungen, Einstellungen, Alltagserfahrungen, politische Inhalte usw. Durch die Herstellung von Öffentlichkeit und öffentlichen Diskursen schafft Kommunikation Identität und fördert die Produktion von Sozialkapital. Da Kommunikation im öffentlichen Raum stattfindet, eine rein ethnisch definierte Massenkommunikation aber zu einer segmentierten Öffentlichkeit führt, ist die Legitimation des politischen Systems, in dem Mehrheiten und Minderheiten miteinander leben, asymmetrisch und dadurch Erosionsprozessen ausgesetzt.

Ziel einer ethnisch ungeteilten Kommunikation ist die Konstruktion einer gemeinsamen, gruppenübergreifenden Identität, einer interethnischen Ökumene als Voraussetzung für ein konstruktives Zusammenleben unter verschiedenen Sprachgruppen.

2. Erstes Ziel: Abbau von Vorurteilen

Vorurteile sind besonders resistent und schwer zu bekämpfen. Die Anzahl von Merkmalen, die den Inhalt und somit den Vorwand für Vorurteile bzw. Feindbilder abgeben können, scheint unbegrenzt zu sein. Innerhalb dieses breiten Spektrums von Merkmalen wie Rasse, Geschlecht, Altersstufen, Sprachgruppen, Region, Religion, Nationen, Ideologien, Kasten, soziale Klassen, Berufe, Bildungsniveau, unzählige Formen von Interessengruppen (vgl. Allport 1954, 89) sind jene, die sich gegen national, ethnisch, „rassisch" oder kulturell definierte Fremdgruppen, gegen „andere" richten, besonders markant und überragen die übrigen Merkmale bei weitem.

Ethnizität kann insgesamt zu besonders intensiven Formen des politischen Ein- und Ausschlusses führen (Pelinka 1998, 26), wobei innerhalb der unscharfen Zuordnung von Merkmalen die Unterkategorie der AusländerInnen/ZuwandererInnen besonders hervorsticht (Berghold 2002).

Bei den ethnischen Vorurteilen (vgl. Delle Donne 2004) handelt es sich um soziale Einschätzungen, die sehr oft negativ sind, weil bei der Abgrenzung der eigenen, positiv konnotierten sozialen Identität gegenüber anderen sehr oft negativ konnotierten sozialen Identitäten die Differenz leicht in Ungleichheit umschlägt. Differenz ruft bei der Zuteilung von sozialen Rollen Ungleichheit hervor und als Folge davon auch Ungleichheit beim Zugang zu sozialen Wertschätzungen, Reichtum, Prestige und Macht (Zanfrini 2004, 57).

Vorurteile werden generell als Urteile definiert, die vor einer persönlichen Erfahrung gefällt werden, somit in Abwesenheit von entsprechenden Informationen, die solche Urteil verifizieren könnten. Bei ethnischen Vorurteilen handelt es sich um Meinungen, Urteile, Verhaltensweisen gegenüber Mitgliedern einer bestimmten ethnischen Gruppe, die sich in der Regel in der Minderheit befindet. Ein solch ethnisches Vorurteil kann aber auch seitens der Minderheit gegenüber der Mehrheit an den Tag gelegt werden, insbesondere dann, wenn es sich um ethnische Gruppen mit einer dominanten Kultur handelt

In der Regel beruhen Vorurteile auf Stereotypen, somit auf sozial mit anderen geteilten Annahmen, die kulturell bedingt für die Charakterisierung von bestimmten Personengruppen herangezogen werden. Dabei beruht der Grossteil der Sterotypen nicht auf direkten Interaktionen, sondern präsentiert sich als Produkt sozialen Lernens (ebda, 63). Objekt der ethnischen Vorurteile sind im Vergleich zur dominanten Mehrheit mehr oder weniger *out-groups*. Die soziologische Relevanz dieser Gruppen besteht darin, dass die *in-groups* solche Vorurteile teilen. Diese kollektive Haltung zielt unter anderem auf die Aufrechterhaltung von Privilegien der eigenen Gruppe (Van Dijk 1987).

Vorurteile können somit (negative oder positive) Stereotypen reflektieren, die sich im Rahmen von Beobachtungen anderer Gruppen, gefilterten Informationen und/oder personalen Interaktionen mit Mitgliedern anderer Gruppen bilden. Dabei werden bei den jeweiligen anderen Gruppen „extreme" Eigenschaften festgestellt, die man als atypische Kennzeichen auf die gesamte Gruppe ausweitet und verallgemeinert. Die sozialen Rollen bilden und beeinflussen die Verhaltensformen gegenüber diesen Gruppen, wobei die emotionale Ebene solche Interaktionen stark beeinflusst. Diese soziale Wahrnehmung und soziale Aneignung von Stereotypen erfolgt aber nicht nur durch interpersonale, sondern vor allem durch massenmediale Kommunikation.

Wenn nun die Stereotypen durch Informationen über die Zugehörigkeit zu anderen Gruppen aktiviert werden, so beeinflussen sie die summarischen (Vor)Urteile, wenn die kognitive Fähigkeit beschränkt ist und/oder wenn sie einzelnen starken Emotionen ausgesetzt ist. Sie beeinflussen aber auch ausgeglichene (Vor)Urteile, indem sie Personen anregen, zusätzliche Informationen zu suchen, diese zu interpretieren und die Informationen selbst zu speichern.

Dieser Umstand führt uns zur Frage, wie Vorurteile angesichts disfunktionaler Konsequenzen wie etwa das Aufkommen rassistischer Ideologien oder die Legitimation diskriminierender Praktiken überwunden werden können. Ein Zugang bietet die Theorie der „community relations", die davon ausgeht, dass der Kontakt mit Mitgliedern einer bestimmten Gruppe die Stereotypisierung und die Vorurteile vermindern kann.

Allgemein weist „community relations" auf die Beziehungen zwischen und innerhalb einer Gemeinschaft hin. Dabei geht es um Bemühungen, (tiefe) gesellschaftliche Brüche zwischen verschiedenen, meist ethnischen (aber auch religiösen und anderen diversen) Bevölkerungsgruppen zu überwinden, somit um die Verbesserung der Beziehungen zwischen antagonistischen „Lagern" (Breuer 1994, 84). Im wesentlichen geht es um Ziele wie Gleichwertigkeit der Gruppen, Chancengleichheit, Förderung des Verständnisses und der Wertschätzung der Verschiedenheit, allgemein um Pluralismus. Vielfach wird das Zusammenspiel von Gleichwertigkeit, Interdependenz und Verschiedenheit als essentiell angesehen, auch wenn die Überbetonung von Gleichwertigkeit zur Befürwortung einer geteilten Gesellschaft führen kann, mit dem Pochen auf Verschiedenheit Ungleichheiten gerechtfertigt werden können und Interdependenz zu Angleichungsversuchen führen kann (Eyben/Morrow/Wilson 1997, 6).

Als theoretischer Hintergrund von „community relations" wird zwischen zwei Zugängen zur Konflikttransformation unterschieden. Der strukturelle Zugang beschäftigt sich vorwiegend mit den objektiven Konfliktfaktoren und konzentriert sich auf die Interessen der Konfliktparteien (conflict settlement) (Bloomfiled 1997 69–70), während der kulturelle Zugang sich auf die subjektiven Konfliktfaktoren konzentriert (conflict resolution). Dieser Zugang beschäftigt sich mit den Bedürfnissen der konfliktorientierten Gruppen nach Sicherheit, Identität, Gerechtigkeit und Anerkennung (ebda, 68–70). Es handelt sich um eine „beziehungs- und prozessorientierte, subjektbezogene, kooperative Arbeit an einer gemeinsamen Problemlösung für ein in der Regel schwer einzugrenzendes Konglomerat von Konfliktdimensionen" (Ropers1997, 216).

Es wird davon ausgegangen, dass es Orte braucht, wo über Ängste, Gefühle, Rivalitäten und Ressentiments offen gesprochen werden kann. Durch Kontakte und Kooperation sollen gegenseitiges Verständnis, Anerkennung, Respekt und Vertrauen aufgebaut werden, damit eine gemeinsame Konfliktanalyse möglich wird und schließlich über die sachliche Ebene des Konflikts verhandelt werden kann (ebda, 212).

Innerhalb des kulturellen Zugangs zur Konflikttransformation nimmt die Kontakttheorie eine bedeutende Rolle ein. Sie geht davon aus, dass durch verbesserte

Kommunikation und durch einen regen Austausch zwischen verfeindeten Gruppen Gemeinsamkeiten wie gemeinsame Grundbedürfnisse und gemeinsame Grundeinstellungen entdeckt und Unterschiede toleriert werden, Vorurteile abgebaut und Vertrauen aufgebaut wird. Allerdings haben Untersuchungen ergeben, dass interpersonale Kontakte zwar zur Verbesserung der Beziehungen zwischen den „Lagern" beitragen können, allerdings nicht in dem Ausmaß, wie bis dahin angenommen worden war. Kritiker der Kontakttheorie betonen die Notwendigkeit von strukturellen Veränderungen und fordern deshalb „community-relations"-Programme, die auf allen gesellschaftlichen Ebenen und Institutionen zur Anwendung kommen (Hewstone/Brown 1986, 42).

Ein zentraler Kritikpunkt solcher Projekte weist darauf hin, dass direkte Erfahrungen mit Mitgliedern der anderen Gruppe oft als Ausnahme interpretiert werden. Stereotypen und Vorurteile werden im konkreten Einzelfall abgelegt, bleiben aber allgemein aufrecht (Tajfel 1985, 212). Das schließt nun nicht aus, dass häufige und intensive Kontakte nicht positive Folgewirkungen nach sich ziehen. Solche intensive Kontakte können inkohärente Informationen zu den vorhandenen Stereotypen liefern, die zu eindeutig sind, um als Ausnahmen abgetan zu werden.

Vorurteile können somit überwunden werden, wenn solche inkohärente Informationen auf viele Individuen angewandt werden, wodurch die Bildung von Untertypen verhindert wird, wenn die inkohärenten Informationen auf typische Individuen angewandt werden, sodass Kontrasteffekte nicht möglich sind. Sie können schließlich überwunden werden, wenn sich Personen grundsätzlich nicht auf Stereotypen verlassen. Diese Schritte ermöglichen es, dass Stereotypen modifiziert oder ignoriert werden und somit Vorurteile abgebaut werden (Vgl. Smith/Mackie 1998, 181–182).

Der individuelle Kontakt zwischen den verschiedenen Gruppen ist für den Abbau von Vorurteilen zwar wichtig, aber quantitativ offenbar nicht ausreichend, um einen Prozess der Vorurteilsrevision innerhalb überschaubarer Zeiten herbeizuführen. Deshalb haben über die individuellen Kontakte hinaus gerade jene Akteure eine besondere Verantwortung, die für die Herstellung der öffentlichen Meinung verantwortlich sind, nämlich die Massenmedien. Massenmedien haben eine besonders hohe Verantwortung, weil über sie die Stereotypisierung gefestigt, potenziert, oder aber vermindert und abgebaut werden kann, weil die Massenmedien über die familiäre und schulische Sozialisation hinaus für das soziale und politische Lernen mitverantwortlich sind.

Untersuchungen belegen, dass politische und kulturelle Eliten eine entscheidende Rolle bei der Reproduktion von Vorurteilen spielen, weil innerhalb der Massenmedien die Tendenz vorhanden ist, soziale Probleme und Probleme der Illegalität ethnischen Gruppen, insbesondere Immigranten als neuen Minderheiten zuzuschreiben. Es sind denn auch sehr oft die Medien, die das Zusammenleben von verschiedenen ethnischen Gruppen als besonders problematisch und spannungsgeladen präsentieren (Zanfrini 2004, 85).

Die diskursive und kommunikative Relevanz der Massenmedien ist über den Transport und die Verbreitung von ethnischen Vorurteilen auch deshalb so hoch, weil diese die Fähigkeit besitzen, in gewissem Sinne die Konsequenzen ihrer Praktiken unsichtbar zu machen. Das Mediensystem führt das zu verurteilende Verhalten von einzelnen Mitgliedern einer ethnischen Gruppe oft auf die Gruppe selbst zurück, der diese angehören, sodass etwa der Ausschluss der Immigranten und die Verfestigung von Vorurteilen auf die kulturelle Distanz und auf den kulturellen Konflikt zurückgeführt wird. Dies erfolgt oft in einer direkten Art, etwa durch entsprechende Kommentare, aber oft auch in einer sehr unterschwelligen Art und Weise, wie beispielsweise über die Wahl eines Titels, die Art der Aufmachung, die Gewichtung der Information, über einen besonderen narrativen Stil oder über die Verwendung von bestimmten Begriffen, die nicht selten aus der Welt des Krieges stammen (ebda, 85–86).

Auf diese Weise können Massenmedien einen wesentlichen Beitrag in der permanent negativen Konnotation des Zusammenlebens von verschiedenen Sprachgruppen beitragen. Fremde oder fremde (ethnische) Gruppen (mit individuellen Ausnahmen) werden als Menschen wahrgenommen, mit denen ein konstruktiver Dialog genauso wie ein konstruktiver Konflikt nicht möglich ist, mit denen eine wie immer geartete gemeinsame Basis von Anliegen und Interessen nicht gesucht, sondern vielmehr sogar abgelehnt wird (Berghold 2002).

3. Der nächste Schritt: Bildung von Vertrauen

Vertrauen ist für jedes politische System ein zentraler Faktor. Es weist auf einen positiven Zusammenhang zwischen der Performance eines demokratischen Systems und dem in einer Gesellschaft vorhandenen Level an Sozialkapital hin (Putnam 1993), Vertrauen bildet eine wichtige Voraussetzung für Kooperation, die wiederum Voraussetzung ist für eine Gesellschaft, die einen höheren Grad an Gemeinwohl besitzt als solche, in der Misstrauen herrscht (Seligman 1997). Vertrauen ist aber auch ein Indikator für die wirtschaftliche Leistungsfähigkeit einer Nation (Fukuyama 1995). Vertrauen ist „eine der wichtigsten synthetischen Kräfte innerhalb der Gesellschaft" (Simmel 1992, 393).

Der engere Kontext von Vertrauen sind Alter-Ego Beziehungen, in der Soziologie auch Dyaden genannt. Es handelt sich um zwei soziale Einheiten, um Akteure, denen man eine bestimmte Verfasstheit (Kontinenz) und eine bestimmte Unberechenbarkeit (Kontingenz) zuschreibt (Fuhse 2002, 414). Sobald es zur Interaktion der beiden Akteure kommt, entsteht ein Geflecht an Erwartungen, an der sich die nachfolgende Kommunikation entfalten kann (Katovich 1987). Alter und Ego sind zwar immer noch dieselben, aber was sich grundlegend geändert hat ist ihr Verhältnis zueinander. Ab diesem Augenblick ist Vertrauen keine Eigenschaft mehr, sondern die Qualität einer Beziehung zwischen zwei Akteuren.

Basis jeglichen Vertrauens und somit des Vertrauens in Institutionen, vor allem in politische Institutionen, ist das soziale Vertrauen (Warren 1999). Es handelt sich dabei um eine in die Zukunft gerichtete Erwartung eines Individuums, wonach auch andere Individuen so handeln, auf dass die Ergebnisse dieses Handelns diesem nützen oder zumindest nicht schaden. Es handelt sich somit um eine „riskante Vorleistung" (Luhmann 2000, 28). Diese Vorleistung des Ego ist deshalb riskant, weil die Handlungen des Alter nicht mit absoluter Sicherheit absehbar sind. Um Vertrautheit als Voraussetzung für Vertrauen herzustellen bedarf es für das Ego der

Anhaltspunkte, die in den eigenen Erfahrungen mit dem Handeln anderer Akteure in der primären Lebenswelt liegen. Diese persönlichen Erfahrungen werden dann generalisiert und in die Zukunft projiziert. Diese Vorleistung für die Zukunft ist zeitabhängig und muß immer wieder erneuert werden.

Dieses interpersonale Vertrauen hat aber ein Problem der begrenzten Reichweite (Offe 1999, 55). Interpersonale Kommunikationskreise sind numerisch begrenzt, während wir tagtäglich mit Entscheidungen konfrontiert sind, die mit dem zukünftigen Handeln von Fremden zu tun haben. Wir sind somit immer mehr mit einem Vertrauen konfrontiert, das immer weniger durch Vertrautheit erzeugt wird (Luhmann 2000, 24). Im Gegensatz zu diesem interpersonalem Vertrauen wird die andere Art von Vertrauen, das in komplexen Gesellschaften erforderlich ist, Vertrauen in Institutionen genannt.

Institutionen beinhalten bestimmte Werte und Normen, von denen die Bürger und Bürgerinnen ausgehen, sie würden auch von den anderen gekannt und geteilt werden. Für ein solches Vertrauen sind keine Informationen über die Anderen erforderlich, sodaß es sich auch auf Fremde beziehen kann. Die Vertrautheit liegt nicht mehr im Alter, sondern in den Institutionen mit ihren Werten und Normen. Dabei darf es allerdings keine zu große Diskrepanz zwischen den normativen Erwartungen und den faktischen Handlungen der Institutionen geben (Fuchs/Gabriel/Völkl 2002, 430), andernfalls kommt es zu einem Vertrauensschwund oder gar zu Misstrauen.

Vom politischen Vertrauen ist die politische Unterstützung zu unterscheiden. Politische Unterstützung bezieht sich allgemein auf die Einstellung der Bürger und Bürgerinnen zu einem politischen System, deren Persistenz von dieser Unterstützung abhängig ist (Easton 1965). Als Voraussetzung der Unterstützung wird erstens die Bindung an bestimmte demokratische Werte und die Erkenntnis angesehen, daß diese Werte im politischen System auch institutionalisiert sind (Legitimation). Zum anderen beruht die Unterstützung auf dem Verhältnis zwischen den Entscheidungsträgern und ihren Handlungen und dem politischen System (Vertrauen). Grundlage dieser Unterstützung ist eine lange Erfahrung der Akteure mit solchen Entscheidungsträgern, die verallgemeinert auf die Ebene der Institutionen und des politischen Regimes übertragen werden. Im Falle von Legitimität erfolgt eine Übertragung von Wertebindungen auf das Regime, im Falle von Vertrauen eine Generalisierung von Erfahrungen auf das Regime (ebda, 431). Erwartungssicherheit beruht auf der Legitimität der Institutionen und auf dem Vertrauen in die Institutionen.

In den demokratischen Systemen erfolgen Informationen über Institutionen durch primäre und sekundäre Sozialisationsprozesse, um deren Legitimität zu festigen. Ist einmal eine Generalisierung der normativen Werte- und Erwartungshaltung, somit des Vertrauens gegenüber den Institutionen erfolgt, ist es für den einzelnen Akteur nicht mehr erforderlich, Informationen über die anderen Akteure einzuholen. Diesen ständigen Informationsprozess hat die Generalisierung überflüssig gemacht. Außerdem bilden solche generalisierte Erwartungen eine Pufferzone gegenüber negativen Erfahrungen in konkreten Fällen im Umgang mit Institutionen und deren Handlungsträgern, weil Einzelfälle das grundsätzliche Vertrauen nicht generell erodieren. Empirisch erweist sich das Vertrauen in Institutionen als eigenständige Kategorie des Verhältnisses der Bevölkerung zur Politik, auch wenn mitunter das Vertrauen als Subdimension diffuser Unterstützung angesehen wird (ebda, 195, 444).

Wenn Vertrauen als Mechanismus zur Reduktion von Komplexität, als „riskante Vorleistung" angesehen wird, so existiert Vertrauen in der Informations- und Kommunikationsgesellschaft als „öffentliches Vertrauen". Öffentliches Vertrauen kann deshalb in Anlehnung an die Theorie der Reduktion von Komplexität als „kommunikativer Mechanismus zur Reduktion von Komplexität" angesehen werden. Öffentliche Personen, Institutionen, das gesamte politische System und seine Subsysteme befinden sich in der Rolle des Vertrauensobjektes, während die Vertrauenssubjekte in die Zukunft projizierte Erwartungen haben, die von vorausgegangenen Erfahrungen geprägt sind. In dieser öffentlich konstituierten Dyade konstituiert und verändert sich Vertrauen innerhalb eines medienvermittelten Prozesses (Bentele 1998, 305).

Öffentliches Vertrauen ist neben den Vertrauensobjekten und Vertrauenssubjekten determiniert durch Vertrauensvermittler (Public Relations, Medien), Sachverhalte, Ereignisse, Texte und Botschaften. Vertrauensfaktoren wie hohe Problemlösungskompetenz, kommunikative Transparenz oder Verantwortlichkeit, die auf Grund von Erfahrungswerten politischen Institutionen zugeschrieben werden, erzeugen hohe Vertrauenswerte. Sind solche Vertrauensfaktoren wenig ausgeprägt oder überhaupt nicht vorhanden, so kann dies zu Misstrauen führen. Wenn die Vertrauenden eine kommunikative Diskrepanz wahrnehmen, kann das Vertrauen sehr schnell verspiel werden. Solche kommunikative Diskrepanzen können entweder im politischen System vorhanden sein und werden vom Mediensystem transportiert oder verstärkt, oder sie werden von den Medien erzeugt. Grund dafür sind Nachrichtenfaktoren wie Negativismus, horse-race-Charaktere, Konfrontation, Konflikte, Game-Zentrierung, Dramatisierung usw., die die Wahrnehmung von Diskrepanzen begünstigen und akzentuieren (ebda, 306).

Die Wahrnehmung von solch kommunikativen Diskrepanzen führt zu Vertrauensverlusten und zu Vertrauenskrisen, die erst dann richtig wahrgenommen werden, wenn sie nicht mehr vorhanden sind. Der Gegenpol von Vertrauen ist Misstrauen. Schon in den 80er Jahren sprach man von einer „Risikogesellschaft" (Beck 1986), in der sich die Bürger und Bürgerinnen Gefahren ausgesetzt sahen, die sie nicht verorten konnten. Diese Risikogesellschaft hat sich inzwischen längst zu einer „Misstrauensgesellschaft" gewandelt (Giddens 1995), ein horizontales Misstrauen zwischen den Bürgern und Bürgerinnen und ein vertikales Misstrauen zwischen Bürgern und Institutionen, das auch unter dem Begriff der Politikverdrossenheit seit langem ein Konjunkturhoch kennt. Politikverdrossenheit kann als ein Problem der Strukturbildung in der Dyade „Staat/Bürger" verstanden werden oder als ein Problem in den Dyaden „Partei/Wähler". Die Kriterien Kontinenz und Kontingenz gelten dabei nicht nur für Personen, sondern auch für den Staat, die Parteien und andere politische Institutionen (Fuhse 2002, 422).

Glaubwürdigkeit ist ein Teilaspekt von Vertrauen. Akteure, namentlich politische Akteure werden dann als glaubwürdig angesehen, wenn auf Grund von Erwartungen und/oder Erfahrungen deren Verhalten oder insgesamt deren kommunikatives Handeln als richtig/wahr und konsistent wahrgenommen wird. Glaubwürdigkeit ist eine Imagedimension öffentlicher Personen und Institutionen (Bentele 1998, 305–306).

Politisches Misstrauen kann dann überwunden werden, wenn etwa an die Stelle interpersonaler Vertrauensbeziehungen eine Form von Vertrauen tritt, das auf abstrakten Ressourcen basiert und als „generalized trust" bezeichnet werden kann

(Stolle 2002). Quellen, die diese Art von Vertrauen speisen, können auf sozialen und/oder institutionellen Mechanismen beruhen. Fragen des Vertrauenerhalts und der Rückgewinnen von Vertrauen stellen sich auch immer im Zusammenhang mit Kommunikation, etwa durch die Auswahl geeigneter Führungspersönlichkeiten, attraktiver Themen und durch politische Öffentlichkeitsarbeit (Bentele 1998, 306).

Die Relevanz des Faktors öffentliches Vertrauen wird sich im Zuge der weiteren Entwicklung der Informations- und Kommunikationsgesellschaft noch erhöhen. Dies hängt in erster Linie mit dem zunehmenden Mediatisierungsprozess zusammen, mit der Rolle der Medien und mit Auswirkungen auf die Politikvermittlung. Politische Informationen werden fast zur Gänze über Massenmedien vermittelt, deren Verifizierung nicht möglich ist. Parallel dazu muß sich die Politik immer stärker an der Medienlogik orientieren. Vertrauen wird so in einem wie im anderen Falle zu einer strukturellen Notwendigkeit (Bentele 1998, 310).

In ethnisch fragmentierten Gesellschaften können die Dyaden „Staat/BürgerIn" und „Partei/WählerIn" durch die Dyade „Minderheiten/Mehrheiten" ergänzt werden. Gegenseitiges Vertrauen ist für das Zusammenleben von Sprachgruppen essentiell, weil es in ethnisch fragmentierten Gesellschaften nicht nur um (lösbare) Interessenkonflikte, sondern um (mitunter unlösbare) Identitätskonflikte geht. Und wie beim Abbau von Vorurteilen genügt die interpersonale Beziehung nicht, um Vertrauen immer mehr auszuweiten und zu konsolidieren, sondern es bedarf der Massenmedien. Vorleistungen sollten dabei in erster Linie von der stärkeren Sprachgruppe ausgehen, da schwächere Sprachgruppen in der Regel eine größere Skepsis gegenüber „anderen" an den Tag legen. Denn bestimmte Interessen aufs Spiel setzen ist etwas grundlegend anderes als die eigene Identität aufs Spiel zu setzen. Vorleistungen zu einer Akzeptanz und Nicht-in-Fragestellung von (ethnischen) Identitäten sind deshalb besonders wichtig, um ethnische Spannungen bzw. ethnische Konflikte abzubauen und Vertrauen aufzubauen.

Massenmedien sind in einem ethnischen Kontext als Vertrauensvermittler besonders angehalten, einen ständigen vertrauensbildenden Informationsprozess voranzutreiben, um „öffentliches Vertrauen" in die jeweilige andere Sprachgruppe und in die gemeinsamen Institutionen zu schaffen. Massenmedien sind durch ihre privilegierte Funktion der Vermittlung, Selektion, Aufbereitung und Konstruktion von sozialer Realität, durch die Bestimmung der agenda und des Rahmens, in den Themen gestellt werden, besonders verantwortlich, wenn es um diese Akzeptanz von Identitäten geht. Denn die Medienberichterstattung nimmt Einfluss auf die Wahrnehmung der öffentlichen agenda bzw. der argumentativ-thematischen Rahmung von öffentlich politischen Problemstellungen bis hin zu Einstellungen „anderen" gegenüber (Jamieson 1992).

Die Glaubwürdigkeit der Massenmedien spielt in der Konstruktion von Vertrauen eine ganz entscheidende Rolle. Das bedeutet aber, dass sich Massenmedien nicht nur für die Identität der eigenen Sprachgruppe zu engagieren haben, sondern auch für die Identität der anderen, verlangt Akzeptanz der und Toleranz gegenüber den jeweils „anderen." Denn das Umschlagen von Vertrauen in Misstrauen kann in ethnisch fragmentierten Gesellschaften zu Spannungen bis hin zu (unüberwindbaren) Konflikten führen. Der Wiederaufbau von Vertrauen gestaltet sich nach solch ethnischen Spannungen und Konflikten meist umso schwieriger und dauert umso länger, weil ethnische Konflikte und Misstrauen anderen Sprachgruppen gegenüber im kollektiven Gedächtnis viel tiefer sitzen, jederzeit abberufen und wieder mobilisiert werden können als in ethnisch homogenen Gesellschaften.

4. Meinungsklima

Vom Vertrauen ist das Meinungsklima zu unterscheiden. Bei diesem aus dem England des 17. Jahrhunderts stammenden Begriff (Noelle-Neumann 1998, 88) handelt es sich um ein kognitives und symbolisches Produkt, das in einer Gesellschaft vorhanden ist, auch wenn dieses Produkt empirisch kaum festgemacht werden kann und bislang auch nicht festgemacht werden konnte, aber worüber sich die BürgerInnen insgesamt bewusst sind.

Es handelt sich um ein Wissen, das sozusagen „in der Luft liegt", und das erkennen lässt, in welche Richtung und mit welchem Grad an gesellschaftlichem Konsens sich eine bestimmte kollektive Orientierung bewegt oder sich bereits verfestigt hat.

Unabhängig von einem möglichen Anpassungsdruck, der von einem solchen Meinungsklima ausgehen kann (Noelle-Neumann 1980), führt diese Kenntnis dazu, den Grad der Übereinstimmung (oder Anpassung) zwischen der eigenen kognitiven Position und jener festzustellen, die (mehrheitlich) in der Gesellschaft angenommen wird (Grossi 2004, 154). Das wiederum bedeutet, dass das Meinungsklima offensichtlich selbst wieder Einfluss auf die Meinungsbildung der Individuen nimmt und dadurch auf die öffentliche Meinung.

Das Meinungsklima ist neben anderen Faktoren ein entscheidendes Element für die Konstruktion der öffentlichen Meinung. Wenn die (individuellen oder kollektiven) Akteure eine gewisse Kohärenz oder Parallelität zwischen der Orientierung von Meinungen und dem sich bildenden Meinungsklima feststellen können, das bereits als weit verbreitet und in Übereinstimmung mit den eigenen Vorstellungen wahrgenommen wird, so ist die Wahrscheinlichkeit groß, dass der *opinion-building* Prozess und seine Konkretisierung als kognitive und symbolische Realität in der öffentlichen Sphäre ein positives Ende findet.

Andernfalls, wenn die Akteure eine diffuse Divergenz oder eine Inkohärenz zwischen den beiden kognitiven Dimensionen feststellen, also zwischen der eigenen Meinungsbildung und jener in der Gesellschaft, so ist es möglich, dass dieser Prozess der Konkretisierung hin zu einem Meinungsklima nicht beendet und somit als autonome Entität nicht wirksam wird, um das politische System und somit die politische Macht zu beeinflussen, sich dieser entgegenzustellen oder diese zu legitimieren (ebda 155).

Grund dafür ist in jedem Fall der Umstand, dass Menschen sich an Mitmenschen orientieren, an deren Normen und Verhaltensweisen, und an Referenzgruppen ihrer sozialen Umwelt. Deren Normen, Haltungen, Meinungen, Werte usw. dienen den Individuen als Ausgangspunkt der eigenen Meinungsbildung (Bonfadelli 1998, 218). Nach der von Elisabeth Noelle-Neumann entwickelten „Theorie der Schweigespirale" beobachten Menschen sehr genau die Meinungsverteilungen ihrer gesellschaftlichen Umwelt, um dann zu entscheiden, welchen Standpunkt sie bei kontroversen Themen öffentlich vertreten können, ohne sich der Gefahr der Ablehnung und sozialen Isolation auszusetzen (ebda, 223). Die Gesellschaft kann somit Individuen durch Isolierung bestrafen, was einer gesellschaftlichen Sanktion gleichkommt, vor der sich die Individuen fürchten. Deshalb prüfen sie laufend das Meinungsklima, um im Trend zu liegen, orientieren an diesem Klima ihr öffentliches Verhalten und ihre Meinungsäußerungen. Zwar darf dieser gesellschaftliche Konformitätsdruck nicht verabsolutiert werden, weil ein solches Verhalten wiederum von einer Reihe anderer Faktoren abhängt. Grundsätzlich kann aber festhalten werden, dass Medien Menschen indirekt beeinflussen, indem sie Medieneffekte bei anderen Personen in einer von ihnen perzipierten öffentlichen Meinung wahrzunehmen glauben und ihr Verhalten auf der Basis dieser Wahrnehmungen ändern können. Zentral sind somit nicht die tatsächlich stattgefundenen Wirkungen, sondern die den Medien zugeschriebenen Effekte (ebda, 223).

In einem gewissen Sinne hat es den Anschein, dass das Meinungsklima mit der amorphen „allgemein verbreiteten Meinung" zu tun hat. Andererseits scheint das Meinungsklima als *frame* zu wirken sowie als kognitive Hürde, die imstande ist, den *opinion-building* Prozess zu erleichtern oder zu verhindern, und Einfluss nimmt auf die Herstellung der öffentlichen Meinung selbst, die nicht eine reine Addition von individuellen Meinungen ist und sich deshalb von ihr unterscheidet. Das Meinungsklima wird in diesem kognitiven Prozess als dritter Faktor zwischen der *opinion-building* Dynamik und der öffentlichen Meinung angesehen, die letztere ganz wesentlich prägt und als Konstruktionsfaktor nicht hoch genug eingestuft werden kann.

Das Meinungsklima hängt von einer Reihe von Rahmenbedingungen ab, besonders vom kognitiven Rahmen, innerhalb dessen sich Öffentlichkeit artikuliert. Meinungsklima kann sich schnell ändern, kann multipel, dual, stark fragmentiert oder diffus vorhanden sein (Noelle-Neumann 1980).

In diesem Zusammenhang spielt das *climate-setting* eine entscheidende Rolle. Dabei geht es darum, die strategischen Symbole zu individualisieren, durch die sich ein bestimmtes Meinungsklima sedimentiert und verfestigt, das für bestimmte issues, Werte, Haltungen und Einstellungen positiv oder negativ ist. Das Meinungsklima übt einen kognitiven und symbolischen Druck aus, der nicht unbedingt eine bestimmte Verhaltensweise beeinflusst und determiniert, aber Tendenzen und Trends in die eine oder in die andere Richtung fördert, erleichtert und verstärkt, neue Optionen als interessant und experimentierbar erscheinen lässt. Das Meinungsklima scheint einen stärkeren Druck auszuüben als der Versuch einer direkte Überzeugungsarbeit. Es handelt sich um einen psychosozialen Prozess, in dem die Änderungen nicht aus dem Individuum selbst kommen, sondern eher vom Ambiente, der Umwelt, in der dieses integriert ist (Grossi 2003, 4).

Das Meinungsklima erscheint immer mehr wie ein politisch-strategischer, aber auch kognitiver Rahmen, der dazu dient, Interpretationen vorzunehmen, bestimmten Situationen, kommunikativen Prozessen und Szenarien einen Sinn zu geben. Nicht nur Ideologie, Werte oder Interessen, auch Emotionen, Images, Identifizierungen sind Ausgangspunkte für bestimmte Verhaltensweisen. Aber diese Verhaltensweisen stehen in einem Zusammenhang mit dem Klima, das die Bürger wahrnehmen und tagtäglich konstruieren (ebda, 5).

Bei all diesen Prozessen der Komposition, aber auch der Dekomposition üben die Medien einen wesentlichen Einfluss aus, sodass man neben einem Meinungsklima als Produkt interpersonaler Kommunikation auch von einem mediatisierten öffentlichen Meinungsklima sprechen kann.

Dieses öffentliche Meinungsklima, das wiederum die Bildung der öffentlichen Meinung beeinflusst, ist in einer Gesellschaft, in der verschiedene Sprachgruppen miteinander leben, von den Massenmedien stark beeinflusst.

Wenn Massenmedien bei „ethnischen Themen" im weitesten Sinne und bei Themen, die ethnisch leicht instrumentalisiert werden können, eine verantwortungsvolle gruppenübergreifende Position einnehmen, ist es möglich, dass die jeweiligen Sprachgruppen, Minderheit(en) genauso wie Mehrheit(en), bei der Herausbildung von Meinungen eine gewisse gemeinsame Kohärenz feststellen können. Dadurch kann das Meinungsklima, das politische und soziale Klima des Zusammenlebens positiv beeinflussen werden.

Wenn sich bei der Herausbildung des Meinungsklimas zu bestimmten Themen der gesellschaftliche Druck innerhalb der eigenen Gruppe immer stärker wird, kann dies zu zweierlei Reaktionen führen. Die Minderheit innerhalb der eigenen Gruppe passt sich dem Druck der Mehrheit an, um keinen gruppeninternen Sanktionen ausgesetzt zu werden, wie etwa durch den gesellschaftlichen „Ausschluss" aus der eigenen Sprachgruppe. Oder es kommt zu Konflikten innerhalb der Sprachgruppe. Nach außen hin kann die Entwicklung eines Meinungsklimas jeweils in die eine oder andere Richtung zu Gegenreaktionen der anderen Sprachgruppe(n) führen.

Zwar gehört die Herausbildung des Meinungsklimas in durch Massenmedien geprägten Gesellschaften zur Normalität, doch in ethnisch fragmentierten Gesellschaften kann der gesellschaftliche Anpassungsdruck, der von einer anderen, namentlich dominanten Sprachgruppe ausgeht, mittel- oder langfristig als Unterdrückung der eigenen Identität interpretiert werden, als Einschränkung der eigenen Autonomie, der Selbstbestimmung und Entfaltungsmöglichkeiten, bis hin zum Vorbehalt von Ressourcen aller Art, sodass es leicht zu einer Transformation von gesellschaftlichen zu ethnischen Konflikten kommen kann. Unter solchen Umständen kann Vertrauen nur sehr schwer wachsen, kann unter solchen Rahmenbedingungen das Konfliktmanagement besonders schwierig werden.

Umso wichtiger ist es deshalb, dass es in jeder Sprachgruppe zwar keine Überläufer, wohl aber Vermittler gibt, Brückenbauer, Mauerspringer und Grenzgänger (Langer 1996, 139–140), denen es gelingt, aus einer Position der Minderheit innerhalb der eigenen Sprachgruppe heraus divergierende ethnische Anliegen zu relativieren, die ethnische Geschlossenheit in Grenzen zu halten und im Gegensatz dazu eher die gemeinsamen Bindungen und den gemeinsamen Lebensraum zu unterstreichen. „Dazu braucht es Menschen, die fähig sind, die ethnische Geschlossenheit als obersten Wert zu unterlaufen und zu überwinden" (ebda, 140).

In diesem Zusammenhang ist die Verantwortung der Medien, die in erster Linie für die Herausbildung des öffentlichen Meinungsklimas verantwortlich sind, besonders groß, weil sie sowohl Druck als auch kognitive Übereinstimmung stark beeinflussen können.

Wenn das Meinungsklima darüber hinaus auch das Verhandlungsklima zwischen Akteuren verschiedener Sprachgruppen positiv beeinflusst, so lässt sich nachvollziehen, welche zentrale Rolle die Massenmedien dabei spielen. Vertrauensbildende Maßnahmen können auf einem positiven Meinungsklima aufbauen, Vorurteile sowie ethnische Spannungen abbauen und dadurch einen wichtigen Beitrag für ein konstruktives Zusammenleben unter verschiedenen Sprachgruppen leisten. Der Ton der medialen Berichterstattung macht die Musik.

5. Der Faktor Öffentlichkeit

Bei der kurzen Behandlung des Meinungsklimas ist auf den Begriff der Öffentlichkeit hingewiesen worden. Auch wenn es keinen einheitlichen Begriff der Öffentlichkeit gibt, so handelt es sich dabei in jedem Falle um eine zentrale Kategorie zum Verständnis von Gesellschaft und somit auch von ethnisch fragmentierten Gesellschaften.

Öffentlichkeit ist eine Sphäre zwischen Staat und Gesellschaft (Somers 1993, 1995). Öffentlichkeit ist allgemein formuliert jener Ort, wo politische Kommunikation sichtbar wird. In modernen demokratischen Gesellschaften können wir unter Öffentlichkeit ein Kommunikationssystem verstehen, in dem Akteure über politische Themen kommunizieren, das durch „prinzipielle Unabgeschlossenheit" gekennzeichnet ist (vgl. Habermas 1962, 52f). Das Produkt dieser öffentlichen Kommunikation kann als öffentliche Meinung bzw. Meinungen bezeichnet werden. Öffentliche Meinungen sind somit die im Öffentlichkeitssystem kommunizierten Themen und Meinungen, die von den aggregierten Meinungen der Individuen in einer Gesellschaft abweichen (Gerhards 1998, 269).

Öffentlichkeit ist einmal institutionell zu verstehen als ein intermediäres System, das als eine Art Transmissionsriemen für die notwendigen Austauschbeziehungen zwischen den politischen Eliten als Entscheidungsakteure und den BürgerInnen funktioniert, oder anders ausgedrückt, als ein System, das zwischen dem politischen System und den BürgerInnen, zwischen verschiedenen politischen Akteuren als auch zwischen dem politischen System und den Interessen anderer gesellschaftlicher Teilsysteme vermittelt (Jarren/Donges 2002, 118).

Diese Kommunikationsträger können sich wechselseitig beobachten, sie können über die Öffentlichkeit miteinander kommunizieren, sie können Einfluss nehmen auf die Produktion von öffentlichen Meinungen: BürgerInnen tun dies mit dem Ziel, um die politischen Eliten zu kontrollieren und um ihre Interessen geltend zu machen. Politische Akteure tun es, um auf Präferenzen der BürgerInnen reagieren zu können, die Aufmerksamkeit des Publikums für ihre Themen zu gewinnen, somit die politische Agenda zu bestimmen und Präferenzen zu kanalisieren, bis hin, das Publikum von den eigenen Positionen zu überzeugen.

Der Einfluss, der dadurch gegenseitig ausgeübt werden soll, ist ein wechselseitiger. Die jeweiligen Angebote, seitens der BürgerInnen an die politische Klasse wie auch der politischen Akteure an die BürgerInnen, erfolgen über den öffentlichen Diskurs.

Auf der anderen Seite bedeutet Öffentlichkeit auch eine Eigenschaft, nämlich der Grad der Zustimmung zu politischen Institutionen, der über einen permanenten öffentlichen Diskurs erfolgt. Die Bedeutung von Öffentlichkeit in modernen Demokratien ergibt sich somit aus der Klammer von Öffentlichkeit zwischen den BürgerInnen und dem politischen Entscheidungssystem. Die ständige Rückkoppelung von politischen Herrschaftspositionen und von politischen Entscheidungen an die

Präferenzen der Bürger, somit an den Gemeinwillen a posteriori, der sich aus der Summe einer Vielzahl von Meinungen ergibt, begründet den strategisch wichtigen Stellenwert von Öffentlichkeit als intermediäres System. BürgerInnen und Akteure des politischen Systems kommunizieren über den öffentlichen Raum miteinander.

Kommunikative Beziehungen zwischen Staat und Gesellschaft, zwischen politischem System und seinen BürgerInnen werden für die Qualität von Legitimität als konstitutiv angesehen (Sarcinelli 1998, 257). Dabei enthalten Demokratien legitimatorische Elemente der direkten, plebiszitären und der indirekten, repräsentativen Demokratie. Diese beiden Seiten ein- und derselben Medaille der demokratischen Herrschaftsausübung entsprechen auch der Legitimitätsüberzeugung in der öffentlichen Sphäre, die sich einmal im repräsentationstheoretischen und ein andermal im diskurstheoretischen Modell niederschlägt.

Im ersten Modell geht es um eine Legitimation der Wenigen durch die Vielen, die nicht allein durch den periodisch wiederkehrenden Wahlakt erfolgt, mit dem Macht verteilt und zugeordnet wird, sondern durch eine permanente Legitimationskette zwischen „oben" und „unten", zwischen Repräsentanten und Repräsentierten. Dieser Prozess kann nur durch Kommunikation im öffentlichen Raum begründet und aufrechterhalten werden, ein Prozess, der die repräsentative Demokratie als kommunikative Demokratie versteht. Die Pflicht zur ständigen Rückkoppelung mit den Repräsentierten umfasst Aufgaben wie die Aufnahme von artikulierten Interessen, aber auch die Aufnahme von nicht artikulierten Interessen, die Umsetzung von Einzel- und Partikularinteressen in allgemeine. Politisches Handeln bedarf zu seiner Legitimation der ständigen Rückkoppelung, die im kommunikativen Prozess erfolgt (ebda, 258).

Im Gegensatz zum repräsentationstheoretischen Modell, das sich der indirekten Demokratie verpflichtet sieht, orientiert sich das diskurstheoretische Modell an der direkten Demokratie. Dieses mit dem Namen Habermas aufs engste verbundene Modell betrachtet den Prozess der Legitimation als nie abgeschlossen. In der „Theorie des kommunikativen Handelns" (Habermas 1981) wird von der Prämisse ausgegangen, dass alle Argumente in der fiktiven agorá der Öffentlichkeit frei, ungehindert und unverzerrt zirkulieren und sich artikulieren können und dadurch die politischen Entscheidungsfindungen auf Grund der Rationalität, des besseren Arguments, der normativen Richtigkeit getroffen werden. Diese Offenheit und Gleichwertigkeit der Diskurse, ihre Herrschaftsfreiheit, führt zu einer ständigen Hinterfragung von Machtverhältnissen und dank der Durchsetzungskraft der Vernunft zu einer Verallgemeinerung von gemeinwohlorientierten Interessen. Wahrheit, Richtigkeit und Wahrhaftigkeit bilden in diesem Zusammenhang die zentralen Geltungsansprüche des kommunikativen Handelns (vgl. Habermas 1995, 588).

Rechtsstaatliche Institutionen sind in diesem Modell auf die nicht „vermachtete Kommunikation" angewiesen, die Gegenöffentlichkeit herstellt und damit zum Motor der Demokratie wird (vgl. Sarcinelli 1998, 259). Für diese Ankurbelung der Demokratie ist es entscheidend, dass durch den Diskurs der BürgerInnen ein ständiger, legitimationsbegründender Diskurs geführt wird, der Gründe hervorbringt, die die Basis für die Anerkennungswürdigkeit der Entscheidungen und damit des gesamten politischen Systems bilden (Beierwaltes 2002, 170).

Öffentlichkeit wird in diesem partizipatorischen Ansatz als eine Voraussetzung für das demokratische Gemeinwesen verstanden, als Raum, in dem Öffentlichkeit durch die Akzeptanz der Gleichheit der diskutierenden Akteure gekennzeichnet ist, durch die Reziprozität der kommunikativen Beziehungen sowie durch die Struktur, die ausreichend Möglichkeiten zur Teilnahme am Diskurs bietet, und bestimmte Meinungen, Themen, Urteile usw. nicht ausschließt (ebda, 173).

Dieser normative Ansatz steht im Spannungsverhältnis zur sozialen Realität, in der es eine Asymmetrie gibt zwischen den begrenzten Ressourcen der BürgerInnen, was deren Kompetenzen und Aufmerksamkeit betrifft, und dem enormen Informationsfluss und den Problemen, die auf sie zukommen (Privitera 2001, 152). Allein die Zunahme der am Diskurs beteiligten Personen führt dazu, dass die (gleiche) Redezeit jedes Einzelnen abnimmt (Lenk 1979). Daran haben weder die Herausbildung von „repräsentativen SprecherInnen", die für bestimmte gesellschaftliche Gruppen stehen, noch das Internet wesentliches geändert, das Öffentlichkeit teilweise nur in einem technischen Sinne ausgeweitet hat (Beierwaltes 2002, 201). Neben diesen strukturellen Faktoren gibt es aber auch eine Asymmetrie der Wissensvoraussetzungen, die bei verschiedenen gesellschaftlichen Gruppen unterschiedliche Levels aufweisen. Gegenüber diesem Sachverhalt wird sehr häufig auf die zentrale Funktion von (Massen)Medien hingewiesen, die sich in den Funktionen Information, Mitwirkung an der Meinungsbildung, Kontrolle und Kritik artikulieren (Schambeck 1992, 27). Diese strukturell bedingten Asymmetrien erschweren den partizipatorischen Anspruch an der massenmedial erfolgten Kommunikation.

Die Qualität von Demokratien wirft die Frage auf, anhand welcher Kriterien man die Struktur der Öffentlichkeit bewerten kann. Eines dieser Kriterien ist die Offenheit von Öffentlichkeit für alle BürgerInnen im Sinne des gleichen Zugangs zur Ware Information. Dieser Anspruch beruht auf dem Pluralismus der Meinungen und Gruppen. Dem Gebot der Offenheit des Kommunikationssystems entspricht zugleich die angemessene Wiederspiegelung der Vielfalt im Kommunikationssystem.

Diese Offenheit sollte allerdings über die formale Seite hinausgehen, die zwar die Potentialität dieser Offenheit garantiert, nicht aber den realen Zugang. Die formelle Offenheit ist heute durch eine Vielzahl von Barrieren verbaut, die von gut organisierten kollektiven Akteuren wie Parteien und Interessengruppen errichtet werden. Die Vermittlungsfunktion von Öffentlichkeit zwischen Bürgern und politischen Entscheidungssystemen weist eher in eine eindimensionale Richtung, die in repräsentativen Systemen aber als repräsentative Öffentlichkeit gerettet wird (vgl. Gerhards 1998, 272).

Zudem gilt die Diskursivität als Kriterium der Öffentlichkeitsqualität, also der offene, pluralistische Diskurs zu einem Thema, das am Ende als öffentliche Meinung argumentativ gut abgesichert ist. Diese idealtypische Konzeption steht der realistischen gegenüber, die Öffentlichkeit als eine Arena sieht, in der unterschiedliche Akteure die öffentliche Meinung zu beherrschen versuchen.

Schließlich wird auf das Kriterium der Wirksamkeit hingewiesen, wenn nachgewiesen werden soll, welchen Einfluss die öffentliche Meinung auf eine politische Entscheidungsfindung gehabt hat. In einer pluralistischen Öffentlichkeit ist die Herausbildung einer einzigen Meinung unwahrscheinlich. Denn die Offenheit von Öffentlichkeit führt zur Fragmentierung der öffentlichen Meinung, die sich pluralisiert und spezialisiert (ebda 273).

In komplexen Gesellschaften, die von generellen Prozessen der sozialen Differenzierungen gekennzeichnet sind, präsentiert sich die Öffentlichkeit somit als plurale Entität, die in eine politische, wissenschaftliche, juristische, sportliche, ethnische usw. zerfällt. Deshalb kann man in der Moderne nicht mehr von einem holistischen Öffentlichkeitsbegriff ausgehen, kann eine die gesamte Nation umspannende Öffentlichkeit nur als Fiktion angenommen werde (Gerhards/Neidhardt 1991). Dieser Fiktion steht allein schon die „Vielkanalöffentlichkeit" entgegen, die zu Veränderungen der Kommunikationsbedingungen in einer Gesellschaft und zu zielgruppenspezifischen Teilöffentlichkeiten führt (Plasser 2003).

Aber Pluralisierung bedeutet nicht automatisch Inkommunikabilität, denn es ist möglich, die spezialisierten diskursiven Teilbereiche mit den generellen zu verbinden. In der öffentlichen Sphäre kommt es seitens des Publikums zu informellen Delegierungen, die sich auf Vertrauen und Reputation basieren (z.B. gegenüber einer anerkannten Menschenrechtsorganisation). Experten solcher Teilbereiche transferieren ihre Kenntnisse und Standpunkte einem laienhaften Publikum, das sehr gerne diese wertvolle Vermittlungstätigkeit akzeptiert. Die Pluralisierung der öffentlichen Sphäre hebt somit die Rolle der Experten, Intellektuellen usw. immer stärker hervor, auf deren Funktion der Zusammenführung von kommunikativen Teilbereichen kaum noch verzichtet werden kann. Nur dank dieser VermittlerInnen ist es in der sozialen Realität möglich, allgemeine Diskurse in einer sozial stark fragmentierten Gesellschaft zu führen (vgl. Privitera 2001, 155).

Ethnische Minderheiten bilden für sich gesehen ebenfalls eine eigene Teilöffentlichkeit (Offe 2001), da sich Kommunikation einmal innerhalb der eigenen Gruppe abspielt, wobei diese interne Kommunikation im Vergleich zur externen Kommunikation der Gruppe und ihrer Einzelmitglieder abgestuft sein kann. Ein Teil der Mitglieder einer Sprachgruppe wird fast nur intern kommunizieren, ein anderer Teil möglicherweise den externen Kommunikationsprozess stärker praktizieren als den internen. Dies hängt von einer Reihe von sozialen Rahmenbedingungen ab, wie Alter, Kompetenz in der anderen Sprache, Bildungsgrad, Beruf usw.

Diese Art der Kommunikation im öffentlichen Raum gilt nicht nur für die ethnischen Minderheiten, sondern auch für die ethnischen Mehrheiten. Auch diese kommunizieren im Vergleich zu den anderen (ethnischen) Gruppen im Sinne des Innen- und/oder Außenverhältnisses. Beide bilden von ihrer Innensicht aus gesehen einen (autonomen) Teilbereich an Öffentlichkeit.

Autonomie oder kommunikative Selbstreferenz weist in diesem Sinne auch auf eine andere Kehrseite der Medaille hin. Minderheiten werden in der Öffentlichkeit bewusst eingefärbt und von der Gesamtöffentlichkeit ausgeschlossen, wie es Morley in bezug auf Ethnizität in Großbritannien formuliert hat. Danach wird in der Öffentlichkeit *withness* als die farblose neutrale Folie angenommen, von der sich alles andere als „Ethnizität" abhebt (Morley 2000, 120).

Das idealtypische Modell einer einheitlichen Öffentlichkeit setzt stillschweigend die Einsprachigkeit einer Gesellschaft voraus, oder jedenfalls eine Kommunikationssprache, die von allen in einem hohen Masse beherrscht wird und deshalb auch problemlos eingesetzt werden kann. Das Prinzip der Einsprachigkeit wurde besonders vehement im Zuge der Herausbildung der Nationalstaaten vertreten, als die

Abgrenzung der öffentlichen Sphäre nach außen mit der (zwangsweisen) Homogenisierung nach innen einherschritt.

Diese Tendenz lässt sich aber auch in Staaten finden, die aus den unterschiedlichsten Gründen nicht einsprachig sind. Dort wird der soziale Status der einzelnen Sprachen in Relation zueinander festgelegt und ein Ranking des Sozialprestiges vorgenommen. In solchen Kontexten wird der Geltungsbereich meist räumlich und/oder sozial abgegrenzt, innerhalb der fiktiven Grenzen gilt wieder die sprachliche Homogenität (vgl. Busch 2004, 37). Solche *ethnospaces* sind heute nicht mehr unbedingt territorial fixiert, da durch die Migration und durch die transnationalen Kommunikationsmittel transnationale (homogene) Räume miteinander verknüpft werden können.

Dieses Einsprachigkeitsprinzip führt in letzter Konsequenz zu einem Nebeneinander von getrennten Öffentlichkeiten oder jedenfalls zu einer Hierarchie von Öffentlichkeiten, die im besten Falle miteineder konkurrieren. Dadurch ist es zwar möglich, den Diskurs innerhalb der eigenen Gruppe und somit in einer Teilöffentlichkeit zu führen und mitzubestimmen, nicht aber den öffentlichen Diskurs insgesamt. Ein binnenorientierter Diskurs führt nicht nur zur Eingrenzung der Öffentlichkeit und zu seiner Fragmentierung, sondern auch zu unterschiedlichen Themenlagen des Diskurses. Selbst wenn über dieselben Themen kommuniziert wird, können die „ethnischen" Konnotationen unterschiedlich sein und deshalb auch unterschiedliche Schlussfolgerungen nach sich ziehen (unterschiedliche Gewichtig, unterschiedliche Einschätzungen der Themen, Einordnung von Themen unter die Kategorien der Identität oder von Interessen usw.), sodass es potentiell zu einem Auseinanderbrechen zwischen der Form und der Substanz des Diskurses in den einzelnen Teilsphären der Öffentlichkeit kommen kann. In letzter Konsequenz führt diese Fragmentierung zu einer Erosion der sozialen und kulturellen Kohäsion einer Gesellschaft.

6. Legitimität

Öffentlichkeit hängt eng mit der Legitimität eines politischen Systems zusammen. Legitimität kann sich dabei auf den Legitimitätsanspruch einer politischen oder gesellschaftlichen Ordnung oder auf den Legitimitätsglauben der Herrschaftsunterworfenen oder auf beides in deren Wechselwirkung beziehen. Entlang dieser Unterscheidung kann Legitimität als Rechtmäßigkeit einer politischen Ordnung verstanden werden, in der die Realisierung einer Reihe von Prinzipien garantiert sind. In der Demokratie sind dies etwa Pluralismus, Rechtstaatlichkeit, demokratische Partizipation usw. Da Träger dieser Orientierungen Individuen sind, kann von einem Legitimationsglauben gesprochen werden. Legitimität kann dadurch als Summe der Legitimitätsüberzeugungen dieser Individuen auf das gesamte politische System übertragen werden.

Legitimität wird aber auch verstanden als Anerkennungswürdigkeit eines Gemeinwesens in materieller und prozeduraler Hinsicht, als deren Folge der Anspruch eines politischen Systems auf Legitimität nur insofern besteht, wenn die zur Norm erhobenen Verhaltenserwartungen Interessen hervorbringen, die verallgemeinerungsfähig sind (Sarcinelli 1998).

Notwendig ist somit ein bestimmter Legitimitätsglaube. Die Herrschaftsunterworfenen müssen Herrschaft als „rechtens" anerkennen. Dafür sind unterschiedliche Begründungen möglich, die vielfach in Leistungen zur Rechtfertigung staatlicher Herrschaft bestehen.

Der Legitimitätsglaube ist in der Regel die Grundlage seiner Akzeptanz, auch wenn der empirische Legitimationsglaube unterschiedlich motiviert ist. Dieses Verständnis lässt sich jedenfalls weder auf die Formel einer „Legitimation durch Verfahren" (Luhmann 1983), noch auf die Formel „Legitimation durch Werte" reduzieren. Für die politische Legitimität von Herrschaft, letztlich also Macht, sind beide konstitutiv. Die Legitimation von demokratischer Herrschaft erfolgt über Wahlen als Verfahren, aber materiell liegt sie in der Akzeptanz der Regeln, die inhaltlich auf einer demokratischen politischen Kultur aufbauen. Die Verbindlichkeit von Verfahren zur Entscheidungsfindung werden gekoppelt mit Geltungsgründen. Politische Kommunikation ist somit eine Grundvoraussetzung, eine conditio sine qua non für Legitimität. Legitimität weist einen Doppelcharakter auf, weil sie zugleich Determinante und Resultante politischer Kommunikation ist (Sarcinelli 1998, 253).

Der mit Gewaltmonopol ausgestattete demokratische Rechtsstaat, aber heute geht das weit darüber hinaus, sieht sich auf verschiedenen Ebenen mit Fragen der Legitimität konfrontiert. In normativer und institutioneller Hinsicht geht es um das Verhältnis zwischen Politik und Publizistik, die Rolle der Medien als Zentralinstanzen der Herstellung von Öffentlichkeit, die Informationsbeschaffung und -weitergabe, die demokratische Meinungsbildung sowie die Kontrolle und Kritik demokratischer Systeme.

Auf der Ebene der Politikinhalte geht es um das Legitimitätsverständnis, bei dem es in Zusammenhang mit Informationspolitik und Öffentlichkeitsarbeit als Instrument der Legitimitätsbeschaffung geht. Dies ist besonders bei der Behandlung konflikträchtiger Materien relevant, bei der es um eine diskursive Politikvermittlung geht. Und schließlich geht es um die Wechselbeziehung zwischen politischen Entscheidungs- und öffentlichen Kommunikationsprozessen.

Unsere politischen Systeme sind repräsentative Systeme. Es handelt sich somit um eine vom Souverän Volk an Wenige delegierte Macht, wobei es einer ständigen Rückkoppelung der Machtträger zu den Machtunterworfenen bedarf, die periodisch durch Wahlen erfolgt. Ausgangspunkt und Rückkehrpunkt der Legitimität ist immer der Souverän. Diese Legitimationskette kann allerdings nur gewährleistet werden, wenn Repräsentation als ein dynamischer und responsiver, insgesamt also ein kommunikativer Prozess begriffen wird. Die parlamentarisch-repräsentative Politik ist heute in hohen Maße zu einer kommunikationsabhängigen Politik geworden. Repräsentative Demokratie ist immer auch kommunikative Demokratie, die sich in einem ständigen kommunikativen Austauschprozess zwischen Repräsentierten und Repräsentanten (und umgekehrt) befindet. Politische Kommunikation und politische Repräsentation sind identitär und symbiotisch, die beiden Seiten ein und derselben Medaille (Oberreuter 1989, 138).

Die repräsentative Demokratie geht nicht völlig in der kommunikativen Demokratie auf, sondern bleibt in einem gewissen Grade institutionenfixiert. Andernfalls würden Artikulation und Kommunikation von Sonderinteressen nur schwerlich in gemeinverträgliche Problemlösungen konvertiert werden können (Sarcinelli 1998, 258).

Wenn politische Herrschaft legitimiert, somit begründet werden muss, so besitzt diese Legitimität auch eine kommunikative Begründungsleistung. Politische Herrschaft ist in unseren Demokratien zustimmungsbedürftig. Der Verfassungsstaat findet seine Legitimität in der Abgabe von Herrschaft seitens der Herrschaftsunterworfenen. Aber sowohl Zustimmung als auch Begründung basieren auf politischer Kommunikation. Wenn wir Legitimität unter politisch-kulturellen Perspektiven betrachten, so handelt es sich in erster Linie um den Beitrag der politischen Kommunikation im Spannungsfeld von herrschaftlicher Setzung, Rechtsgeltung und politischer Unterstützung.

Wir unterscheiden dabei Legitimität als Zustand und als Prozess. Legitimität als Zustand beschreibt die spezifische, variable Ausprägung der Anerkennungswürdigkeit einer bestimmten Ordnung. Legitimität als Prozess verweist auf einen permanenten Vorgang, der sich gegenüber Alternativen behaupten muss. Wenn Legitimität die Kapazität des Systems ist, den Glauben zu erzeugen und zu erhalten, dass die aktuellen politischen Institutionen die am meisten geeigneten für die Gesellschaft sind, so können politische Systeme selbst zu ihrer Legitimität beitragen, da Legitimität kein normativ statisches, sondern dynamisches Konzept ist. Zentral ist dabei die Fähigkeit zu kommunizieren, da sich Legitimität in einer „offenen Gesellschaft" ständig durch kommunikative Vermittlung ihrer Geltungsgründe erneuern kann, mehr noch, erneuern muss. Politische Kommunikation ist somit eine Grundvoraussetzung für Legitimität, die durch Information und Kommunikation erfolgt (ebda, 1998, 254). Vieles spricht dafür, dass die Legitimitätsempfindlichkeit der Politik weiter zunehmen und Legitimität in allen politischen Systemen kommunikationsabhängiger wird. Die Gründe dafür sind vielfältiger Natur. In der Nachrichtenlogik überwiegen Kriterien der Negativität und der Abweichungen, nicht der Normalität, durch Medien wird eine Stimmungsdemokratie erzeugt, die Medienlogik gegenüber der politischen Entscheidungslogik überwiegt (Oberreuter 1987), sodass es zu einer Diskrepanz zwischen Herstellung und Darstellung von Politik kommt. Visibilität verdrängt Diskursivität und dadurch politische Rationalität. Dadurch gelangen Demokratien bei der Notwendigkeit ihrer Legitimationsbeschaffung unter Stress (Sarcinelli 1998, 264).

Dieser Stress kann in eine Legitimationskrise münden, bei der der Legitimationsglauben erodiert und die Rechtmäßigkeit politischer Herrschaft in Frage gestellt wird. Das kann einerseits die normativen Grundlagen der institutionellen Ordnung betreffen oder den Ablauf der Entscheidungsprozesse. Der Legitimationsentzug kann Personen betreffen, aber auch das gesamte politische System. Die Antwort darauf ist der Austausch von Personen und die Reform des Systems. Die Vorstellung, dass es in einer demokratischen Gesellschaft ein umfassendes Legitimationsverständnis gibt, das als Fundamentalkonsens bezeichnet werden kann, wird insofern in Zweifel gesetzt, als es in demokratischen Systemen mit unterschiedlichen Graduierungen ein beachtliches Maß an Indifferenz und Misstrauen gegenüber der politischen Ordnung gibt, ohne dass diese politische Ordnung dadurch in Frage gestellt wird (Kaase 1992, 227).

Innerhalb einer solchen Graduierung befinden sich auch ethnische Minderheiten. Je nachdem, ob politische Systeme die Identität von ethnischen Minderheiten garantieren, und in welchem qualitativen Ausmaß dies erfolgt, kommt es zur Legitimität des Systems selbst.

Wenn nun Legitimität zustimmungsbedürftig ist, so erfolgt eine solche Zustimmung nur aufgrund eines ständigen Kommunikationsprozesses, der allerdings ungeteilt erfolgen muss. Ungeteilt in dem Sinne, dass alle (ethnischen) Gruppen Zugang zum öffentlichen Diskurs haben müssen und dadurch an diesem teilnehmen können. Eine fragmentierte Öffentlichkeit bringt sehr leicht eine fragmentierte Legitimation hervor, weil legitimatorische Diskurse nur innerhalb der eigenen Gruppe stattfinden, aber nicht gruppenübergreifend. Und dadurch werden legitimatorische Diskurse in Ermangelung gemeinsamer Inhalte erschwert.

Zur Legitimität eines ethnisch fragmentierten politischen Systems bedarf es deshalb einer ungeteilten (politischen) massenmedialer Kommunikation, bedarf es zumindest Schnittstellen zwischen Teilöffentlichkeiten, um Differenz auszuhandeln (Busch 2004, 449). Die Pluralität der gruppenspezifischen Kommunikationsräume muss gewährleistet werden, es muss aber auch garantiert sein, dass in einer ethnisch fragmentierten Gesellschaft alle Gruppen die Möglichkeit einer breiten zivilgesellschaftlichen Beteiligung haben. Andernfalls wird eine kollektive Identitätsbildung nicht erfolgen. Es bedarf somit Massenmedien, die den Dialog zwischen den verschiedenen Sprachgruppen garantieren und fördern (Husband 2001, 17).

7. Transethnische Kommunikation

Seit Jahren wird von einer europäischen Öffentlichkeit gesprochen, die als wichtiger Bestandteil zur Herstellung eines europäischen *demos* angesehen wird (Trenz/Eder 2004). Als eines der Hindernisse auf dem Wege dorthin wird immer wieder auf die Sprachenvielfalt hingewiesen, die es verhindern würde, einen „metatopischen Raum" zu schaffen, in dem Öffentlichkeit, Responsivität und Diskursivität als kommunikative Strukturen vorhanden sind (Beierwaltes 2002 214). Zugleich wird aber betont, wie wichtig eine europäischen Öffentlichkeit für die Legitimität der Europäischen Union sei.

Argumente, die zur Herausbildung einer Öffentlichkeit für eine supranationale Organisation wie die Europäische Union diskutiert werden, können mit gewissen Abstrichen auch auf Räume übertragen werden, in denen verschiedene Sprachgruppen miteinander leben.

Wie wir gesehen haben, ist Legitimität eine zentrale Kategorie von Demokratie, ihre Stabilität hängt wesentlich von ihrer Anerkennungswürdigkeit durch die BürgerInnen ab. Legitimität kommt über einen permanenten Rückkoppelungsprozess zwischen den BürgerInnen und dem politischen System zustande sowie durch einen permanenten Diskurs unter den BürgerInnen.

Wenn es eine ethnisch fragmentierte Öffentlichkeit gibt, ist auch die Legitimität des politischen Systems (ethnisch) fragmentiert und somit einer größeren Instabilität ausgesetzt. Für die Legitimität und Stabilität einer Demokratie ist somit eine möglichst ungeteilte Öffentlichkeit, verstanden als allgemein zugänglicher, ungehinderter politischer Diskurs, der gemeinsame Themen anspricht, eine Grundvoraussetzung. Dies bedeutet, dass sich die BürgerInnen nicht nur als Mitglieder ihrer eigenen Gruppe verstehen sollten, sondern zusätzlich als Teil einer gemeinsamen gruppen-übergreifenden Identität.

Dies sollte möglich sein, da es trotz unterschiedlicher kollektiver Erfahrungen, Wahrnehmungen und Verständigungsarten für jede gesellschaftliche Gruppe in der europäischen Dimension positive Voraussetzungen für eine gemeinsame demokratische Identität jenseits von ethnischen, linguistischen, religiösen, ökonomischen oder wie immer definierten Bruchlinien gibt. Das ist die Identifizierung mit den Grund- und Menschenrechten, mit den Prinzipien der Gleichheit, Freiheit und Solidarität bis hin zu einem gewissen Wertkonsens.

Genauso wie auf europäischer Ebene die Zukunftsfrage lautet, ob aus den verschiedenen Kulturen eine europäische Zivilisation entstehen kann, ob es gelingt, den einzelnen nationalen Kulturen als Alternative eine europäische Zivilisation entgegenzustellen, das „Europa der Vaterländer" durch ein kulturell plurales Europa abzulösen, genauso lautet die Frage, ob es in ethnisch fragmentierten Gesellschaften gelingt, eine gemeinsame Identität, ein „Wir-Bewusstsein" aufzubauen, in der ethnische genauso wie andere Identitäten ihren Platz finden. Anstatt Prinzipien des Ausschlusses und der Trennung müssten Prinzipien des Einschlusses gelten, um eine transethnische bzw. postethnische Zivilisation, eine transethnische Ökumene zu bilden (Ley 2005).

Die Rolle der Kommunikation bei der Herausbildung einer solchen transethnischen Ökumene und somit einer ungeteilten Öffentlichkeit, in der Diskurse über gemeinsame demokratische Inhalte geführt werden, ist hier mitentscheidend. Wie in der Mengenlehre sind es die Durchschnittsmengen, auf die es bei der Herausbildung einer gemeinsamen Öffentlichkeit ankommt, mit dem Ziel, diese ständig auszuweiten.

Eine ungeteilte „Kommunikationsgemeinschaft" in einer von Massenmedien ungeteilten Öffentlichkeit setzt allerdings eine gemeinsame Sprache voraus, um zu garantieren, dass die zentralen politische Ereignisse in einer Demokratie allen gleichzeitig bekannt sind. Diesem Anspruch stehen vielfach sprachliche Barrieren gegenüber. In einem solchen Falle müsste gewährleistet sein, dass die transportierten Inhalte der jeweiligen Medien dem Ziel einer transethnischen Ökumene entsprechen, andernfalls führt der auf unterschiedlichen Inhalten geführte Kommunikationsfluss zwischen den BürgerInnen sowie zwischen den BürgerInnen und den politischen Eliten zu unterschiedlichen Legitimitätsvoraussetzungen. Denn letztlich sind es in erster Linie die von Massenmedien vermittelten Inhalte, die zur gesellschaftlichen Integration beitragen, nicht die einzelnen Medien selbst (Beierwaltes 2002, 211).

Wie beim Konzept einer europäischen Öffentlichkeit, die unter anderem davon ausgeht, dass nationale Medien sich zunehmend europäischer Themen annehmen und so eine Themenkonvergenz herbeiführen (Busch 2004, 156), genauso ist es denkbar, dass auch bei der massenmedialen Berichterstattung in ethnisch fragmentierten Gesellschaften ganz bewusst die Konvergenz von Themen gesucht wird. Das Mindeste, was erreicht werden sollte, sind Schnittstellen der inhaltlichen Kommunikation, um eine völlige Ethnisierung der massenmedialen Kommunikation zu vermeiden.

In der sozialen Realität fällt jedenfalls auf, dass sich die einzelnen Minderheitenmedien jeweils an die eigene Sprache halten, also einsprachig sind. Von den 27 in der MIDAS organisierten Minderheitenzeitungen veröffentlichen nur 3 auch Beiträge in einer anderen Sprache. Auch weisen Untersuchungen nach, dass etwa TV-ZuschauerInnen lieber auf Sendungen schalten, die in der eigenen Sprache ausgestrahlt werden und ihrem eigenen Kulturkreis nahe stehen, wenn sie die Möglichkeit dazu haben (Richardson/Meinhof 1999, 71).

Mehrsprachigkeit im Medienbereich ist hingegen eher die Ausnahme. Einige wenige Beispiele dazu. In der zweisprachigen deutschschweizerisch/französischen Stadt Biel-Bienne mit einer hohen Kompetenz in der jeweils anderen Sprache gibt es seit 1978 die zweisprachige Gratis-Zeitung Biel-Bienne, die die Zweisprachigkeit zu ihrem Markenzeichen erhoben hat. Seit 1999 gibt es auch einen gemeinsamen Fernsehkanal mit einem regionalen Nachrichtenprogramm und einer zweisprachigen Redaktion, der aber in getrennten Sendeschienen sendet. Im Vergleich zum zweisprachigen Potential der Bevölkerung ist die Zweisprachigkeit der Medien aber relativ gering.

In Großbritannien sendet die BBC seit den 1980er Jahren im Lokalfunk Programme für Zuwanderer, indem auf Zweisprachigkeit aufgebaut wird. Solche zweisprachige Sendungen für Migranten gibt es auch in der Bundesrepublik Deutschland (Radio Querfunk in Karlsruhe). Sendungen dieser Art in vornehmlich freien Radios gibt es auch in anderen Ländern.

Auf europäischer Ebene sendet EuroNews in sieben, der Eurosport Kanal in 18 europäischen Sprachen (Busch 2004, 154). Sprachübergreifend ist auch der TV Kanal ARTE, der sich als zweisprachiger deutsch-französischer Kulturkanal versteht. Die Zweisprachigkeit gehört zum Markenzeichen der TV-Anstalt. Die Mehrsprachigkeit war auch im staatlichen Rundfunk und Fernsehen des ehemaligen Jugoslawien vorhanden, insbesondere in den jeweiligen Teilrepubliken, bis nach dem Zusammenfall des Vielvölkerstaates ein Rückzug in die eigene Sprache festgestellt werden musste (Valic 2001).

Eine gesellschaftliche Realität, in der die Medien die gesellschaftliche Mehrsprachigkeit widerspiegeln, ist Luxemburg. Das Großherzogtum ist das einzige europäische Land, in dem seit Jahrzehnten in den einzelnen Printmedien die Beiträge in mehreren Sprachen erscheinen, nämlich Deutsch, Französisch und Luxemburgisch.

Diese Dreisprachigkeit in den Printmedien widerspiegelt die sprachliche Realität Luxemburgs, in der seit 1984 alle drei Sprachen einen besonderen gesetzlichen Schutz genießen und in der sozialen Rangordnung gleichwertig akzeptiert werden. Ähnlich verhält es sich bei den elektronischen Medien, auch wenn es hier einen starken Überhang des Luxemburgischen gibt. Einsprachige Zeitungen haben hingegen nur eine geringe Reichweite. Auch wenn im Mediensektor keine besonderen sprachliche Regelungen vorgesehen sind, so erhalten nur jene Medien eine öffentliche Förderung, die in einer oder in mehreren dieser drei Sprachen erscheinen (Kohn 2003, 54–62). In welcher Sprache publiziert oder gesendet wird, hängt vielfach vom Thema, von den vorhandenen Ausgangstexten (z.B. Pressemitteilungen) und von der Sprache der JournalistInnen ab.

Luxemburg bildet in Europa zwar eine Ausnahme, aber beweist, dass eine mehrsprachige Gesellschaft mehrsprachige Printmedien im Sinne einer mehrsprachigen Realität als Selbstverständlichkeit akzeptiert. Argumente gegen mehrsprachige und somit für einsprachige Medien wie mangelnde Lesefreudigkeit oder technische Probleme werden am Beispiel Luxemburgs entkräftet (vgl. Busch 2004, 98).

An dieser Stelle muss kurz der Medienmarkt angesprochen werden. Medien sind wirtschaftliche Unternehmungen, die entweder privatrechtlich oder öffentlich-rechtlich organisiert sind. Privatrechtlich organisierte Medien, also im wesentlichen die Printmedien und ein Teil der elektronischen Medien, orientieren sich in erster Linie an der Logik des Marktes und sind somit gewinnorientiert. Wenn die Nachfrage für zweisprachige Medien nicht gegeben ist, wird der private Medienanbieter in ein solches Produkt nicht investieren.

Elektronische Medien wie Radio und Fernsehen sind in Europa zum Teil in staatlicher Hand. Öffentlichrechtliche Medien können aus staatspolitischen Gründen auch unabhängig von Logiken der freien Marktwirtschaft operieren. Sie können beispielsweise zweisprachige Sendungen produzieren, auch wenn die finanzielle Rentabilität nicht gegeben ist. Medien mit einem öffentlich-rechtliche Auftrag haben eine Reihe von Funktionen zu erfüllen, die unabhängig von der ökonomischen Rentabilität als gesamtgesellschaftliche Aufgaben und als gesamtgesellschaftliche Investitionen zu betrachten sind. Darunter fällt als öffentliches Gut auch die Investition in ein friedliches und konstruktives Zusammenleben verschiedener Sprachgruppen, etwa durch die Produktion von zweisprachigen Sendungen.

Die Segmentierung der öffentlichen Kommunikation, beispielsweise durch Sprachenvielfalt bedingt, stellt somit eine erhöhte Anforderung an die Politik. Die Herausforderung zur Konstruktion einer „Kommunikationsgemeinschaft" ist auf europäischer Ebene aufgenommen worden. Auf europäischer Ebene gibt es längst eine kulturelle Elite, die in mehreren Sprachen oder jedenfalls in der immer weiter sich ausbreitenden *koinè* des Englischen kommuniziert. Zur Überwindung von sprachlichen Barrieren sind besonders bei audio-visuellen Medien Techniken wie die Anbringung von Untertiteln eingeführt worden, oder die Verbreitung gemeinsamer Programme durch den TV-Verbund Eurovision bis hin zur Gründung des transnationalen Vollprogramms Euricon und Europa-TV, auch wenn sie zum (Groß-)Teil gescheitert sind. Versuche, im Bereich der Printmedien einer gemeinsamen europäische Öffentlichkeit den Weg zu ebnen, sind vereinzelt etwa durch die Publikation des „The European" erfolgt, allerdings ebenfalls ohne große Erfolge, bis hin zur Veröffentlichung gemeinsamer Beilagen in den großen nationalen Tageszeitungen. Aber selbst wenn die Sprache keine Barriere darstellt, gibt es noch andere Hindernisse, wie die kulturelle Herkunft und kulturspezifische Wahrnehmung der Programme oder zeitlich unterschiedliche Konsumgewohnheiten (Beierwaltes 2002, 225–230).

Was nun die Sprachminderheiten betrifft, so sind diese heute vielfach zwei- oder mehrsprachig genauso, wie sehr oft auch die mit den (autochthonen) Minderheiten lebenden Mehrheiten, während die Sprachenfrage im Zusammenleben mit Migranten bereits schwieriger wird. Und genauso wie auf europäischer Ebene gibt es auch beim Zusammenleben von verschiedenen Sprachgruppen eine Reihe von Trägheitsmomenten, die dazu führen, dass vielfach einsprachige Medien anderssprachigen oder zweisprachigen vorgezogen werden.

Trotz aller aufgezeigter Hindernisse darf die Herausbildung gemeinsamer Identitäten jenseits von Sprachbarrieren und verschiedenen Trägheitsmomenten keine Utopie bleiben. Auch wenn für den europäischen Raum vielfach die These vertreten wird, dass es keine gemeinsame Öffentlichkeit gibt, darf in ethnisch fragmentierten Gesellschaften bei einer solchen Vorstellung nicht stehen geblieben werden. Der Grund dafür liegt darin, dass ethnisch zusammengesetzte Gesellschaften viel sensibler auf Störfaktoren reagieren als dies Gesellschaften ohne tiefgreifende ethnische Bruchlinien tun.

Ethnische, selbstbezogene Teilöffentlichkeiten müssen so weit als möglich durch Klammern der Mehrsprachigkeit zusammengehalten werden sowie durch eine Reihe von weiteren kommunikativen und symbolischen Akten. Bei sprachlichen Defiziten und Barrieren sind vor allem die Diskurse über gemeinsame Themen und Inhalte bedeutsam, um eine gemeinsame Basis für die Legitimität des politischen Systems und dadurch für das konstruktive Zusammenleben zu schaffen. Gemeinsame Inhalte schaffen eine gemeinsame Öffentlichkeit, jenseits von anderen sozialen Bruchlinien, die in einer Gesellschaft vorhanden sind. Deshalb sollten gemeinsame Themen in den jeweiligen Massenmedien nicht nur aufgegriffen, sondern auch unter gemeinsamen Perspektiven diskutiert und behandelt werden.

Schließlich erfordert die Herausbildung einer gemeinsamen Öffentlichkeit in Anlehnung an Habermas nicht nur gemeinsame Diskurse zwischen den verschiedenen Sprachgruppen, sondern auch die Herausbildung gemeinsamer Interessen, die sich sprachgruppenübergreifend artikulieren (Habermas 1998). Dazu bedarf es in erster Linie intermediärer Strukturen, gemeinsamer Parteien genauso wie gemeinsamer Verbände. Solche gemeinsame Interessenvertretungen sind umso eher realisierbar, wenn den einzelnen Sprachgruppen deren gruppenübergreifende Bedeutung für den Alltag bewusst wird, wenn damit gesellschaftliche Gewinne verbunden sind, ein gesellschaftlicher Mehrwert, der allen Mitgliedern einer ethnisch pluralen Gesellschaft einen nachvollziehbaren Nutzen bringt.

Ein solcher Mehrwert drückt sich im Sozialkapital aus. Darunter verstehen wir eine Kombination aus Vertrauen, speziellen gemeinschaftsbezogenen Werten und Normen sowie ganz allgemein soziale Kontakte und Netzwerke. Sozialkapital erleichtert die Zusammenarbeit und das Erreichen bestimmter Ziele. Dadurch wird die Integration und Kohäsion der Gesellschaft gefördert und gestärkt, werden die einzelnen BürgerInnen in soziale Netzwerke eingebunden. Sozialkapital erfüllt letztlich eine zentrale integrative Funktion, weil Menschen, die einander vertrauen und vielseitige Kontakte miteinander unterhalten, ihre Ziele mit weniger Aufwand erreichen als jene, denen diese Voraussetzungen fehlen (Gabriel et al. 2002, 25).

Dieser Zusammenhang kann einmal dadurch begründet werden, dass die Bündelung individueller Ressourcen es erleichtert, bestimmte Ziele gemeinsam zu verfolgen, und zweitens verringern sich die Transaktionskosten sozialen Handelns, weil es nicht notwendig ist, Zwang auszuüben, um Vereinbarungen und Erwartungen zu erfüllen. Sozialkapital ist somit sowohl eine individuelle Ressource als auch ein Kollektivgut (ebda). Sowohl Beziehungskapital als individuelle Ressource wie auch Systemkapital als Kollektivgut sind ein Gradmesser für die Qualität von Demokratie (Esser 2000, 240).

In ethnisch fragmentierten Gesellschaften würden wir die Intensität und Qualität des Sozialkapitals am Intensitätsgrad des Zusammenlebens der Sprachgruppen messen. Je intensiver die Zusammenarbeit auf individueller und struktureller Ebene, umso größer müssten die individuellen Ressourcen sein, weil die einzelnen Individuen ihre Kontakte und das in sie investierte Vertrauen besser nützen können, um bestimmte Ziele zu erreichen. Wenn eine intensive Vernetzung unter den einzelnen BürgerInnen besteht, es in einem solchen Netzwerk viele Kontakte gibt und das gegenseitige Vertrauen nicht von Mal zu Mal neu erarbeitet werden muss, sondern als selbstverständlich gilt, weil sich dieses bereits konsolidiert hat, so werden die Kosten für die Erreichung des Kollektivgutes gesenkt werden.

Ohne an dieser Stelle auf die vielschichtigen Probleme des und auf die unterschiedlichen Zugänge zum Sozialkapital eingehen zu wollen, und ohne die Frage aufzuwerfen, inwieweit es empirisch nachgewiesen werden kann, dass Sozialkapital beiträgt, Probleme des gesellschaftlichen und politischen Zusammenlebens zu fördern oder gar zu bewältigen (Gabriel et al. 2002, 263), sei jedenfalls darauf hingewiesen, dass Transaktionskosten auch Informationskosten miteinschließen.

Hier schließt sich der Kreis. Sozialkapital ist stark kommunikationsabhängig, ja wird geradezu durch Kommunikation begründet, sowohl durch die individuelle als auch durch die Massenmedien. Die Erreichung von sozialen und gesellschaftlichen Zielen in einer ethnisch fragmentierten Gesellschaft, die in der Regel auch kommunikativ fragmentiert ist, ist deshalb umso schwerer, mit mehr (Energie)Aufwand, mit mehr Kräfteverschleiß, mit größeren humanen Investitionen zu erreichen als in Gesellschaften, die eine ungeteilte Kommunikation aufweisen und dadurch auch in einer (ethnisch) ungeteilten Öffentlichkeit leben. Ohne sprachgruppenübergreifende Medien weisen Demokratien in ethnisch fragmentierten Gesellschaften eine Reihe von Defiziten auf.

Anmerkung

1 Der Sitz der Vereinigung befindet sich an der Europäischen Akademie von Bozen.

Literaturverzeichnis

Allport, Gordon W. (1954): The nature of prejudice, Cambridge.
Beck, Ulrich (1996): Risikogesellschaft. Auf dem Weg in eine andere Moderne, Frankfurt/M.
Becker, Jörg (2003): Beitrag der Medien zur Krisenprävention und Konfliktbearbeitung. AFB-Texte (Arbeitsstelle Friedensforschung Bonn) 1/2003.
Becker, Jörg (2005): Communication and conflict. Studies in international relations, New Dehli.
Beierwaltes, Andreas (2002): Demokratie und Medien. Der Begriff der Öffentlichkeit und seine Bedeutung für die Demokratie in Europa, Baden-Baden.
Bentele, Günter (1998): Vertrauen/Glaubwürdigkeit, in: Jarren, Otfried – Sarcinelli, Ulrich – Saxer, Ulrich (Hg.): Politische Kommunikation in der demokratischen Gesellschaft. Ein Handbuch mit Lexikonteil, Opladen/Wiesbaden, 305–311.
Berghold, Josef (2002): Das fremdenfeindliche Vorurteil. Anhaltspunkte für einen präzisen Blickwinkel, in: Zeitschrift für Sozialpsychologie und Gruppendynamik in Wirtschaft und Gesellschaft, Jahrgang 27, 1. Heft, 3–17.

Bloomfield, David (1997): Peacemaking strategies in Northern Ireland. Building complementary in conflict management theory, Basingstroke.

Bonfadelli, Heinz (1998): Politische Kommunikation – Kommunikationspsychologische Perspektiven, in: Jarren, Otfried – Sarcinelli, Ulrich – Saxer, Ulrich (Hg.): Politische Kommunikation in der demokratischen Gesellschaft. Ein Handbuch mit Lexikonteil, Opladen/Weiesbaden, 211–235.

Breuer, Manfred (1994): Nordirland. Eine Konfliktanalyse (Heidelberger Studien zur internationalen Politik, Bd. 6), Hamburg.

Brezigar, Bojan – Sussi, Emidio – Valencic, Vida (1998) (Hg.): The Minority Daily Press in Europe. Proceedings of the 1. European Conference of the Minority Daily Press. Trst-Trieste, 16.–18. April 1998, Bozen-Bolzano.

Busch, Brigitta (2004): Sprachen im Disput. Medien und Öffentlichkeit in multilingualen Gesellschaften, Klagenfurt/Celovec.

Council of Europe (1992): European charter for regional or minority languages. European Treaty Series 148, Strasbourg.

Council of Europe (1995): Framework convention for the protection of national minorities, European Trenty Series 157, Strasbourg.

Delle Donne, Marcella (2004) (Hg.): Relazioni etniche stereotipi e pregiudizi. Fenomeno immigratorio ed esclusione sociale (Studi & Saggi 45), Roma, 2. Auflage.

Dolomiten, 2.8.2001: MIDAS. Großes Echo in Osteuropa. Die Vereinigung der Minderheiten-Tageszeitungen wurde nun in Bozen formell gegründet.

Easton, David (1979): A system analysis of political life, New York, 2. Auflage.

Esser, Hartmut (2000): Soziologie: Spezielle Grundlagen. Bd. 4: Opportunitäten und Restriktionen, Frankfurt/M.-New York.

Eyben, Karin – Morrow, Duncan – Wilson, Derick (1997): A worthwile venture? Practically investing in equity, diversity and interdependence in Northern Ireland, o.O.

Franchon, Claire – Vargaftig, Marion (1995) (Hg.): European television: immigration and ethnic minorities, London.

Fuchs, Dieter – Gabriel, Oscar W. – Völkl, Kerstin (2002): Vertrauen in politische Institutionen und politische Unterstützung, in: Österreichische Zeitschrift für Politikwissenschaft 4, 427–450.

Fuhse, Jan A. (2002): Kann ich dir vertrauen? Strukturbildung in dyadischen Sozialbeziehungen, in: Österreichische Zeitschrift für Politikwissenschaft 4, 413–426.

Fukuyama, Francis (1995): Trust. The social virtues and the creation of prosperity, New York.

Gabriel, Oscar W. – Kunz, Volker – Roßteutscher, Sigrid – van Deth, Jan W. (2002): Sozialkapital und Demokratie. Zivilgesellschaftliche Ressourcen im Vergleich (Schriftenreihe des Zentrums für Angewandte Politikforschung, Bd. 24), Wien.

Gerhards, Jürgen (1998): Öffentlichkeit, in: Jarren, Otfried – Sarcinelli, Ulrich – Saxer, Ulrich (Hg.): Politische Kommunikation in der demokratischen Gesellschaft. Ein Handbuch mit Lexikonteil, Opladen/Wiesbaden, 268–274.

Gerhards, Jürgen – Neidhardt, Friedhelm (1991): Strukturen und Funktionen moderner Öffentlichkeit: Fragestellungen und Ansätze, in: Müller-Dohm, Stefan – Neumann-Braun, Klaus (Hg.): Öffentlichkeit, Kultur, Massenkommunikation. Beiträge zur Medien- und Kommunikationssoziologie, Oldenburg, 31–89.

Giddens, Anthony (1995): Die Konsequenzen der Moderne, Frankfurt/M.

Grossi, Giorgio (2004): L' opinione pubblica. Teoria del campo demoscopico, Roma-Bari.

Habermas, Jürgen (1962): Strukturwandel der Öffentlichkeit. Untersuchungen zu einer Kategorie der bürgerlichen Gesellschaft, Berlin.

Habermas, Jürgen (1981): Theorie des kommunikativen Handelns, 2 Bde., Frankfurt/M.

Habermas, Jürgen (1995): Erläuterungen zum Begriff des kommunikativen Handelns, in: ders.: Vorstudien und Ergänzungen zur Theorie des kommunikativen Handelns, Frankfurt/M., 571–604.

Habermas, Jürgen (1998): Die postnationale Konstellation und die Zukunft der Demokratie, in: ders. (Hg.): Die postnationale Konstellation. Politische Essays, Frankfurt/M., 91–169.

Hewstone, Miles – Brown, Rupert (1986): Contact is not enough: an intergroup perspective on the „Contact Hypothesios", in: dies. (Hg.): Contact und conflict in intergroup encounters, Oxford – New York, 1–44.

Hilpold, Peter (2001): Modernes Minderheitenrecht. Eine rechtsvergleichende Untersuchung des Minderheitenrechtes in Österreich und in Italien unter besonderer Berücksichtigung völkerrechtlicher Aspekte, Wien-Baden-Baden-Zürich.

Husband, Charles (1994): A richer vision: the development of ethnic minority media in Western Europe, London.

Jamieson, Kathleen Hall (1992): Dirty politics: deception, distraction, and democracy, New York.

Jarren, Otfried – Donges, Patrick (2002): Politische Kommunikation in der Mediengesellschaft. Eine Einführung. Bd. 1: Verständnis, Rahmen und Strukturen, Wiesbaden.

Katovich, Michael (1987): Identity, time, and situated activity: an interactionist analysis of dyadic transactions, in: Symbolic Interaction 10, 187–208.

Kohn, Romain (2003): Luxemburg, in: Karlsreiter, Ana (Hg.): Media in multilingual societies: freedom and responsibility (OSCE: Office of the Representative on Freedomon of the Media), Wien.

Langer, Alexander (1996): Die Mehrheit der Minderheiten. Warum wird unsere Welt vom ethnischen Sauberkeitswahn und vom grundlosen Vertrauen in Mehrheiten beherrscht?, hg. von Peter Kammerer, Berlin.

Lenk, Klaus (1979): Partizipationsfördernde Technologien?, in: Langenbucher, Wolfgang (Hg.): Politik und Kommunikation. Über die öffentliche Meinungsbildung, München u.a., 235–248.

Ley, Michael (2005): Zivilisationspolitik. Zur Theorie einer Weltökumene, Würzburg.

Lipset, Samuel Martin – Rokkan, Stein (1967): Cleavage structures, party systems, and voter alignments. An introduction, in: dies (Hg.): Party system and voter alignments: Cross-national perspectives, New York, 1–63.

Luhmann, Niklas (1983): Legitimation durch Verfahren, Frankfurt/M.

Luhmann, Niklas (2000): Vertrauen: Ein Mechanismus der Reduktion sozialer Komplexität, Stuttgart, 4. Auflage.

Morley, David (2000): Home territories. Media, mobility and identity, London.

Nicklas, Hans (1997): Über die Schwierigkeit der Konfliktregelung bei ethnischen Konflikten, in: Vogt, Wolfgang (Hg.): Gewalt und Konfliktbearbeitung: Befunde – Konzepte – Handeln (Schriftreihe der Arbeitsgemeinschaft für Friedens- und Konfliktforschung, Bd. 24), Baden-Baden, 222–227.

Noelle-Neumann, Elisabeth (1980): Die Schweigespirale. Öffentliche Meinung – unsere soziale Haut, München-Zürich.

Noelle-Neumann, Elisabeth (1998): Öffentliche Meinung, in: Jarren, Otfried – Sarcinelli, Ulrich – Saxer, Ulrich (Hg.): Politische Kommunikation in der demokratischen Gesellschaft. Ein Handbuch mit Lexikonteil, Opladen/Wiesbaden, 81–94.

Oberreuter, Heinrich (1987): Stimmungsdemokratie. Strömungen im politischen Bewußtsein, Zürich-Osnabrück.

Offe, Claus (1999): How can we trust our fellow citizens?, in: Warren, Mark E. (Hg.): Democracy and Trust, Cambridge, 42–87.

Offe, Claus (2001): Political liberalism, group rights and the politics of fear and trust, in: Studies in East European Thought 53, 167–182.

Pelinka, Anton (1998): Ethnische Abrüstung. Zum Versuch transethnischer Solidarität, in: Larcher, Dietmar et al. (Hg.): Grenzen der Vielfalt?, schulheft 92, Wien, 22–32.

Plasser, Fritz (mit Gunda Plasser) (2003): Globalisierung der Wahlkämpfe. Praktiken der Campaign Professionals im weltweiten Vergleich (Schriftenreihe des Zentrums für Angewandte Politikforschung, Bd. 27), Wien.

Privitera, Walter (2001): Sfera pubblica e democratizzazione, Roma-Bari.

Putnam, Robert (1993): Making democracy work: civic traditions in modern Italy, Princeton.

Rautz, Günther (1999): Die Sprachenrechte der Minderheiten, Baden-Baden.

Reiterer, Albert F. (2002): Postmoderne Ethnizität und globale Herausforderung (Minderheiten und Minderheitenpolitik in Europa, Bd. 1), Frankfurt/M.

Richardson, Kay – Meinhof, Ulrike (1999): Worlds in common? Television discourse in a changing Europe, London.

Ropers, Norbert (1997): Interkulturelle Konfliktbearbeitung – Kultur als Barriere und als Brücke für Friedenssicherung und Friedensstiftung, in: Vogt, Wolfgang (Hg.): Gewalt und Konfliktbearbeitung: Befunde – Konzepte – Handeln (Schriftreihe der Arbeitsgemeinschaft für Friedens- und Konfliktforschung, Bd. 24), Baden-Baden, 205–221.

Sarcinelli, Ulrich (1998): Legitimität, in: Jarren, Otfried – Sarcinelli, Ulrich – Saxer, Ulrich (Hg.): Politische Kommunikation in der demokratischen Gesellschaft. Ein Handbuch mit Lexikonteil, Opladen/Weiesbaden, 253–267.

Schambeck, Herbert (1992): Staat, Öffentlichkeit und öffentliche Meinung, Berlin.

Seligman, Adam B. (1997): The problem of trust, Princeton.

Simmel, Georg (1992): Soziologie. Untersuchungen über die Formen der Vergesellschaftung, hg. von Otthein Rammstedt, Frankfurt/M.

Smith, Eliot – Mackie, Diane (1998): Psicologia sociale, Bologna.

Somers, Margaret R. (1993): Citicenship and the place of the public sphere. Law, community, and political culture in the transition to democracy, in: American Sociological Review 58, 587–620.

Somers, Margaret R. (1995): What's political or cultural about political culture and the public sphere? Towards an historical sociology of concept formation, in: Sociological Theory 13, 113–144.

Stolle, Dietlind (2002): Trusting strangers – The concept of generalized trust in perspective, in: Österreichische Zeitschrift für Politikwissenschaft 4, 397–412.

Taifel, Henri et. al. (1971) : Social categorization and integroup behaviour, in : European Jornal of Social Psychology, 1, 149–178.

Trenz, Hans-Jörg – Eder, Klaus (2004): The democratising dynamics of an European public sphere.Towards a theory of democratic functionalism, in: European Journal of Social Theory 6, 5–25.

Valic-Nedeljkovic, Dubravka (2001): Diversität versus Unitarismus: Medien in der Vojvodina, in: Busch, Brigitta – Hipfl, Brigitte – Robins, Kevin (Hg.): Bewegte Identitäten – Medien in transkulturellen Kontexten, Klagenfurt, 202–225.

Van Dijk, Teun Adrianus (1987): Communicating racism. Ethnic prejudice in thought and talk, London.

Warasin, Markus – Ortino, Sergio (2001): Die europäische Informationsgesellschaft – La società dell'informazione europea (Europäische Akademie Bozen/Accademia Europea Bolzano, Bd. 29), Bozen.

Warren, Mark E. (1999): Conclusion, in: Warren, Mark E. (Hg.): Democracy and trust, Cambridge.

Zanfrini, Laura (2004): Sociologia della convivenza interetnica, Roma-Bari.

www.midas-press.org/welcome_de.htm: Midas – Vereinigung von Minderheitentageszeitungen (21.9.2005)

Alexander Langer

Information

Das erste, was bei näherer Betrachtung jeglicher Information in Südtirol auffällt, ist ihre starke ethnische Färbung, bzw. Spaltung – ganz gleich, ob es sich um aktuelle oder historische Information handelt. Deutsche und italienische Augen oder Ohren bekommen je andere Information zu sehen oder zu hören. Das betrifft sowohl das Was als das Wie: nicht nur werden häufig verschiedene Ereignisse berichtet, sondern auch die Art und Weise ist stark ethnisch geprägt. Weniger politisiert oder mehr ländlich, beispielsweise, auf deutschsprachiger Seite, stärker in die parteipolitischen Schablonen gezwängt und städtischer im italienischen Bereich. Was in der anderen Volksgruppe vor sich geht, wird häufig gar nicht und wenn, dann meist verzerrt wahrgenommen. Stereotype Darstellungen schimmern auch dort durch, wo es der Form nach mehr Pluralismus gibt (z.B. italienische Medien), und fast hat man den Eindruck, dass sich auch in diesem Bereich eine Entwicklung breit macht, wonach die italienische Sprachgruppe in jene Fußstapfen der ethnischen Mobilmachung tritt, die auf deutscher Seite nach und nach verlassen werden.

Nur selten gelingt es, unparteilichere Information zu bekommen, die die ethnische Halbierung der Wirklichkeit einigermaßen unterläuft. Und nicht selten wird solche redlichere und vollständigere Information – die nicht nur aus dem kritischen Untergrund stammen muss – dann auch des Verrats am Volkstumskampf bezichtigt.

Vieles würde sich in Südtirol zum besseren wenden, wenn es mehr Information gäbe, die die ethnischen Schranken durchbricht oder wenn ein großer Teil der Bevölkerung zumindest die Information beider Seiten berücksichtigte und den Versuch unternähme, auch einen anderen Standpunkt als den eigenen (nicht nur sprachlich) zu verstehen.

Aus: Alexander Langer: Aufsätze zu Südtirol/Scritti sul Sudtirolo 1978 – 1995; herausgegeben von Siegfried Baur und Riccardo Dello Sbarba; ALPHA BETA Verlag, Meran 1996, S. 345–346.

Leo Hillebrand

Getrennte Wege
Die Entwicklung des ethnischen Mediensystems in Südtirol

1. Einleitung

Der folgende Beitrag skizziert die Geschichte der Südtiroler Medien seit 1945 unter dem Gesichtspunkt der ethnischen Trennung.[1] Der vorgegebene Rahmen erforderte die Beschränkung auf einige Schwerpunkte, etwa den Einfluss der zwei großen Tageszeitungen auf den ethnopolitischen Diskurs. Andere Aspekte konnten allenfalls erwähnt werden. Zudem ist der Themenbereich lediglich bruchstückhaft erforscht. Die Tageszeitung „Dolomiten" war wiederholt Gegenstand wissenschaftlicher Analysen (z.B. Webhofer 1983, Ramminger 1983, Vescoli 1988, Hillebrand 1996a oder Willeit 2001), überaus fragmentiert präsentieren sich hingegen die Forschungsergebnisse in Bezug auf den „Alto Adige" und das „Deutsche Blatt". Umfangreichere Studien zum privaten Radio und Fernsehen liegen nicht vor. Die Forschungslage zur Oppositionspresse ist unterschiedlich. Während es mittlerweile fundierte Arbeiten zu den SETA-Zeitungen „Alpenpost" (Gamper 1995/96) und „Der Standpunkt" (Trafojer 1999) oder zum „skolast" (Bellomo 1996/97, Hasler 1999) gibt, fehlen Untersuchungen zu anderen Printmedien. Vor diesem Hintergrund sind folgende Ausführungen zu sehen.

2. Schweres Erbe

Anders als freiheitliche und sozialdemokratische Zeitungen wurde die unter kirchlichem Schutz stehende Athesia-Presse vom faschistischen Regime nicht verboten. Erst unter deutscher Besatzung erfolgte 1943 die Beschlagnahmung des Verlages und die Einstellung seiner Zeitungen. Nach kaum zweijähriger Unterbrechung konnte Athesia im Mai 1945 ihre Tätigkeit wieder aufnehmen. Die enteigneten Immobilien gingen wieder in ihre Hände über, ein Großteil des Personals wurde ebenfalls übernommen. Die Kriegseinwirkungen hatten vor allem die Bozner Gebäude des Unternehmens schwer in Mitleidenschaft gezogen, die zur Herausgabe einer Zeitung unabdingbaren Infrastrukturen wie eine Druckerei in Brixen waren aber vorhanden (Fleischmann 1967, 123 f.).

Wichtige Faktoren für den raschen Wiederaufstieg der Athesia-Presse waren ein dichtes Netz von Beziehungen im politischen, wirtschaftlichen und journalistischen Bereich, das während des Faschismus aufgebaut bzw. aufrechterhalten werden konnte, und die fast zwanzigjährige monopolähnliche Position auf dem Werbe- und Anzeigenmarkt. Sowohl für den Leser als auch für die Wirtschaft waren die Athesia-Blätter zum Synomym für Südtiroler Medien schlechthin geworden (Hillebrand

1997, 23). Die „Dolomiten", ab 1947 einzige deutschsprachige Tageszeitung im Land, übertrafen bereits 1948 mit über 14.000 Exemplaren Tagesauflage den Höchststand ihres 1925 verbotenen Vorgängers „Der Landsmann"; 1960 wurden bereits knapp 20.000 Zeitungen verkauft (Ramminger 1983, 103). Da kaum Auslandspresse nach Südtirol gelangte, das Fernsehen vorerst keine, der Hörfunk eine untergeordnete Rolle spielte, stellten die „Dolomiten" in der Nachkriegszeit die wichtigste Informationsquelle für die deutschsprachigen Südtiroler dar. Dass der Verlag neben seinen Zeitschriften auch über Buchhandlungen in allen Landesteilen verfügte, bot entscheidende Vorteile: Zeitungsartikel freier Mitarbeiter und Inserate konnten hier in einer Zeit beschränkter Mobilität aufgegeben werden. Mit Hilfe des Ortsklerus und weiterer Honoratioren wurde wieder eine Lokalberichterstattung aufgezogen, der die Konkurrenz nichts entgegenzusetzen hatte.

Eine Voraussetzung für den Erfolg der Verlagspresse: Athesia hatte von 1945 an kaum ernsthafte Gegner. Bei der ehemaligen liberalen Konkurrenz war durch die faschistischen Verbote jegliche Tradition abgerissen. Außerdem scheute man neue Presseinitiativen nicht zuletzt in Erinnerung an die finanziellen Debakel der 20er Jahre. Gegen Konkurrenzgründungen sprach vor allem der nach 1945 herrschende rigide Einheitsimperativ innerhalb der Minderheit. Galt die SVP als Sammelbecken aller Südtiroler Wähler, so etablierte sich Athesia als *der* Minderheitenverlag. Anderweitige Initiativen wie die „Bozner Zeitung", „Der Standpunkt" und „Alpenpost" hatten in diesem Kontext kaum Erfolgschancen. Bemühungen innerhalb der SVP, anstelle der Wochenzeitung „Volksbote" ein Parteiorgan mit dem Titel „Südtiroler Stimmen" herauszugeben, wurden von Athesia-Präsident Michael Gamper unterbunden. Stattdessen stellte der Verlag der Partei zunächst zwei, später vier Seiten des „Volksboten" zur Verfügung (Hillebrand 1996a, 76 ff.).

Etablierte sich Athesia auf deutscher Seite als zentrales Medienunternehmen der Nachkriegszeit, so dominierte der „Alto Adige" den italienischen Zeitungsmarkt. Die Italiener in Südtirol hatten von 1943–1945 ohne eigene Zeitung auskommen müssen. Es war daher eines der wichtigsten Anliegen des Comitato di Liberazione Nazionale (CLN), nach Übernahme der Kontrolle über das Land so rasch wie möglich eine Tageszeitung herauszugeben. Bereits am 24. Mai, also wenige Tage nach den „Dolomiten", erschien die erste Nummer des „Alto Adige". Das CLN selbst übernahm die Herausgabe des Blattes und betraute ein aus Redakteuren, Setzern und Druckern zusammengesetztes Komitee mit dessen Leitung. Die Redaktion saß in Bozen, gedruckt wurde bis November 1945 im Keller des Vinzentinums in Brixen. Im Herbst 1945 zog der „Alto Adige" samt Druckerei in die ehemaligen Räumlichkeiten der faschistischen Parteizeitung „La Provincia di Bolzano" an der Bozner Drususbrücke.

Da gesamtstaatliche Zeitungen aufgrund der Transportschwierigkeiten auch nach Kriegsende in Südtirol kaum zu bekommen waren, erlebte das Blatt in den ersten Monaten des Erscheinens einen Auflageboom. Durchschnittlich setzte man über 20.000 Exemplare ab. Im Dezember 1945 wurde die Genossenschaft SETA – Società editrice tipografica atesina – gegründet, die als Eigentümerin und Herausgeberin des „Alto Adige" fungierte. Sie hatte von Beginn an mit finanziellen Problemen zu kämpfen, zudem gab es ständige Konflikte der Genossenschafter, nämlich der einzelnen im CLN vertretenen Parteien, über die politische Linie. Die – längerfristig erfolgreiche – Expansion in das Trentino, der erfolglose Versuch, mit der „Bozner

Zeitung" ein Gegengewicht zu den „Dolomiten" zu schaffen, sowie der Umstand, dass die Parteien die Druckerei für eigene Zwecke ausnützten, brachten die Genossenschaft 1947 in ernsthafte finanzielle Schwierigkeiten. Zudem sank die Auflage des Blattes sukzessive. Die Journalisten zogen sich aus den Entscheidungsgremien zurück. Ende 1947 erfolgten sowohl die Auflösung der Genossenschaft als auch die Gründung einer Gesellschaft mit beschränkter Haftung. Damit einher ging nun der schleichende Machtverlust des Parteienkartells innerhalb der SETA. 1949 wurden die Verhandlungen mit der Regierung über die Überlassung der Immobilien und der Druckerei an der Drususbrücke erfolgreich zum Abschluss gebracht. Damit fand der „Alto Adige" endlich ein Domizil. Nicht nur in diesem Zusammenhang mehrten sich nun die Hinweise, das Blatt werde von der Democrazia Cristiana unterstützt (vgl. Trafojer 1999, 31 ff.).

Schwere politische Differenzen und unsichere wirtschaftliche Perspektiven führten wiederholt zum Austritt von Gesellschaftern aus der SETA. So ergaben sich im Rahmen mehrerer Kapitalerhöhungen in der ersten Hälfte der 50er Jahre veränderte Mehrheitsverhältnisse. Nun kristallisierte sich endgültig die zentrale Position von Servilio Cavazzani heraus, der seit 1946 als Vertreter der Republikaner im Verwaltungsrat der SETA saß. Ab 1956 hielt er die absolute Kapitalmehrheit, sein Sohn Albino war bereits zwei Jahre zuvor zum Direktor des „Alto Adige" ernannt worden. Cavazzani wurde unter anderem über das in Südtirol und Triest operierende Grenzzonenamt (Ufficio per le zone di confine) des Innenministeriums finanziell gefördert. Der aus Trient stammende Verleger unterhielt auch in seiner Heimatstadt wichtige Beziehungen, unter anderem zum DC-Politiker Benjamino Andreatta, der die Banca di Trento e Bolzano leitete. Andreatta wiederum verband eine enge Freundschaft mit Ministerpräsident Alcide De Gasperi.

Letztlich hielt sich die SETA, die in den 50er Jahren stets rote Zahlen schrieb, mit staatlichen Zuwendungen über Wasser. Andererseits hatten die Veränderungen an der Spitze der Gesellschaft eine unübersehbare Kursänderung der Zeitung zur Folge, die in den 50er Jahren auf eine ausnehmend konservative, in Minderheitenfragen nationalistische Linie einschwenkte (vgl. Pallaver 2000, 270 ff.).

2.1 „Alto Adige" und „Dolomiten" in der Nachkriegspolitik

1945 ergab sich auf dem Südtiroler Zeitungsmarkt insofern eine neue Situation, als sich erstmals beide Sprachgruppen in ihren Presseorganen grundsätzlich frei artikulieren konnten. Dies geschah in erster Linie über die beiden neu gegründeten Tageszeitungen, die bei der Leserschaft sofort breiten Anklang fanden. Die erste Phase des Erscheinens von „Dolomiten" und „Alto Adige" war noch von einem Akt gegenseitiger Hilfe geprägt: Im Zuge der Verlegung der beiden Druckereien von Brixen nach Bozen wurden die Zeitungen jeweils beim anderssprachigen Pendant gedruckt (Ramminger 1983, 96).

Politisch gingen die in den Blättern vertretenen Ansichten freilich von Beginn an auseinander: Während die „Dolomiten" einer Rückkehr des Landes nach Österreich das Wort sprachen, stand die Brennergrenze für den „Alto Adige" nie zur Debatte. Zudem billigte er der deutschen Sprachgruppe lediglich eine äußerst beschränkte

43

Form der Autonomie zu. Solange die Vertreter der unter sich uneinigen CLN-Parteien die Blattlinie bestimmten, blieb der Tonfall des Blattes noch relativ gemäßigt. Mit den von Rom aus gesteuerten Veränderungen der Eigentumsverhältnisse ging aber eine immer deutlichere Richtungsänderung einher: Die Zeitung wurde ab Ende der 40er Jahre zum Wortführer der Italianità Südtirols, gekennzeichnet von einem gleichermaßen minderheitenfeindlichen wie unduldsamen Nationalismus. Beim „Alto Adige" waren die Auswirkungen der fehlgeschlagenen Entfaschisierung besonders spürbar, wurden doch ehemalige Parteigänger wie Angelo Facchin, Vincenzo Errante, Curzio Malaparte oder der sowohl als Journalist wie als Organisator von Finanzquellen wichtige Renato Cajoli Mitarbeiter des Blattes. Die personelle Konzentration ehemaliger Faschisten in Redaktion und Verwaltung färbte deutlich auf den Inhalt des Blattes ab: So wurden die Südtiroler pauschal zu ehemaligen Nazis erklärt und die faschistische Entnationalisierungspolitik schlichtweg geleugnet. Cajoli etwa begründete das Recht Italiens auf die Brennergrenze ganz nach dem Argumentationsmuster Ettore Tolomeis, wenn er schrieb, die Südtiroler seien nichts anderes als germanisierte Italiener (Pallaver 2000, 271 f.).

Die „Dolomiten" reagierten auf solche Provokationen. Eine Rolle für die ständigen Animositäten zwischen den beiden Blättern spielte die personelle Kontinuität vom Faschismus her: Athesia-Journalisten wie Michael Gamper, Rudolf Posch und Friedl Volgger frustrierte das selbstbewusste Agieren von Medienvertretern, die unter dem Faschismus pausenlos gegen die Existenz einer deutschen Presse gehetzt hatten. Umgekehrt löste der Umstand Verärgerung aus, dass auf Athesia-Seite weiterhin jene Personen am Ruder waren, die man bereits zu Regime-Zeiten erfolglos mundtot machen wollte.

Dass auch der Ton der deutschen Tageszeitung radikaler wurde und in einer Überbetonung volkstumspolitischer Kategorien ausartete, ist allerdings nur zum Teil der minderheitenfeindlichen Haltung der italienischen Regierung und Presse zuzuschreiben: In den ersten zehn Nachkriegsjahren bestimmte Athesia-Präsident Gamper, was in Fragen der Südtirol-Politik in die Zeitung kam. Und Gamper war maßgeblich vom katholischen Antiitalianismus der Jahrhundertwende geprägt worden (Hillebrand 1996b, 39 f.). In den „Dolomiten"-Artikeln der 40er und 50er Jahre sind neben Klagen über die anhaltende Entnationalisierungspolitik der Regierung sowie Forderungen nach einer echten Autonomie immer wieder Beispiele ethnischer Intransigenz anzutreffen.

War der „Alto Adige" der Italianità Südtirols verpflichtet, so wurde in der deutschen Tageszeitung alles der Forderung nach Einigkeit untergeordnet, in diesem Sinne die braune Vergangenheit vieler Südtiroler verschwiegen oder Personen mit abweichender politischer Meinung ausgegrenzt (vgl. Steurer/Verdorfer/Pichler 1993, 516 ff.). Auch fehlte in den „Dolomiten" der Nachkriegszeit im Grunde jegliche Perspektive eines friedlichen Zusammenlebens der beiden Sprachgruppen. Gamper-Parolen wie „Südtirol ist deutscher Boden und soll es bleiben für alle Zukunft!" waren nicht dazu angetan, ein Vertrauen erweckendes Klima bei den Mitgliedern der anderen Sprachgruppe zu schaffen, die sich samt und sonders in den Status unerwünschter Eindringlinge versetzt sahen (Hillebrand 1996a, 112 ff.).

Nach Gampers Tod 1956 wurde die Linie der „Dolomiten" im Wesentlichen vom presserechtlich verantwortlichen Redakteur Friedl Volgger geprägt. Die Haltung des

Blattes wurde zunehmend militant. Es begleitete das Land über das „Los von Trient" in die heiße Phase der Südtirolpolitik. Eine Zäsur erfolgte 1961, als sich die „Dolomiten" nach den Sprengstoffanschlägen der Feuernacht mit dem Aufmacher „Geschändetes Herz-Jesu-Fest" von der zunehmenden Radikalisierung distanzierten. Gleichwohl blieben Italien und die Italiener in den „Dolomiten" negativ besetzte Themen, die – wenn überhaupt – aus ethnozentrischer Perspektive angesprochen wurden.

Letztlich spiegelte die Linie der beiden großen Tageszeitungen des Landes nicht nur das gespannte Verhältnis zwischen den Sprachgruppen wider, die Blätter trugen ihrerseits maßgeblich zu einer Zuspitzung der Lage bei. Mehr als heute spielten sie in der Nachkriegszeit die Rolle der Opinion leader: Die „Dolomiten" waren nicht nur einzige deutsche Tageszeitung im Land. Sie gaben auch die Linie für andere Verlagsprodukte wie den „Volksboten" vor. Außerdem kam dem Blatt überragende Bedeutung als Informationsquelle für das deutschsprachige Ausland zu. Der „Alto Adige" hingegen erfuhr in den 50er Jahren zwar eine gewisse Konkurrenzierung durch das ähnlich orientierte Tagblatt „l'Adige", dafür gab es in Südtirol aber praktisch keine italienische Wochen- und Standespresse. Während der Bildungsschicht angehörige deutschsprachige Südtiroler durchaus den „Alto Adige" lasen und somit in der Lage waren, ihr Bild abzurunden, stellte der Griff zur deutschen Tageszeitung bei den Italienern mangels Sprachkenntnissen die Ausnahme dar. Einflussreich war das italienische Tagblatt jedoch nicht nur aufgrund seiner Verbreitung in der Region: Es versorgte auch die großen nationalen Zeitungen mit seinen Südtirol-Beiträgen.

2.2 Die deutschsprachige Oppositionspresse

Die Absicht, einen italienfreundlichen Ton in der Südtiroler Zeitungslandschaft zu etablieren, bewog die Inhaber der Genossenschaft SETA, ab November 1946 eine deutschsprachige Tageszeitung herauszugeben, die „Bozner Zeitung". Den redaktionellen Kern bildeten jene Mitarbeiter, die zwischen 1943 und 1945 das „Bozner Tagblatt" gestaltet hatten. Die Konkurrenz war mit den „Dolomiten" jedoch bereits fest am Markt etabliert und genoss alle denkbaren strategischen Vorteile. Außerdem erweckte ein von ehemaligen Nationalsozialisten gestaltetes, von Italienern herausgegebenes Blatt beim Großteil der Bevölkerung wenig Vertrauen, zumal seine regierungsfreundliche Haltung auf durchsichtige Weise vermittelt wurde. Der Leserzuspruch und das Anzeigenaufkommen blieben gering, und nach wenigen Monaten wurde den Herausgebern die finanzielle Tragweite des Unterfangens bewusst. Die Zeitung wurde eingestellt (Gamper 1995/96, 15 f.).

Die SETA konzentrierte sich in der Folge auf die Herausgabe weniger kostenintensiver Wochenblätter. Auf Initiative des Südtiroler Industriellen Hans Fuchs gründeten ehemalige reichsdeutsche Journalisten 1947 die Wochenzeitung „Der Standpunkt". Über sie sollten italienische Positionen in der Südtirolfrage vor allem der Leserschaft in Österreich und Deutschland näher gebracht werden. Die Ambitionen, den größeren Teil der Auflage im Ausland abzusetzen, schienen nicht nur wegen des Niveaus der Mitarbeiter realistisch. Südtirol war ab Jänner 1946 im Unterschied zu Deutschland und Österreich nicht mehr von den Alliierten besetzt, d.h. hier konnten Zeitungen unzensiert erscheinen. Erfolgte bereits die Gründung unter maßgeblicher Hilfe der Bozner Präfektur, so wurde das Blatt bis zu seiner Einstellung unter anderem vom Grenzzonenamt des Innenministeriums subventioniert (Trafojer 1999, 37 f.).

Der „Standpunkt", der Publizisten vom Kaliber eines Robert Jungk oder Indro Montanelli zu seinen Mitarbeitern zählte, war kein politisches Blatt, sondern eine Kulturzeitung. Vor allem in der Rubrik „Grenzland Südtirol" wurde jedoch auch zur Südtirolfrage Stellung bezogen. Dabei zielte man im Inland auf jene Kreise ab, die mit dem Konfrontationskurs der Athesia-Blätter nicht zufrieden waren und nach turbulenten Jahrzehnten ein ausgeprägtes Bedürfnis nach Ruhe und Frieden hatten. So wurde das Autonomiestatut von 1948 in der Zeitung als großzügige Geste der Regierung gewertet, andererseits die anhaltende Italianisierungspolitik und die daraus resultierenden politischen und sozialen Probleme verschwiegen (ebda, 53 f.).

Eine ruinöse Pressefehde mit den „Dolomiten", die es nicht versäumte, auf die italienischen Finanziers des „Standpunkt" hinzuweisen, sowie private Konflikte innerhalb der Redaktion manövrierten die Wochenzeitung bereits Anfang der 50er Jahre in eine schwere Krise. Die Auflage ging im In- und Ausland kontinuierlich zurück. In den letzten fünf Jahren seines Bestehens führte der „Standpunkt" nur mehr ein Schattendasein, das Ende konnte nur dank staatlicher Zuschüsse hinausgezögert werden (vgl. ebda, 131–137).

In mancher Hinsicht mit dem „Standpunkt" vergleichbar und doch ganz anders war eine weitere in der SETA gedruckte Wochenzeitung, die „Alpenpost". Der „Standpunkt" wurde in Südtirol wegen seines hohen Niveaus nur in Akademikerkreisen gelesen. So entstand die Absicht, ein anspruchsloses, unterhaltsames Wochenblatt für den Südtiroler Markt herauszugeben. Eigentümer der Zeitung waren einige im Südtiroler Fruchtverband zusammengeschlossene Obst- und Weinhändler. Diese befanden sich gegenüber der Regierung infolge der bestehenden Kontingentierung der Ausfuhrmengen von Agrarprodukten in einer Position unmittelbarer Abhängigkeit. Die Gründung der „Alpenpost" sollte in Rom als Zeichen des guten Willens gewertet werden. Längerfristiges Ziel der Herausgeber: die Verbesserung des Klimas zwischen Südtirolern und Italienern. Während bei der „Bozner Zeitung" Blattlinie und Personal allzu offensichtlich den Einfluss italienischer Interessen verrieten, ging man nun anders vor. Als Direktor der Zeitung zeichnete der geachtete Schriftsteller und Maler Hubert Mumelter, ihre wirklichen Promotoren blieben aber im Hintergrund: der Mehrheitseigentümer des Verlagshauses SETA, Servilio Cavazzani, und der Österreicher Louis Barcata, der das Blatt bis 1955 leitete. Cavazzani besorgte den Druck und spielte auch im administrativen Bereich eine wichtige Rolle (Gamper 1995/96, 132 ff.).

Das Wochenblatt war auf dem Markt gut platziert. Während in Italien Tageszeitungen traditionell eher von elitärem Zuschnitt waren, explodierte in der Nachkriegszeit die Nachfrage für primär auf Unterhaltung abzielende, bunt gestaltete Wochenblätter. In die Kategorie Boulevard fiel auch die „Alpenpost". Die zwischen 1951 und 1957 erscheinende Zeitung erfreute sich zumindest in den ersten Jahren beträchtlicher Beliebtheit; so sollen zeitweise über 10.000 Exemplare abgesetzt worden sein. Wegen hoher Druck- und Versandkosten war sie dennoch defizitär. Auch

die „Alpenpost" hielt sich mit direkten und indirekten Zuwendungen von staatlicher Seite über Wasser (Gamper 1995/96, VI und Trafojer 1999, 117).

Das Thema Politik spielte in der Zeitung vom Umfang her nur eine untergeordnete Rolle. Überdies argumentierte das Blatt sehr zurückhaltend, wenn auch eine
italienfreundliche Grundhaltung nicht zu übersehen war. Erst ab Mitte der 50er
Jahre ist ein mitunter polemischer, gegen SVP-Politiker gerichteter Ton anzutreffen
(vgl. Gamper 1995/96, 98 ff.).

1957 kam nicht nur für den „Standpunkt", sondern auch für die „Alpenpost" das
Aus. Mit dem Abschluss der Europäischen Verträge fielen die Ausfuhrbeschränkun-
gen für Obst und Wein. Die Eigentümer verloren auch angesichts der abnehmenden
Leserresonanz das Interesse am Blatt. Die politische Lage hatte sich in der zweiten
Hälfte der 50er Jahre verschärft, die Linie von „Standpunkt" und „Alpenpost" fand
in der Bevölkerung immer weniger Verständnis. Redakteure der „Alpenpost" si-
gnierten aus Angst vor gesellschaftlicher Anfeindung nur mit Kürzeln oder überhaupt nicht. Wer hingegen als Mitarbeiter der Zeitung bekannt war, wie der zeitwei-
lige Chefredakteur Toni Kienlechner oder Direktor Hubert Mumelter, musste damit
rechnen, von der Bozner Gesellschaft ignoriert oder gar offen als „Verräter" ange-
pöbelt zu werden (Trafojer 1999, 116; vgl. Gamper 1998, 13). Den SETA-Blättern
war es außerdem nicht gelungen, zum Sprachrohr aller von SVP und Athesia-Presse
Enttäuschten zu werden. Schließlich sahen die italienischen Stellen das Scheitern
ihrer Pressepolitik in Südtirol ein und kündigten die Unterstützung auf.

Mit der Einstellung von „Alpenpost" und „Standpunkt" war freilich auch der mediale Versuch, für ein friedliches Zusammenleben der Volksgruppen einzutreten,
gescheitert – die politischen Rahmenbedingungen für eine entsprechende Haltung
sollten erst im Tauwetter der 60er Jahre entstehen. Gleichzeitig ging ein Stück me-
dienpolitischer Pluralismus innerhalb der Minderheit verloren, auch wenn in der
SETA bereits an Ersatz gedacht wurde: Das Ende der beiden Zeitungen war praktisch die Geburtsstunde des „Deutschen Blattes" im „Alto Adige" (Ramminger 1983,
99 f.).

3. „Welsche" RAI

Die staatliche Rundfunkanstalt RAI nahm am 1. Oktober 1945 in Bozen Sendungen in deutscher Sprache auf, und zwar zweimal täglich je 20-minütige Nachrichten
(Solderer 1980, 58 f.). Ende der 50er Jahre verfügten die meisten Südtiroler Haus-
halte über einen Radioapparat und entsprechend entwickelte sich das Interesse am
Programm. Um den RAI-Sender Bozen entspann sich nun eine volkstumspolitische
Polemik, die sich über Jahrzehnte hinziehen sollte. Ausgetragen wurde sie im Wesentlichen in der Tageszeitung „Dolomiten". Die unzufriedenen Hörer wandten sich
nämlich in erster Linie nicht direkt an die von Italienern geleitete RAI, sondern an
das Athesia-Blatt. Die Vorwürfe waren über die Jahre stets dieselben: Die finanzielle
und technische Ausstattung des Senders sei schwach, die Sendungen in deutscher
Sprache seien vom Umfang her unbefriedigend, die Sendezeiten ungünstig. Kritik
wurde auch an der Personalpolitik der RAI geübt: Alle wichtigen Posten würden von
Italienern besetzt, und zwar ohne die gesetzlich vorgesehenen Wettbewerbe. Unter

den deutschsprachigen Mitarbeitern befänden sich auffallend viele Personen reichs-deutscher Herkunft, die als Mitarbeiter der SETA-Blätter „Alpenpost" und „Der Standpunkt" nicht für die Mehrheit der deutschsprachigen Bevölkerung sprechen würden. Vor allem gestalteten Italiener die Programme der RAI Bozen, mitunter mit wenig Verständnis für die Interessen der lokalen Bevölkerung. In der aufgeheiz-ten Situation der 50er Jahre erregte auch die vom Sender verwendete Terminologie, etwa „Tiroler Etschland" anstatt „Südtirol", Anstoß (ebda, 91 f.).

Obwohl der Pariser Vertrag im Bereich Rundfunk offensichtlich missachtet wurde, kümmerten sich die SVP-Politiker lange kaum um diesen Aspekt. Erst Ende der 50er Jahre regte sich auf öffentlichen Druck hin Widerstand. Ein erster wichtiger Versuch, den Sender Bozen zu reformieren, stellte das so genannte „Gleichstellungs-gesetz" des Südtiroler Landtages aus dem Jahre 1960 dar. Darin wurde unter ande-rem die Abnabelung des Senders von Rom gefordert. Obwohl die Provinz Bozen seit 1948 über die primäre Gesetzgebungskompetenz im Bereich Kultur verfügte, wurde es vom Verfassungsgerichtshof abgewiesen (1980, 114 ff.). Dennoch sollte der Hör-funk von nun an im Blickfeld politischer Bemühungen bleiben.

Die 60er Jahre standen im Zeichen eines Ausbaus des Rundfunks, mit verlän-gerter Sendezeit, neuen Rubriken und verbessertem Empfang. Hand in Hand mit der Aufstockung der Programme wurden die entsprechenden Infrastrukturen ge-schaffen und neues, nun vermehrt deutschsprachiges Personal aufgenommen bzw. in wichtige Positionen befördert: Hugo Seyr und Wilfried Wörndle wurden in der journalistischen Abteilung als erste deutschsprachige Südtiroler Chefs vom Dienst, Hans Bacher Leiter der Programmabteilung. Waren die Redakteure bis 1967 aus-schließlich auf die italienischen Nachrichtenagenturen ANSA und Italia angewie-sen, so konnten sie nun – nach hartnäckigem Bemühen – auch auf die Deutsche Presseagentur (dpa) zurückgreifen.

Im Februar 1966 erfolgte in Bozen der Startschuss für das deutschsprachige Fern-sehen der RAI – ihr erstes Regionalprogramm überhaupt. Das einstündige „Ver-suchsprogramm" wollten Regierung und Vertreter des staatlichen Rundfunks zwar als Zeichen des Entgegenkommens verstanden wissen, innerhalb der Minderheit gab es jedoch mehr Kritik als Lob. Dies hing nicht zuletzt mit den Rahmenumständen zusammen, unter denen das Versuchsprogramm zustande gekommen war. Mitte der 60er Jahre erhielt die Frage des Empfangs ausländischer Fernsehprogramme, obwohl bereits seit längerem diskutiert, unmittelbare Aktualität. Daher war das Vorgehen der RAI nicht nur den SVP-Spitzen suspekt. Die überhastete Art, wie das neue Programm gestartet wurde, legte den Schluss nahe, ihm komme in erster Linie Alibifunktion zur Verhinderung oder zumindest Verzögerung der Ausstrahlung ausländischer Pro-gramme in Südtirol zu (vgl. Lanthaler/Zelger 1967, 13 ff.). In der SVP-Führung hatte man die Vorgangsweise der RAI als Affront aufgefasst, zumal sie sich mitten im po-litischen Tauwetter zwischen Bozen und Rom abspielte. Man fühlte sich derart brüs-kiert, dass sich Landeshauptmann und SVP-Obmann Silvius Magnago entschloss, die Eröffnungssendung zu boykottieren. Wie tief der Groll gegen die RAI-Verant-wortlichen saß, zeigte sich auch in der Folge: Nahezu ein ganzes Jahr weigerte sich Magnago, im RAI-Fernsehen aufzutreten; erst mit der Neujahrsansprache 1967 war das Eis gebrochen. Insgesamt blieb das Verhältnis zwischen Landesregierung bzw. Partei und dem Mazziniplatz aber weiterhin distanziert (von Walther 1996, 150).

Politiker und Kulturschaffende wiesen in den folgenden Jahren wiederholt darauf hin, das Fernsehprogramm des Senders Bozen könne niemals Ersatz für die Programme der deutschsprachigen Nachbarländer sein. Außerdem stießen manche auf Bozen übertragene Besonderheiten der nationalen RAI, wie etwa die Trennung von Redaktion und Programmabteilung, auf Unverständnis. Der Mitarbeiterstab des Senders teilte sich weiters auf Bozen und Rom auf. Der Bozner Teil der Redaktion gestaltete die lokalen Beiträge, die römischen Redakteure die Nachrichten über Italien und das Ausland. Dieselbe Kompetenzaufteilung kennzeichnete die Programmressorts. Bestrebungen, zumindest die räumliche Aufteilung aufzuheben und die römische Abteilung nach Bozen zu verlegen, gab es seit 1970; es sollte jedoch erst Mitte der 90er Jahre dazu kommen. Zwischen den vier Arbeitsgruppen des Senders Bozen, zwei Redaktionen und zwei Programmabteilungen, gab es naturgemäß erhebliche Friktionen und Reibungsverluste (vgl. Lanthaler/Stuffer/Weißenegger 1968, 7–15; Peterlini 1986, 8–13; Kucera 1991, 122 f.).

In den 60er und 70er Jahren hagelte es unentwegt harsche Kritik am TV-Programm: An den entscheidenden Schaltstellen säßen nicht Südtiroler, sondern Italiener mit geringem Verständnis für die lokalen Gegebenheiten. Das mangelnde Einfühlungsvermögen sei bereits bei der Eröffnungssendung zum Ausdruck gekommen, als man peinlicherweise unmittelbar nach der Rede von Bischof Gargitter eine Revue angesetzt habe. Brauchtum werde häufig mit Kitsch verwechselt, in der Sportberichterstattung würden typisch italienische Sportarten wie Radsport oder Fußball überbetont, die in Südtirol populären Wintersportarten dagegen vernachlässigt. Außerdem sei die Zahl der Sendungen von lokalem Interesse gering, während Filme von zweifelhafter Qualität teuer im Ausland eingekauft würden (vgl. Ebner 1966).

Mehr noch als beim Hörfunk spielte die Zensur eine Rolle: Alle Beiträge mussten den zuständigen Chefredakteuren vorgelegt werden, immer wieder wurden Berichte abgesetzt. So fiel ein Beitrag über die Ergebnisse der österreichischen Fußballmeisterschaft (1972) ebenso dem Rotstift zum Opfer wie jener über die Überreichung des Ehrenzeichens des Landes Tirol an den Präsidenten des Südtiroler Kulturinstitutes, Fritz Egger (1973) (Solderer 1980, 190). Nicht zuletzt aufgrund derartiger Vorfälle sah sich die RAI massiven Vorwürfen ausgesetzt: Sie betreibe mit ihren deutschsprachigen Sendungen letztlich eine unterschwellige Assimilierungspolitik zu Lasten der Minderheit.

Trotz des Rückschlages im Zusammenhang mit dem „Gleichstellungsgesetz" blieb die Situation der elektronischen Medien ab 1960 an im Blickfeld der Südtiroler Politiker. Ihre zunehmende Bedeutung war vor allem mit der Verbreitung des Fernsehens ins Bewusstsein gerückt. So beschäftigte sich die SVP auf den Landesversammlungen wiederholt mit dem Thema. Neben diversen Eingaben und Memoranden kamen Rundfunk und Fernsehen auch in den Paket-Verhandlungen zur Sprache. An der gesetzlichen Lage änderte sich freilich nichts Grundlegendes. Zwar wurden die audiovisuellen Medien im Zweiten Autonomiestatut ausdrücklich in die Formel aufgenommen, die sich auf die kulturelle Tätigkeit bezieht, der Landesregierung blieb es aber untersagt, eigene Rundfunk- und Fernsehstationen zu gründen. Auch der Wunsch nach einem deutschsprachigen Sendeleiter beim Sender Bozen blieb unberücksichtigt. Als Ergebnis zäher Verhandlungen wurde die Position eines Programm-Koordinators zwischen RAI und Landesregierung geschaffen, ein Posten allerdings mit zunächst vager Kompetenzausstattung. Informationssendungen fielen ohnehin nicht in seinen Zuständigkeitsbereich. Die Durchführungsbestimmungen zum Zweiten Autonomiestatut von 1972 legten fest, für deutschsprachige Sendungen müsse deutsches Personal herangezogen werden. In der Praxis wurde der ethnische Proporz umgangen. So kritisierten SVP-Politiker immer wieder, das Personal werde nicht über Wettbewerbe aufgenommen. Ungeachtet des Übergewichts der deutschen gegenüber den italienischen Sendestunden beschäftigte das Unternehmen Mitte der 70er Jahre nahezu doppelt so viele Italiener wie Deutsche. 1977 befassten sich sowohl die SVP-Landesversammlung als auch der Autonome Südtiroler Gewerkschaftsbund (ASGB) mit dieser Situation; sie forderten eine Einhaltung der Durchführungsbestimmungen.

Mit dem neuen Autonomiestatut blieb der Bozner RAI-Sender weiterhin Teil einer nationalen Einrichtung, der Einfluss von Landesregierung und SVP wuchs nun jedoch kontinuierlich an. Die Programmgestaltung unterstand dem im Konsens mit der politischen Führung der Minderheit ernannten Koordinator. 1977 wurde erstmals ein deutscher Chefredakteur für den Informationsteil ernannt. Obwohl formell dem italienischen RAI-Direktor unterstellt, gewann er und mit ihm die Redaktion zunehmend Freiräume gegenüber der Muttergesellschaft. So waren die 80er und 90er Jahre von einem Abnabelungsprozess des Senders Bozen gegenüber Rom geprägt. Äußeres Zeichen war die „Übersiedlung" der „Tagesschau" von Rom nach Bozen Mitte der 90er Jahre (vgl. Solderer 1988, 22 f. und 1989, 20 f.).

Über alle Sachkritik hinaus gehörte es in Südtirol lange Zeit geradezu zum guten Ton, gegen die RAI zu polemisieren. Vor allem „Volkstumspolitiker" beabsichtigten, mit ständigen Vorhaltungen gegenüber dem „welschen" Sender bei der Bevölkerung zu punkten. An Journalisten ergingen, bekundeten sie die Absicht, zur RAI zu wechseln, eindeutige Warnungen: Sie würden durch ihr Verhalten als „Volkstumsverräter" angreifbar. Dass der Sender 1988 Ziel eines Terroranschlages wurde, ist nicht zuletzt vor diesem Hintergrund zu sehen (vgl. Kucera 1991, 135).

Im Vergleich zu den beiden Tageszeitungen agierte der Sender im ethnischen Diskurs traditionell zurückhaltend, insgesamt wurde einem friedlichen Zusammenleben der Volksgruppen bei gleichzeitiger Ablehnung extremistischer Haltungen das Wort geredet. Einmal von den Vorgaben der römischen Konzernmutter emanzipiert, konnte der Sender sein „welsches" Image in Teilen der Bevölkerung nach und nach abstreifen.

In den letzten Jahren setzte sich die RAI-Bozen in Berufung auf ihren programmatischen Auftrag als öffentlich-rechtlicher Minderheitensender vermehrt mit sensiblen Themen rund um die politische Situation in Südtirol auseinander. In einem offensichtlichen Reflex auf die langjährige Bevormundung wurden nun allerdings frühere Defizite in der Berichterstattung überkompensiert. So erhielt ein gesellschaftliches Randphänomen wie die Schützen breiten Raum. Augenfällig ist auch die Hinwendung zu einem vormaligen Tabuthema, den Südtirol-Attentätern der 60er Jahre. Während etwa die Wirtschaft- und Sozialgeschichte in seinen neueren Produktionen eine untergeordnete Rolle spielen, finanzierte und strahlte der Sender gleich mehrere Dokumentationen über die „heiße Phase" der Südtirol-Politik aus, was allein von der Gewichtung her die Gefahr einer verzerrten Wahrnehmung in sich barg. Obendrein erhoben Kritiker den Vorwurf, die RAI zeige das Los der „Freiheitskämpfer" aus einer mitunter stark verklärenden Perspektive.

3.1 Ausweitung des Angebots im audiovisuellen Bereich

Eine weitere Auseinandersetzung zwischen Landesregierung und SVP einerseits und der Regierung in Rom ergab sich Ende der 60er, Anfang der 70er Jahre in der Frage des Empfanges von Fernsehprogrammen aus Österreich, Deutschland und der Schweiz. Welche Bedeutung dieser Frage innerhalb der SVP beigemessen wurde, zeigte etwa 1970 eine Unterschriftenaktion der Landesjugendleitung der SVP, die den Wunsch der Südtiroler Bevölkerung nach ausländischen Programmen unterstreichen sollte. Landesjugendreferent Hans Benedikter schrieb zu diesem Anlass in den „Dolomiten": „Eine weitere Vorenthaltung vollwertiger Programme in der Muttersprache erhöht nicht nur die Gefahr der schleichenden Assimilierung durch italienische Programme, sondern würde auch die Mehrzahl der Südtiroler dazu verurteilen, auf einer tieferen Bewusstseinsstufe zu bleiben als die ganze übrige Bevölkerung des deutschen Kulturraumes." (Dolomiten 18.6.1970, 3)

De facto konnten sowohl bundesdeutsche Sender als auch das österreichische Programm bereits in den 50er Jahren vereinzelt empfangen werden. Dies weckte das Bedürfnis nach mehr. In Leserbriefen an die „Dolomiten" wurde bereits seit 1957 angeregt, die Voraussetzungen für den Empfang ausländischer Programme zu schaffen. Die entscheidende Hürde war der gesetzliche Status der RAI, die als Monopolbetrieb alleine befugt war, Rundfunk- und Fernsehstationen zu errichten und zu betreiben.

Während sich auf offizieller Ebene nichts bewegte, schufen Radioamateure Tatsachen. So ermöglichte ein Umsetzer am Penegal, das Österreichische Fernsehen im Raum Bozen zu empfangen. Immer mehr Elektrohändler gingen in den 60er Jahren zur Förderung des Absatzes von TV-Geräten dazu über, illegale Sendemasten zu errichten, und warben mit der Möglichkeit, den ORF zu empfangen. 1963 ließ die RAI Frequenzumsetzer im Eisacktal stilllegen, eine Maßnahme, die für beträchtliche Medienresonanz im Ausland sorgte (RAS 2000, 17). In den folgenden Jahren konnte die Errichtung illegaler Relaisstationen allerdings ungestört fortgesetzt werden – wie man allgemein vermutete, eine Folge des veränderten politischen Klimas zwischen Bozen und Rom. Um 1970 hatte das „private" Umsetzernetz beachtliche Ausmaße erreicht, Tausende von Südtirolern empfingen das ORF-Programm (ebda, 23 f.).

Bedenken, das Postministerium könnte gegen die illegalen Anlagen vorgehen, waren jedoch allgegenwärtig. Es fehlte daher nicht an Interventionen der SVP-Parlamentarier, die römischen Stellen ruhig zu halten. Seit Mitte der 60er Jahre intensivierten sich die Bemühungen, die Situation durch eine Legalisierung des Empfanges ausländischer Sender zu sanieren. Was sich in den Jahren 1965 bis 1973 in dieser Frage zwischen Bozen und Rom abspielte, entsprach in manchem der Entwicklung der Autonomieverhandlungen in Miniaturausgabe: Hier die politische Vertretung der Minderheit, die, alle Möglichkeiten der Kommunikation nützend, über die Jahre zäh und konsequent ihren Standpunkt vertrat, auf der anderen Seite das Beharrungsvermögen desinteressierter oder uneinsichtiger Politiker, vor allem aber einer ablehnenden Zentralbürokratie (vgl. Solderer 1980, 216 ff.). Im Paket war die Erlaubnis zum Empfang ausländischer Programme nicht festgeschrieben – ein Punkt, bei dem seine Gegner wiederholt einhakten. Der Streit um die Zuständigkeit im

Bereich Telekommunikation und damit nicht zuletzt um die Kontrolle des Senders Bozen zog sich bis in der 90er Jahre hin (vgl. Rohrer 1984, 12 f.).

Da für 1972 die Neuvergabe der staatlichen Konzession an die RAI und eine Reform der Sendeanstalt anstand, ließ die Landesregierung ein Jahr zuvor ein detailliertes Gutachten ausarbeiten, das rechtliche und technische Aspekte des Empfanges ausländischer Sender abklären sollte. Es bildete die Grundlage für ein Memorandum an den Ministerrat. Anfang 1973 sicherte Ministerpräsident Giulio Andreotti die Regelung des Problems zu, im Juni des Jahres verabschiedete die Regierung entsprechende Durchführungsbestimmungen, deren Text in langwierigen und mühsamen Verhandlungen in der Sechser-Kommission ausgearbeitet worden war. Nach weiteren monatelangen Querelen wurden sie Ende 1973 in Kraft gesetzt (RAS 2000, 31 f.).

Der nächste Schritt bestand im Aufbau eines neuen Fernsehnetzes, das im Unterschied zum bestehenden den geltenden internationalen und nationalen Bestimmungen Rechnung tragen musste. Um möglichst autonom und unbürokratisch vorgehen zu können, wurde Anfang 1975 die Rundfunkanstalt Südtirol (RAS) gegründet. Die Provinz Bozen sollte den Empfang ausländischer Sender nicht über die RAI, sondern durch eigene Anlagen sicherstellen können. Eine der vordringlichen Aufgaben nach der Legalisierung des Empfanges ausländischer Sender war die Übernahme des provisorischen, von privater Hand errichteten Netzes durch die Provinz sowie die Erstellung eines Frequenzplanes (vgl. ebda, 38 ff.).

In den 60er Jahren war die Auswahl an Sendern in den meisten Südtiroler Haushalten äußerst dürftig. In manchen Tälern konnte neben der RAI kein einziges deutschsprachiges Programm empfangen werden. Dieser Umstand trug mit dazu bei, dass die Zahl der Fernsehabonnenten bis in die 70er Jahre deutlich unter dem italienischen Durchschnitt blieb. Zwei Ereignisse kehrten die Situation geradezu um: Mit der Übertragung ausländischer Sender konnten Programme aus insgesamt vier Nationen empfangen werden. Das Jahr 1976 markierte einen weiteren Wendepunkt in der Medienlandschaft Südtirols: Der Verfassungsgerichtshof hob mit dem Urteil Nr. 202 das RAI-Monopol auf der Ebene des lokalen Rundfunks auf. Italienweit wurden Tausende von Radiostationen gegründet, in Südtirol waren es immerhin mehrere Dutzend. Einen wichtigen Anreiz für lokale Betreiber stellte die Möglichkeit dar, ein einsprachiges Programm anbieten zu können. Der RAI-Sender Bozen strahlte Sendungen in allen drei Landessprachen auf derselben Frequenz aus, wodurch das deutsche Programm mehrmals täglich unterbrochen wurde (vgl. Solderer 1988, 22 f.). Die meisten der neu entstandenen kommerziellen Sender verfügten kaum über politisches Profil. Gleichwohl war die Orientierung nach Norden unübersehbar. In der ersten Hälfte der 80er Jahre galt dies nicht zuletzt in wirtschaftlicher Hinsicht – man trachtete, das deutschsprachige Ausland als Werbemarkt zu erobern. Auch programmatisch war die Ausrichtung markant. So dienten meist deutsche oder österreichische Medien als Quelle für die Informationsblöcke der Sender. Italienische Schlager wurden zum Teil noch seltener aufgelegt als bei vergleichbaren Sendern in Österreich und Deutschland. Der Hörer konnte auf diese Weise den Eindruck gewinnen, er befinde sich gar nicht in Italien. Bei „Radio Tirol" schließlich war der Name Programm (vgl. Solderer 1982, 18). Lange vor die „Europaregion Tirol" spruchreif wurde, betonte der Sender den grenzübergreifenden Austausch. Ähnlich verlief die Entwicklung der privaten Stationen auf italienischer Seite.

Insgesamt entstand in den 70er Jahren eine private TV- und Radiolandschaft, welche die Kriterien ethnischer Trennung weitgehend unreflektiert nachvollzog und die politische Formel des Nebeneinander tradierte (vgl. Pelinka 2003, 208). „Radio Tandem" stellte als bewusst interethnischer Sender in diesem Kontext eine Ausnahme dar (Bellomo 1996/97, 180 f.).

4. Die lokale Presse im politischen Tauwetter

Mit der Annahme des Pakets und der Inkraftsetzung des Zweiten Autonomiestatutes gelangte die Südtirolpolitik in ruhigere Gewässer. Das Land erfreute sich seit Ende der 60er Jahre eines zunächst verhaltenen, dann rasanten Wirtschaftsaufschwunges, der ausgehend vom Tourismus nach und nach alle Bereiche umfasste und einen gesellschaftlichen Struktur- und Wertewandel nach sich zog.

Die Tageszeitung „Dolomiten" trug diesen Veränderungen nur mühsam Rechnung. Ihr Redaktionsstab war auffallend klein, besonders die Zahl der fest angestellten Journalisten blieb vergleichsweise niedrig. Anders als beim „Alto Adige", wo nicht zuletzt junge Redakteure eine Öffnung der Blattlinie durchsetzten, herrschte beim deutschsprachigen Pendant Kontinuität, unterlag die Aufnahme von neuen Mitarbeitern doch rigiden Kriterien: Eingestellt wurde nur, wer sich explizit zu einem katholisch-konservativen Weltbild bekannte. In der „Dolomiten"-Redaktion experimentierte man auch nicht dem Zeitgeist entsprechend mit flachen Hierarchien, sondern hielt am traditionellen patriarchalischen Führungsstil fest. Alle Mitarbeiter hatten sich an der vom Direktor vorgegebenen Blattlinie zu orientieren. Die Bandbreite, innerhalb der sich Redakteure bewegen konnten, war bei „heiklen" Themen wie dem Verhältnis der Sprachgruppen sehr gering (Interview Gerald Fleischmann, 16.2.1993). Zum Meinungsführer der Zeitung wurde neben Verlagsleiter Toni Ebner der langjährige Gestalter der Rubrik „Der Bergsteiger", Josef Rampold, der ab 1971 jeweils am Dienstag in der Kolumne „Randbemerkung" zum Geschehen in Südtirol Stellung bezog.

Auf den Politik-Seiten der Zeitung, die im Wesentlichen mit dem Abdruck von dpa-Meldungen gefüllt wurden, überwog eine germanophile Perspektive: Nicht das sozialdemokratisch regierte Österreich diente als Leitbild für Südtirol, sondern Bayern mit CSU-Chef und Ministerpräsident Franz Josef Strauß. Auffallend dürftig fiel dagegen die Italien-Berichterstattung aus. Der ethnische Diskurs war noch vernehmbar von der „Todesmarschkampagne" geprägt, die Gefahren einer Vermengung der Sprachgruppen, allen voran im Bildungsbereich und im Zusammenhang mit „Mischehen", wurden stets beschworen.

Die Abwehrhaltung gegenüber allem, was als „anders", zumal als „links" eingestuft wurde, zeigte sich auch in der permanent geführten Konfrontation mit jenen gesellschaftlichen Gruppen, die sich nicht in das Weltbild der Zeitungsmacher fügten: Kommunisten, Sozialisten, Gewerkschaften, und selbstredend allem, was irgendwie mit der Jahrzahl 1968 in Verbindung gebracht werden konnte. Zusammen mit Infiltrationen linker Ideologie wähnte man auch stets die Gefahren einer schleichenden Italianisierung gegeben (vgl. Becker-Gelf 1978, 4 ff.).

Auf italienischer Seite warf der „Alto Adige" 1960 erstmals seit seinem Erscheinen einen – wenn auch bescheidenen – Gewinn ab. Dessen ungeachtet wurde die

Zeitung wie schon in den 50er Jahren über einen vom Innenministerium gespeisten „Fonds zur Verteidigung der Italianität in den Grenzgebieten" unterstützt: Alle zwei Monate flossen drei Millionen Lire in die Kassen von Herausgeber Servilio Cavazzani, ausbezahlt von der Bozner Quästur (Steinacher 2002, 20; Franceschini 2002, 5). Gemessen an Auflage und Anzeigenaufkommen leistete sich das Blatt denn auch eine erheblich größere Redaktion als die „Dolomiten". Der „Alto Adige", das übersah man auch in Rom nicht, war längst zu einer entscheidenden Größe im lokalen Zeitungsgewerbe geworden. Der einzige Konkurrent, der in Trient erscheinende „l'Adige", verlor in der Prozinz Bozen zunehmend an Boden: Sein Lokalteil war viel zu knapp, um der Konkurrenz Paroli bieten zu können.

Der Ton des „Alto Adige" wurde um 1960 deutlich schärfer. So führte das Blatt 1958/59 eine Kampagne für eine italienerfreundliche Wohnbaupolitik in Bozen, die unmittelbarer Anlass für den Rückzug der SVP aus der Regionalregierung sein sollte. Durch die Betonung der politisch-nationalistischen Reiznachricht, durch verständnislose Kommentare gegenüber den Anliegen der deutschsprachigen Bevölkerung und nicht zuletzt durch eine überzogene Berichterstattung zum Südtirol-Terrorismus förderte die Zeitung Ängste und Ressentiments der im Land noch nicht verwurzelten Italiener und setzte die italienischen Parteien ständig unter Druck (Gatterer 1968, 1270). Besonders deutlich kam die Haltung des Blattes in den zahllosen, im Ton äußerst harten Pressefehden mit den „Dolomiten".

Wusste das italienische Lokalblatt bis Anfang der 60er Jahre eine geschlossene Phalanx römischer Förderer hinter sich, so änderte sich die Situation in der Folge. Während maßgebliche Kräfte innerhalb der Christdemokraten, allen voran Aldo Moro, nach Österreichs Gang vor die UNO und der „Feuernacht" zur Überzeugung gelangten, dass es in der Südtirolfrage einer Kurskorrektur bedürfe, hielt der „Alto Adige" über das gesamte Jahrzehnt unbeirrt an seiner unduldsamen Linie fest und polemisierte kontinuierlich gegen die Bildung der 19er-Kommission wie gegen die Paketverhandlungen (Ramminger 1983, 98).

Auf die Auflage wirkte sich die populistische Linie zwar positiv aus, jene Kreise in der DC, die eine Verhandlungslösung mit der deutschen Sprachgruppe anstrebten, sahen die eigenen Bemühungen jedoch von der Aggressivität des Blattes torpediert. Ende 1967 erfolgte ein konkreter Versuch, die Dominanz des „Alto Adige" in Südtirol zu brechen: Die zum staatlichen ENI-Konzern gehörende, von Christdemokraten und Sozialisten kontrollierte Mailänder Zeitung „Il Giorno" eröffnete in Bozen eine Lokalredaktion. Geführt wurde sie von drei dem „Alto Adige" abgeworbenen Redakteuren (die brücke 3, 13), die für die Südtirol-Ausgabe zwei Seiten Lokalchronik gestalteten. Obwohl die Auflage der Zeitung dadurch zunächst von ca. 400 auf etwa 3.000 Exemplare hochschnellte, erwies sich das Ganze als Strohfeuer. Die Lokalredaktion wurde 1971 wieder geschlossen (Pagliaro 1989/90, 134 f.).

Der Versuch, mit „Il Giorno" eine auf Ausgleich zwischen den Sprachgruppen bedachte Konkurrenz zum „Alto Adige" zu schaffen, scheiterte ebenso wie weitere politisch motivierte Störmanöver gegenüber der Zeitung. Für die Herausgeber bildeten diese neben dem Paketabschluss freilich ein Signal, die Ausrichtung doch den veränderten politischen Umständen anzupassen. Nicht unerheblich für das Abgehen von der nationalistischen Linie war der beträchtliche Aderlass an Mitarbeitern Ende der 60er Jahre. Die neu eingestellten, jungen Redakteure waren auf den Universitäten bereits mit dem Gedankengut der Studentenbewegung in Kontakt gekommen und engagierten sich für eine Öffnung des Blattes (Ramminger 1983, 99). Eine weitere Zäsur bildete 1973 der Tod des langjährigen Herausgebers Servilio Cavazzani, der treibenden Kraft innerhalb der SETA. Sein Sohn Albino, von Beruf nicht Journalist, sondern Arzt, schwenkte auf eine pragmatischere Linie ein und gewährte der Redaktion mehr Freiraum. Der junge Cavazzani verfügte freilich auch nicht mehr über die unanfechtbare Position seines Vaters: Dieser hatte bereits 1971 80% der überschuldeten Gesellschaft an die ETAS KOMPASS der Caracciolo-Gruppe abtreten müssen (Pagliaro 1989/90, 135).

Die Zeitung verschrieb sich nun einem nach außen hin unabhängigen und überethnischen Programm, wobei das Pendel zugunsten jener politischen Kräfte und Bewegungen ausschlug, die in Opposition zu den herrschenden Parteien standen. Diese Entwicklung setzte sich im Wesentlichen in der zweiten Hälfte der 70er Jahre unter Chefredakteur Gianni Faustini fort (Bellomo 1996/97, 74). Ab 1977 folgten mehrere Eigentümerwechsel der SETA: Die Kontrollmehrheit des Unternehmens wanderte von der ETAS KOMPASS über die EFI FIAT zum Mailänder Verleger Rizzoli. Unter der Zugehörigkeit zum großen Mailänder Verlagshaus erfolgte die Abkehr vom bis dahin verfolgten Kurs. Der konservative „l'Adige" hatte nämlich in der „progressiven" Phase des „Alto Adige" in Bozen an Auflage zulegen können. Trotz erheblichen Widerstandes der Redaktion schlug der Nachfolger Faustinis, Mino Durand, eine populistisch gefärbte Linie ein, die sich nicht zuletzt aufgrund der Betonung der schwarzen Chronik unübersehbar am Boulevardstil orientierte (südtiroler volkszeitung 66, 7). Nach dem Aufsehen erregenden Wahlsieg der Neofaschisten bei den Bozner Gemeinderatswahlen 1985 geriet der „Alto Adige" selbst ins Gerede. Eine detaillierte Studie wies eindeutige Korrelationen zwischen seiner Berichterstattung und dem Wahlergebnis nach (Prugger 1987, 359 und 365).

Verstand sich die SETA-Zeitung als Sprachrohr der Italiener in Südtirol, so wollten weder Servilio Cavazzani noch seine Förderer in Bozen, Trient und Rom nach Einstellung der Wochenblätter „Alpenpost" und „Der Standpunkt" auf die Möglichkeit verzichten, der deutschsprachigen Bevölkerung die italienische Position in der Südtirolpolitik zu vermitteln (Trafojer 1999, 117). Seit 1955 waren im „Alto Adige" vereinzelt deutschsprachige Artikel erschienen. Eine deutsche Rubrik in der Tageszeitung schien vor allem wirtschaftlich Sinn zu machen, verursachte sie doch bei weitem nicht die hohen Kosten einer eigenen Zeitung. Die tägliche Erscheinensweise bot zudem mehr Flexibilität. Auch der Umstand, dass nachweislich viele deutschsprachige Südtiroler mehr oder weniger regelmäßig zum „Alto Adige" griffen, ließ diese Lösung sinnvoll erscheinen. Ab 1958 erschien täglich (außer in der Montagausgabe) die Spalte „Für unsere deutschen Leser". Von 1960 bis 1975, also in der bewegtesten Phase der Südtirolpolitik, nahmen die Beiträge eine ganze Seite ein, daher die Umbenennung in „Deutsches Blatt".

Es erwies sich als komplexes Unterfangen, qualifizierte Mitarbeiter für die Rubrik zu finden. War sogar Athesia in den 60er und 70er Jahren ständig auf der Suche nach ausgebildeten Journalisten, so gestaltete sich die Situation beim „Deutschen Blatt" ungleich schwieriger: Südtiroler Mitarbeiter wurden, allen voran von SVP und Athesia, massiv angefeindet, ja, sie stellten sich für breite Kreise der Öffentlichkeit außerhalb der Gesellschaft. Zum „Alto Adige" ging daher nur, wer sich mit dem System überworfen hatte oder aus wirtschaftlichen Gründen nicht anders konnte (vgl. Brugger 1996, 179). Auf den ersten Südtiroler Mitarbeiter, Benno Steiner, wurde in seinem Haus in Meran ein Attentat von Südtiroler „Freiheitskämpfern" verübt, er musste für einige Zeit im (überwachten) Domizil seines Arbeitgebers Servilio Cavazzani Unterschlupf suchen (Steininger 1999, 105). Vor allem in den ersten Jahren des Erscheinens griff man auf ausländische Mitarbeiter, etwa auf den Schweizer Erwin Sennhauser oder den Bundesdeutschen Joseph Müller, zurück. Dennoch reichte die redaktionelle Kapazität kaum aus, um täglich eine Seite zu füllen. Man druckte daher besonders in der ersten Hälfte der 60er Jahre regelmäßig Beiträge ab, die in österreichischen und bundesdeutschen Zeitungen erschienen waren (Pagliaro 1989/90, 126 ff.).

Die aggressive Haltung der Südtiroler Politiker dem „Deutschen Blatt" und seinen Mitarbeitern gegenüber erklärte sich aus dessen inhaltlicher Stoßrichtung: Die öffentliche Auseinandersetzung um die politische Entwicklung des Landes wurde nämlich vor allem auf den deutschen Seiten des „Alto Adige" geführt. Obwohl die Herausgeber immer wieder betonten, die deutschsprachige Redaktion sei innerhalb der SETA völlig unabhängig, färbte das Kolorit des „Alto Adige" doch deutlich auf das „Deutsche Blatt" ab: Man zeigte zwar Missstände und Widersprüche in der Südtiroler Gesellschaft auf, die in der Athesia-Presse verschwiegen wurden, scheute aber nicht davor zurück, sie politisch zu instrumentalisieren. Das hieß vor allem: Aufspaltung der Geschlossenheit der deutschen Sprachgruppe, Unterminierung der Autonomiepolitik von Regierung und SVP. Dass es dem „Deutschen Blatt" nicht nur um Offenheit und Chronistenpflicht ging, ist an den gesetzten Schwerpunkten deutlich abzulesen: Während man immer wieder gesellschaftliche Reizthemen – Stichworte Erbhofordnung, 68er Bewegung – ausbreitete, wurden andere Bereiche auffallend kurz gehalten, etwa die objektiv vorhandene Benachteiligung der deutschen Sprachgruppe im öffentlichen Dienst. Auch erging sich die Redaktion in Bezug auf „Einheitspartei" und „Einheitspresse" in gleichermaßen schablonenhaften wie mitunter überzogenen Vergleichen (vgl. Steininger 1999, 105 f.; Heiss 1998, 88).

Umgekehrt überzog die Athesia-Presse den Gegner mit wenig schmeichelhaften Bezeichnungen, sprach ihm jede Daseinsberechtigung ab, unterstellte dem „Deutschen Blatt" ausschließlich unlautere Ziele. Die Vehemenz dieser Kritik kam nicht von ungefähr: Die deutschsprachige Seite im „Alto Adige" stellte in den ersten zehn Jahren ihres Bestehens den wichtigsten Kontrapunkt zur Meinungsmacht der Verlagspresse dar, konnte es zumindest in den städtischen Zentren empfindlich durchlöchern. Die lange Zeit wichtigste Spalte im „Deutschen Blatt" stellten die Leserbriefe dar. Wie gering damals die Möglichkeiten innerhalb der deutschen Sprachgruppe waren, Dissens öffentlich zu artikulieren, geht aus den eingesandten Beiträgen deutlich hervor. Die Redaktion hielt sich zugute, sämtliche Zuschriften zu publizieren. Auch den Könföderierten Gewerkschaften, den Oppositionsparteien, alternativen Kulturvereinen, kurzum allen von Athesia Ausgegrenzten bot das „Alto Adige" Raum (Pagliaro 1989/90, 131 f.). Von Bedeutung war die Rubrik schließlich noch für jene Journalisten, die von Athesia aufgrund ihrer politischen Haltung nicht eingestellt wurden oder den Verlag von sich aus mieden. Nicht wenige später anerkannte Journalisten und Publizisten sollten ihre Ausbildung beim „Alto Adige" absolvieren oder dort einen Abschnitt ihres Berufslebens verbringen.

Obwohl das „Deutsche Blatt" erst 1999 eingestellt wurde, war seine beste Zeit Ende der 70er Jahre vorbei. 1972 trat das neue Autonomiestatut in Kraft. Damit fand die umstrittenste Phase der Nachkriegspolitik ihr Ende, damit bedurfte auch die von Servilio Cavazzani nicht zuletzt als Kampfblatt gegen die Autonomiepolitik der SVP konzipierte Seite einer neuen Ausrichtung. Ein Jahr später verstarb mit Cavazzani der wichtigste Promotor der deutschen Rubrik. Sein Sohn Albino war als neuer Präsident der SETA von ihrer Sinnhaftigkeit weniger überzeugt, konnte sie aber aufgrund bestehender vertraglicher Bestimmungen nicht einstellen.

Mit der Auffächerung der Medienszene, besonders den zunehmenden Aktivitäten auf dem Zeitungs- und Zeitschriftensektor, büßte das „Deutsche Blatt" seine Bedeutung als Forum kritischer Geister innerhalb der deutschen Sprachgruppe nach und nach ein: Vor allem jüngere Südtiroler artikulierten ihren Unmut zunehmend über den „skolast", die „brücke", später die „volkszeitung", „Tandem" und die „ff".

4.1 Mediale Bemühungen um den ethnische Ausgleich

An Versuchen, der Marktdominanz der Athesia-Presse etwas entgegenzustellen, hat es in der Nachkriegszeit nicht gefehlt. Blätter wie die „Bozner Zeitung", „Der Standpunkt" oder die „Alpenpost" sind in den 40er bzw. 50er Jahren gescheitert. Die Ursachen dafür mögen unterschiedlich gewesen sein – gemeinsam war diesen Produkten, dass sie sich beim deutschsprachigen Leser nicht durchsetzen konnten. Während es Ende der 50er, Anfang der 60er Jahre – also in der bewegtesten Phase der Südtirolpolitik – auf dem Zeitungssektor ruhig blieb, kam in der Folge wieder mehr Leben in die Medienlandschaft.

Eine Spätfolge der SVP-internen Auseinandersetzungen rund um die Bewegung „Aufbau" waren die ab April 1963 14-tägig erscheinenden „Südtiroler Nachrichten". Die Promotoren der Zeitung, allen voran Hans Dietl, aber auch Peter Brugger und Hans Benedikter, stellten sich als Vertreter eines ethnisch-nationalen Konfrontationskurses gegenüber Rom gegen die konziliante Linie der Richtung „Aufbau". Das Blatt bekannte sich ausdrücklich dazu, „die Südtiroler Volkspartei als politische Vertreterin und Interessenträgerin der Südtiroler in ihrer Arbeit und in ihrem Bestreben nach Möglichkeit unterstützen (zu) wollen", also als eine Art Nebenorgan zur eigentlichen Parteizeitung „Volksbote" zu fungieren (Südtiroler Nachrichten, 1/1963, 8). Die „Südtiroler Nachrichten" verstanden sich als politisches Blatt ohne Konzessionen an den Massengeschmack. Das alles beherrschende Thema war selbstredend die Südtirol-Frage, die erheblich breiteren Raum einnahm als vergleichsweise in den „Dolomiten". Inhaltlich bezog die Zeitung eine intransigente Position, lag in permanentem Streit mit dem „Alto Adige" und den italienischen Nachrichtenagenturen, kritisierte Egmont Jenny, als dieser einer Öffnung der Südtiroler gegenüber Italien das Wort sprach. In der Zeitung Dietls, des späteren Gründers der Sozialdemokratischen Partei Südtirols, überwogen weltanschaulich konservative Elemente. So zogen sich die „Südtiroler Nachrichten" nicht zufällig den Zorn der Studentenbewegung zu und trugen mit der „brücke" um die Jahreswende 1967/68 eine veritable Pressefehde aus: Während man den Betreibern des Studentenblattes Spaltungsversuche der Minderheit vorhielt, höhnte die „brücke", die „SN" seien lediglich ein unbedeutender

Planet im Sonnensystem der SVP (die brücke 1, 1 und 3, 4). Tatsächlich nahm die Bedeutung der Zeitung Ende der 60er Jahre ab: Mit der Wiederannäherung zwischen SVP-Parteiführung und Athesia verloren die „Südtiroler Nachrichten" definitiv ihre einzig relevante Aufgabe, Sprachrohr der Parteiführung zu sein. Als Gegner einer Kompromisslösung im Sinne des Paketes wurde Dietl nicht mehr mit Informationen aus erster Hand versorgt, was an der Zeitung deutlich abzulesen war. Als er nach der Paket-Entscheidung die SVP verließ, darbte sie nur mehr vor sich hin. Bevor die „Südtiroler Nachrichten" 1974 endgültig eingestellt wurden, fungierten sie noch kurzfristig als Organ der neu gegründeten Sozialdemokratischen Partei.

Eine Sonderstellung in der Medienlandschaft Südtirols nahm in den 60er und 70er Jahren der „skolast" ein. Als Mitteilungsorgan der Südtiroler Hochschülerschaft war er an sich vergleichbar mit den zahlreichen Verbands- und Vereinsblättern, die kaum über ihren unmittelbaren Bereich hinaus Bedeutung erlangten. Der „skolast" jedoch wurde zu einem Trägermedium für den gesellschaftlichen Aufbruch, den Südtirol seit Ende der 60er Jahre erlebte. Ab Mitte des Jahrzehnts begann die Südtiroler Hochschülerschaft über ihre Zeitschrift einen Abnabelungsprozess von der SVP und dem Südtiroler Kulturinstitut, ein Prozess, der sich über Jahre hinziehen sollte (Hasler 1999, 67 ff.).

Nach einer turbulenten Studientagung 1968 auf dem Grillhof bei Innsbruck versuchte die SH, den „skolast" neu zu positionieren: Er sollte nicht mehr nur studentisches Mitteilungsblatt sein, sondern in erster Linie Aufklärungsarbeit im politischen, wirtschaftlichen und sozialen Bereich leisten und „pluralistische" Information bieten. Auf der 15. und 16. Studientagung der SH (1972 bzw. 1973) wurde erstmals das Verhältnis der Volksgruppen in Südtirol auf breiter Ebene diskutiert und die Politik des „Nebeneinander" in Frage gestellt, was in der Zeitschrift unmittelbaren Niederschlag fand (Bellomo 1996/97, 114). Langfristiger Ausdruck dieser Neuorientierung war die 1995 erfolgte Umwandlung der Südtiroler Hochschülerschaft in den interethnischen Verein SH-ASUS.

Die SH-Zeitschrift behielt ihre Bedeutung nach dem Abebben der Protestwelle Anfang der 70er Jahre bei. Im Unterschied zu verschiedenen kurzlebigen Presseinitiativen – allen voran der „brücke", die nur knapp eineinhalb Jahre lang erschien – überlebte die Zeitschrift bis heute. Ihre Bedeutung besteht nicht nur darin, dass sie lange Zeit eines der wenigen kritischen Diskussionsforen war. Junge Südtiroler nützten hier erstmals die Möglichkeit, sich aktiv an eine breitere Öffentlichkeit zu wenden.

Auch die Gründer der Zeitschrift „die brücke", Siegfried Stuffer, Josef Schmid und Josef Perkmann, sammelten ihre Erfahrungen innerhalb der Hochschülerschaft, wo sie als Mitarbeiter des „skolast" auch einen Gutteil des Know-how zur Gestaltung einer Zeitschrift erlernten. Von der zögerlichen und widersprüchlichen Reaktion der SH auf die Studentenproteste irritiert, bildete sich unter aufgeschlossenen Mitgliedern der „brücke"-Kreis. Die allerorts in Europa laut gewordene Kritik an den überkommenen politischen und sozialen Verhältnissen sollte auf Südtirol übertragen werden. Schließlich gelangten Schmid, Perkmann und Stuffer zur Überzeugung, die vielfältigen Aktivitäten des „brücke-Kreises" in einer Zeitschrift zu bündeln (vgl. Heiss 1998, 84 f.; Bellomo 1996/97, 120).

Die „brücke" setzte neue Akzente in der Kulturberichterstattung und -kritik – sie verstand sich zunächst primär als Kulturzeitschrift. Je mehr aber im Verlauf des Erscheinens gesellschaftspolitische Themen in den Vordergrund rückten, umso deutlicher kristallisierten sich bestimmte Anliegen heraus: Aufarbeitung der Nazi-Vergangenheit, Kritik am „Einparteienregime" der SVP und an der Mediensituation. Einen Schwerpunkt bildete die Überwindung der Gegensätze zwischen den Sprachgruppen in Südtirol. In konsequenter Umsetzung einer interethnischen Haltung nahmen die Herausgeber ab Juni 1968 italienischsprachige Artikel in die Zeitschrift auf (vgl. die brücke 8/9 und Kronbichler 2005, 15 f.).

Während die „brücke" und ihr Kreis von der Athesia-Presse weitgehend ignoriert wurden, widmete der „Alto Adige", besonders das „Deutsche Blatt", der Studentenbewegung relativ viel Platz. „Brücke"-Kreis und Zeitschrift wurden mit reichlich Aufmerksamkeit und Lob bedacht, da als Einheitsbrecher angesehen. Eine vertiefte Auseinandersetzung mit ihren Anliegen erfolgte freilich auch von dieser Seite nicht. Gerade die Instrumentalisierung als „Spaltpilz" wurde der „brücke" von SVP-Seite immer wieder vorgeworfen.

Nach Einstellung der Monatszeitschrift im Frühjahr 1969 konnte in Südtirol mit Ausnahme des „skolast" kein Printmedium den Anspruch erheben, den oppositionell gesinnten, kritischen Teil der deutschsprachigen Bevölkerung zu vertreten. Das Ansinnen, eine neue Zeitung herauszugeben, die auf den Erfahrungen der „brücke" aufbaute, war jedoch stets präsent. 1975 gründeten alternativ gesinnte Lehrer das „Südtiroler Kulturzentrum". Lagen die Hauptakzente des Vereins im kulturellen Bereich, so arbeitete die 1977 gebildete „Initiativgruppe Zeitung" ein neues Medienprojekt aus. Ab 14. April 1978 erschien 14-tägig die „südtiroler volkszeitung". Presserechtlich verantwortlich war der spätere RAI-Journalist Gerd Staffler, unter den Redakteuren befanden sich so bekannte Namen wie Lorenz Gallmetzer.

Obwohl den Mitarbeitern die interethnische Linie ein grundsätzliches Anliegen war, wurde in dieser Frage nun auch von einem praktischen Standpunkt aus argumentiert: Die Öffnung der Zeitung zur anderen Sprachgruppe hin, so Blattförderer Gerhard Becker-Gelf, sei schon insofern notwendig, als man sowohl den Kreis der Mitarbeiter wie jenen der Abnehmer erweitern müsse (südtiroler volkszeitung 20, 6) In diesem Zusammenhang stellten ihre Initiatoren nämlich ambitionierte Überlegungen an: Angestrebt wurde eine Art mediales „Netzwerk", zu dem neben der „SVZ" zumindest noch ein Radiosender zählen sollte. Auch für die Zeitung selbst waren Veränderungen geplant: Die Herausgeber hofften, auf eine wöchentliche Erscheinensweise umstellen zu können (21, 1 und 47, 6). Durch die Zweisprachigkeit des Blattes sollten die materiellen Grundlagen dafür geschaffen werden.

Nach einigen Problemen und Verzögerungen erschien ab Jänner 1981 anstelle der „südtiroler volkszeitung" die Wochenzeitung „Tandem". Frischer aufgemacht als die Vorgängerin und als einziges vergleichbares Südtiroler Medienprodukt konsequent zweisprachig ausgelegt, krankte „Tandem" aber im Grunde an den selben Problemen, die bereits von der „SVZ"-Redaktion in mehreren „Zwischenbilanzen" aufgezeigt wurden (21, 1 und 33, 1 f.). „SVZ" und „Tandem" verharrten in den Kategorien alternativer Medienprojekte der 70er Jahre. Die beiden Zeitungen schafften es nicht, aus dem Ghetto der Neuen Linken auszubrechen und neue Leserkreise zu erschließen. Dasselbe galt in räumlicher Hinsicht: Ungeachtet entsprechender redaktioneller Bemühungen – der angestrebte Sprung von der Stadt auf das Land misslang. Die Folge: lediglich einige hundert Abonnements und selten mehr als 2000 Exemplare

Absatz. Im Sinne der redaktionellen Unabhängigkeit legte man keinen Wert auf ein großes Anzeigenaufkommen. Die spärlichen Inserate kamen vorzugsweise aus dem befreundeten Milieu wie der SH. Die „volkszeitung" hatte bereits nach einem Jahr einen Schuldenberg von drei Millionen Lire angehäuft und musste von der herausgebenden Genossenschaft bezuschusst werden. Von den angestrebten professionellen Rahmenbedingungen für die Mitarbeiter der Zeitungen konnte keine Rede sein, kurzfristiger Enthusiasmus eine längerfristige berufliche Perspektive nicht ersetzen. Die chronische personelle Unterbesetzung hatte zur Folge, dass die wichtigsten Mitarbeiter rasch ausbrannten und die Redaktion verließen. „Tandem" fiel 1985 nicht zuletzt der Krise des Volontariats zum Opfer (Bellomo 1996/97, 216 ff.).

Von der „brücke" zu „Tandem" waren in Südtirol Oppositionsblätter entstanden, die das Verhältnis zwischen den Sprachgruppen neu definieren wollten. In der Perzeption breiter Bevölkerungskreise existierten sie zwar nicht, dennoch kam ihnen erheblicher Einfluss zu. Zum einen traten ihre Promotoren, Mitarbeiter und Leser den „Marsch durch die Institutionen" an, zum anderen übten die Blätter unübersehbar eine Vorbildwirkung auf Medien neuer Fasson aus.

Zu diesen zählte die 1980 gegründete „ff" (Auer 2004). Es waren letztlich auch die Erfahrungen der „volkszeitung", die den RAI-Mitarbeiter Gottfried Solderer bewogen, mit einem illustrierten, bunten Wochenblatt einen völlig neuen Weg zu versuchen (Solderer 1999, 13 und 1995, 72–77). So sehr sich die „ff" von ihren Eigentümern – einer Gruppe liberaler Unternehmer, der Aufmachung, aber auch vom Lesepublikum her von den linksoppositionellen Zeitungen wie „Tandem" unterschied, wurde inhaltlich doch eine gewisse Kontinuität deutlich. Neben der Thematisierung einer breiten Palette von Südtiroler Tabuthemen trat das Blatt für ein unverkrampftes Verhältnis zur italienischen Sprachgruppe ein und forderte in zahlreichen Beiträgen, etwa zur Bildungssituation, eine Öffnung der SVP-Politik. Für Südtirols Medienlandschaft stellte die „ff" einen wichtigen Impuls dar: Bis dato wurde die interethnische Botschaft vorwiegend einer urbanen, in Denkensart und Lebensweise ohnehin offenen Leserschaft vermittelt. Die „ff" wies innerhalb weniger Jahre in etwa die 10fache Reichweite von „volkszeitung" und „Tandem" auf. Sie bot nun erstmals eine umfangreiche und – in Abgrenzung zu den „Dolomiten" – gegen den Strich gebürstete Berichterstattung aus den Tälern und Dörfern des Landes. Die Zeitschrift fand nicht zufällig eine zufriedenstellende Verbreitung auf dem Land. Sie sprach eine Leserschaft an, deren Bild über die andere Sprachgruppe bislang weitgehend von der Athesia-Presse geprägt wurde. Zwischen Beiträgen über die Freiwilligen Feuerwehren, Obstgenossenschaften oder die Konjunktur einzelner Südtiroler Wallfahrtsorte ließ sich die Botschaft von Toleranz und Ausgleich in unaufdringlicher Weise auch Bevölkerungsteilen vermitteln, die häufig ohne direkten Kontakt mit italienischsprachigen Südtirolern lebten. Dass Kritik nicht von ideologischen Scheuklappen begleitet wurde und sprachlich zuweilen ironisch, manchmal bewusst schnoddrig, meist aber gut lesbar vorgebracht wurde, machte einen Teil des „ff"-Erfolges aus. Eine entscheidende Zäsur erfolgte in der Terminologie: Während die „Dolomiten" Angehörige der italienischen Sprachgruppe weiterhin nicht zu den „Südtirolern" zählten, dehnte die „ff" den Begriff auf alle drei Sprachgruppen im Lande aus. Ab 1993 nahm sie auch italienischsprachige Artikel auf. Damit stieg der Anteil italienischer „ff"-Leser auf etwa 10% an (Pallaver 1996a, 199).

Eine der „ff" in manchen Aspekten vergleichbare Entwicklung stellte auf italienischer Seite die Ende 1988 herausgebrachte Tageszeitung „il mattino", einer Tochter
des Trentiner „l'Adige", dar. Im Editorial der Probenummer betonten die Herausgeber, mit der zweiten Tageszeitung beabsichtige man nicht nur, dem italienischen
Leser die Möglichkeit einer Auswahl zu bieten, sondern die Spirale der Angst und
des Misstrauens gegenüber der deutschen Sprachgruppe zu brechen, ihm gewisser-
maßen die „blaue Schürze" näher zu bringen. Hier wurde also in Abgrenzung zum
„Alto Adige" dezidiert einer Annäherung der Sprachgruppen gegen ethnischen Re-
vanchismus und Bunkermentalität das Wort geredet (il mattino 1.12.1988, 1). In
diese Richtung zielte auch das von 1991–1993 erscheinende deutschsprachige Insert
„il mattino-extra", mit dem man besonders das städtische, vielfach zweisprachige
Lesepublikum ansprechen wollte. Als im Frühjahr 1993 zwei „extra"-Mitarbeiter zur
„ff" abwanderten, musste die Beilage eingestellt werden.

Obwohl moderner aufgemacht als der antiquiert wirkende „Alto Adige", ver-
kaufte sich der „mattino" von Beginn an zäh. Die angepeilte Mindestauflage von
5.000 Exemplaren wurde nie über einen längeren Zeitraum erreicht. Das Anzei-
gengeschäft verlief dagegen zufriedenstellend, der Ruf des Blattes entwickelte sich
durchaus positiv. Im Gegensatz zum „Alto Adige", der „Volkszeitung" der Italiener
im Lande, wurde der „mattino" primär von Personen mit höherer Ausbildung gelesen. Letztlich gelang es nicht, sich als ernstzunehmende Alternative zu etablieren
und bereits wenige Jahre nach dem Start war von der drohenden Einstellung die
Rede (Kronbichler 1991, 20 f.; vgl. Dall' Ò 2003, 26 f.).

4.2 Medienangebot und Konsumverhalten

In den 80er Jahren blieb das Verhältnis zwischen den zwei großen Sprachgruppen in
Südtirol gespannt. Immer wieder schien die politische Lage an den Rand einer Eska-
lation zu geraten. Neben den letzten Ausläufern terroristischer Gewaltakte sorgte ab
Mitte der 80er Jahre das Wiedererstarken der Neofaschisten in Bozen für Aufsehen.
In der Endphase der Ära Magnago litt das Land neben sozialem Konfliktpotential
unter den Auswirkungen strikter ethnischer Trennung. Wie Umfragen belegten,
war das Wissen über die andere Sprachgruppe vergleichsweise gering, Stereotype
und Vorurteile hielten sich hartnäckig. An den Schulen wurde das sprachgruppenübergreifende Denken kaum gelehrt, und auch das mittlerweile breite Angebot an
Medien konnte die Schranken nicht überwinden. Mehr noch als auf deutscher Seite
waren bei den Italienern mangelnde Sprachkenntnisse dafür ausschlaggebend, dass
nur ein geringer Teil Medien in der anderen Landessprache nutzte. Noch 1987 kon-
sumierten 60% der Italiener und immerhin ein Viertel der Deutschen ausschließlich
TV-Programme in der eigenen Sprache. Noch extremer fiel Mitte der 80er Jahre die
Bilanz bei den Tageszeitungen aus: Während auf deutscher Seite eine beachtliche
Minderheit zum „Alto Adige" griff, las nur ein marginaler Prozentsatz der Italiener
die „Dolomiten" (Pallaver 1996b, 131 f.). Dieses Verhalten war freilich auch der Art
der Berichterstattung beider Zeitungen zuzuschreiben: Getreu ihrer seit 1945 ge-
pflogenen Rolle berichteten sie weiter aus einer ethnozentrischen Perspektive: Die
Gruppen erhaltende Manipulation der beiden Blätter kam auch in den 80er und 90er

Jahren durch einen anhaltend hohen Anteil von Meinungsformen und Stereotypen zum Ausdruck (vgl. Prugger 1987, 343 f.). So unterstützten sie jeweils den unduldsameren Teil der eigenen Sprachgruppe. Während ihre Herausgeber in den Bereichen Druck und Werbung längst eng kooperierten (Peterlini 2003, 172), blieben „Dolomiten" und „Alto Adige" weiterhin dem tradierten Rollenbild verpflichtet.

Das italienische Tagblatt, in Bezug auf ethnozentrische Berichterstattung in sich widersprüchlicher und weniger homogen als die „Dolomiten", wurde zum Sprachrohr des viel zitierten „disagio" (Unbehagen) der Italiener in Südtirol, malte ungeachtet aller Anzeichen von Entspannung verschiedene Bedrohungsszenarien an die Wand und suggerierte, der Ausbau der Südtirol-Autonomie gehe zu Lasten der italienischen Sprachgruppe. Die „Dolomiten" hingegen präsentierten die Positionen ethnischer Scharfmacher in einer Weise, welche diese über ihre reale Bedeutung in der Gesellschaft hinaushob. Als ständiger Aufhänger dieser Linie diente in den 90er Jahren die Frage der Ortsnamensgebung: Ein Randthema der Südtirol-Politik wurde in der Tageszeitung zu einer Überlebensfrage für die Minderheit hochstilisiert.

Stand die Berichterstattung in „Dolomiten" und „Alto Adige" im Zeichen der Kontinuität, so rankte sich um diese tragenden Säulen zunehmend eine bunte Vielfalt von Medien, welche die Beziehungen zwischen den Sprachgruppen unter anderen Vorzeichen sahen. Im RAI-Sender Bozen arbeiteten die einzelnen Redaktionen zwar getrennt, doch bestand eine Art interethnische Kooperation, da die Hörfunkprogramme der drei Sprachgruppen auf der selben Frequenz ausgestrahlt wurden. Weiter gingen jene Medien, die sich direkt oder indirekt auf das Erbe des interethnischen Vorreiters „die brücke" beriefen und dezidiert für eine Verständigung der Sprachgruppen eintraten. Zum Teil wurde dies nur inhaltlich vermittelt, zum Teil auch durch Zweisprachigkeit zum Ausdruck gebracht. Mitte der 90er Jahre bestanden in Südtirol immerhin 67 mehrsprachige Zeitungen und Zeitschriften. Bei vielen handelte es sich zwar nur um Verbandsorgane mit fast ausschließlich interner Kommunikation, oft um Produkte, die unregelmäßig (z.B. skolast) oder in Kleinstauflagen erschienen wie Dorfzeitungen, der Trend zur Öffnung war aber eindeutig (Pallaver 1996b, 141). Zwar schloss „Tandem", das interethnische Zeitungsprojekt schlechthin, 1985 aus wirtschaftlichen Gründen die Tore, an seine Stelle traten jedoch modernere Medien mit ähnlicher Ausrichtung, wie die „ff". In Bezug auf das Verhältnis der Sprachgruppen ganz in der Tradition des Wochenmagazins ist nicht nur die ab Herbst 2003 vom „ff"-Verlag herausgebrachte Tageszeitung „Südtirol 24h" zu sehen, die allerdings im Herbst 2004 wieder eingestellt werden musste (vgl. Oberhofer 2003, 3 und Südtirol 24h, 1.10.2004, 1f.), sondern auch die Konkurrenzprodukte „südtirol profil" (1993–96) und die aus diesem Wochenmagazin entstandene „Die Neue Südtiroler Tageszeitung" (ab 1996). Ähnlich die Entwicklung auf italienischer Seite: Anstelle des 2003 eingestellten „mattino" erschien im Herbst desselben Jahres als Beilage des „Corriere della sera" der „Corriere dell' Alto Adige", der personell und inhaltlich in der Kontinuität der eingestellten Tageszeitung steht (vgl. Franceschini 2003a, 4 und b, 2).

Auf Zweisprachigkeit setzten zum Teil die neuen Bezirksblätter, wie der „Erker" im Wipptal. Ansätze zu mehrsprachigen Sendern gab es beim Privatradio: Neben „Radio Tandem" sendeten auch „Radio Eisack International" und „Radio Gherdeina" in Italienisch und Deutsch. Dass der private Fernsehsender TVS-RTS in den 80er und 90er Jahren häufiger italienische als deutsche Filme ausstrahlte, lag freilich nicht politischem Kalkül zugrunde; deutsch synchronisierte Streifen waren deutlich teurer (Peterlini 1984, 16).

Anhaltende wirtschaftliche Prosperität und die politische Entspannung in der Ära Durnwalder förderten die Toleranz zwischen den Sprachgruppen. Nicht zuletzt dank eines veränderten Medienangebotes setzte langsam ein Umdenken ein. Ob Hörfunk, Fernsehen oder Printmedien: In den 90er Jahren nahm die Bereitschaft, sich auch über Medien der anderen Sprachgruppe zu informieren, deutlich zu (vgl. Pallaver 1996b, 138 ff.). Die verbesserten Kommunikationskanäle förderten den Abbau ethnischer Spannungen; umgekehrt gedieh im neuen politischen Klima eine Medienlandschaft, welche ansatzweise die Anliegen beider Sprachgruppen berücksichtigt.

Anmerkung

1 Der Beitrag orientiert sich an den von mir geschriebenen Medienkapiteln der Reihe „Das 20. Jahrhundert in Südtirol" (Solderer 1999–2003).

Literaturverzeichnis

Auer, Gabriel (2004): Politischer Magazinjournalismus am Beispiel des Wochenmagazins „ff" in Südtirol, Dipl. Innsbruck.

Becker-Gelf, Gerhard (1978): Machtinstrument Presse, in: skolast 1, 4–6.

Bellomo, Sabrina (1996/97): La stampa interetnica in Sudtirolo: Da „Die Brücke" a „Tandem". Diss. Trento.

Brugger, Oktavia (Hrsg.) (1996): Peter Brugger. Eine politische und persönliche Biographie, Bozen.

Dall' Ò, Norbert (2003): Das lange Sterben, in: ff – Das Südtiroler Wochenmagazin 22, 26–27.

Ebner, Toni (1966): Rundfunk und Fernsehen aus kulturpolitischer Sicht, in: skolast-Sondernummer, o.S.

Frasnelli, Hubert (2000): Die Herrschaft der Fürsten. Macht, Zivilcourage und Demokratie in Südtirol, Klagenfurt.

Gamper, Karin (1995/96): Die „Alpenpost" (1951–1957): Giornale di opposizione all' interno del gruppo linguistico tedesco in Alto Adige, Diss. Trento.

Gamper, Karin (1998): Der Traum vom Ende des Monopols, in: Die Neue Südtiroler Tageszeitung 4, 13.

Gatterer, Claus (1968): Im Kampf gegen Rom. Bürger, Minderheiten und Autonomien in Italien, Wien-Frankfurt-Zürich.

Faustini, Gianni (1980): Le vicende interne di un giornale di confine, in: Problemi d'informazione 4, 595–619.

Fleischmann, Gerald (1967): Tyrolia-Vogelweider-Athesia. Geschichte und Entwicklung eines Südtiroler Presseverlages, Diss. Wien.

Franceschini, Christoph (2002): Aktion „Alto Adige", in: Die Neue Südtiroler Tageszeitung 95, 5.

Franceschini, Christoph (2003a): Südtiroler Abendkurier, in: Die Neue Südtiroler Tageszeitung 202, 2.

Franceschini, Christoph (2003b): Südtiroler Kurier, in: Die Neue Südtiroler Tageszeitung 224, 4.

Hasler, Ingrid (1999): Der skolast im literarischen Leben Südtirols unter besonderer Berücksichtigung der Jahrgänge 1956 bis 1969, Dipl. Innsbruck.

Heiss, Hans (1998): Bewegte Gesellschaft: Südtirol 1968, in: Geschichte und Region 7, 57–100.

Hillebrand, Leo (1996a): Medienmacht & Volkstumspolitik. Michael Gamper und der Athesia-Verlag (Geschichte & Ökonomie 5), Innsbruck-Wien.

Hillebrand, Leo (1996b): Die Sünden des Kanonikus, in: FF – Die Südtiroler Illustrierte 16, 38–40.

Hillebrand, Leo (1997): Sieger und Verlierer, in: Pustertaler Zeitung 7, 23.

Kröll, Stefan (1994): Die Region Tirol und ihre Massenmedien, Dipl. Wien.

Kronbichler, Florian (1991): Die Rache des Ragioniere, in: FF – Die Südtiroler Illustrierte 32, 20–21.

Kronbichler, Florian (2005): Was gut war. Ein Alexander-Langer-Abc, Bozen.

Kucera, Hansjörg (1991): Auf und ab um Südtirol. Anmerkungen eines Wegbegleiters, Bozen.

Langer, Alexander (1996): Aufsätze zu Südtirol 1978–1995. Hrsg. von Siegfried Baur und Riccardo Dello Sbarba, Meran.

Lanthaler, Franz/Zelger, Pepi (1967): Informationsgespräche über RF und TV, in: skolast 1, 13–15.

Lanthaler, Franz/Stuffer, Siegfried/Weißenegger, Helmuth (1968): Die RAI – ein trojanisches Pferd Roms?, in: skolast 1, 7–15.

Messner, Alexander (2003): Medien machen Politik. Die Südtirolfrage im Spiegel der Presse, Bozen.

Messner, Reinhold (2003): Seilschaft ohne Ende. „Partei“ und „Zeitung“ in Südtirol – wie österreichisch? In: Martin, Hans-Peter (Hrsg.): Wollen täten's schon dürfen. Wie Politik in Österreich gemacht wird, Wien-Frankfurt /Main, S. 233–244.

Oberhofer, Artur (1994): Tele Tirana, in: südtirol profil 42, 14–18.

Oberhofer, Artur (2003): Operation „Südblitz“, in: Die Neue Südtiroler Tageszeitung 155, 3.

Pagliaro, Marta (1989/90): La pagina in lingua tedesca del quotidiano „Alto Adige“, Diss. Bologna.

Pallaver, Günther (1996a): Aufstand der Peripherie, in: Nick, Rainer/Wolf, Jacob (Hrsg.), Regionale Medienlandschaften. Tirol, Südtirol und Vorarlberg, Innsbruck, 193–210.

Pallaver, Günther (1996b): Nationalismus & Kommunikation, in: Nick, Rainer/ Wolf, Jacob (Hrsg.), Regionale Medienlandschaften. Tirol, Südtirol und Vorarlberg, Innsbruck, 129–145.

Pallaver, Günther (2000): Schlamm drüber, in: Heiss, Hans / Pfeifer, Gustav (Hrsg.), Südtirol – Stunde Null? Kriegsende 1945/46 (Veröffentlichungen des Südtiroler Landesarchivs 10), Innsbruck, 256–280.

Paulmichl, Leonhard/Dubis, Klaus (Hrsg.) (1979): Medienlandschaft Südtirol, Bozen.

Pelinka, Anton (2003): Politik und Medien zwischen Modernität und Tradition, in: Clementi, Siglinde/Woelk, Jens (Hrsg.), 1992: Ende eines Streits. Zehn Jahre Streitbeilegung im Südtirolkonflikt zwischen Italien und Österreich, Baden-Baden, 205–209.

Peterlini, Hans Karl (1984): Der gerettete Sender, in: FF – Die Südtiroler Illustrierte 51, 16–17.

Peterlini, Hans Karl (1986): Das Funkhaus hoch im Norden, in: FF – Die Südtiroler Illustrierte 7, 8–13.

Peterlini, Hans Karl (2003): Wir Kinder der Südtirol-Autonomie. Ein Land zwischen ethnischer Verwirrung und verordnetem Aufbruch, Wien-Bozen.

Ploner, Andrea (1995): Der deutschsprachige Rundfunk in Südtirol in den 60er Jahren, Dipl. Innsbruck.

Prugger, Prisca (1987): Ethnozentrische Ausdrucksformen in den Südtiroler Tageszeitungen in der Vorwahlzeit der Gemeinderatswahlen 1985, in: Benedikter, Rudolf u.a. (Hrsg.), Nationalismus und Neofaschismus in Südtirol. Die Erfolge des Movimento Sociale Italiano (M.S.I.-D.N.) bei den Gemeinderatswahlen vom 12. Mai 1985 – Ursachen, Bedingungen, Auswirkungen, Wien, 332–372.

Prugger, Prisca (1988): Mehrkanalige Fernsehnutzung mit Fernbedienung. Eine explorative Mikroanalyse der Reaktion zweisprachiger Südtiroler Fernsehrezipienten auf das neue Programmangebot, Marburg-Salzburg-Bozen.

Ramminger, Helmut (1983): Dolomiten und Alto Adige. Ein Vergleich von Gestaltung und Inhalt der beiden Tageszeitungen der deutsch- und italienischsprachigen Volksgruppe in Südtirol von 1945–1972 (Studien zur politischen Wirklichkeit 1), Innsbruck.

RAS (2000): 25 Jahre Rundfunk-Anstalt Südtirol 1975–2000, Bozen.

Rohrer, Josef (1984): Rundfunk an der Kette, in: ff – Die Südtiroler Illustrierte 36, 12–13.

Solderer, Gottfried (1980): Der Rundfunk im Überlebenskampf einer Minderheit. Fallstudie Südtirol, Diss. Salzburg.

Solderer, Gottfried (1982): Ein heiterer Sender mit ernsten Absichten. 5 Jahre Radio Tirol, in: FF – Die Südtiroler Illustrierte 49, 8–9 und 18–19.

Solderer, Gottfried (1983): Der Ätherkrieg im Alpenraum, in: FF – Die Südtiroler Illustrierte, 14, 4–8.

Solderer, Gottfried (1988): Warten auf die Welle. Ethnische Turbulenzen überschatten die Reformen beim Sender Bozen, in: FF – Die Südtiroler Illustrierte 14, 22–23.

Soldercr, Gottfried (1989): Raium, in: FF – Die Südtiroler Illustrierte 23, 20–21.

Solderer, Gottfried (1995): Eins zu null, in: FF – Die Südtiroler Illustrierte 38, 72–77.

Solderer, Gottfried (1999): Karterle mit dem vielgeschmähten Anton Zelger, in: Die Neue Südtiroler Tageszeitung 103, 13.

Solderer, Gottfried (Hrsg.) (1999–2003): Das 20. Jahrhundert in Südtirol, 5 Bde., Bozen.

Steinacher, Gerald (2002): Auf geheimen Kanälen, in: FF – Das Südtiroler Wochenmagazin 20, 20.

Steininger, Rolf (1999): Südtirol zwischen Diplomatie und Terror. 1947–1969 (Veröffentlichungen des Südtiroler Landesarchivs 6), 3 Bde., Bozen.

Steurer, Leopold/Verdorfer, Martha/Pichler, Walter (1993): Verfolgt, verfemt, vergessen. Lebensgeschichtliche Erinnerungen an den Widerstand gegen Nationalsozialismus und Krieg. Südtirol 1943–1945, Bozen.

Stuffer, Siegfried (1968a): Die Macht der „Athesia", in: die brücke 3, 3–4.

Stuffer, Siegfried (1968b): Der Gott der „Athesia", in: die brücke 4, 1–2.

Trafojer, Philipp (1999): „Der Standpunkt". Politisch-historische Analyse über Funktion, Form und Wirkungsweise eines Propagandamediums, Dipl. Innsbruck.

Tyrolia-Athesia (1989): 100 Jahre erlebt, erlitten, gestaltet. Ein Tiroler Verlagshaus im Dienste des Wortes, Innsbruck-Bozen.

Vescoli, Georg (1988): Die ethnische Thematik in der Tageszeitung „Dolomiten". Studie über die Produktion bzw. Reproduktion ideologischer Muster in einer Tageszeitung, Dipl. Innsbruck.

von Walther, Franz (1996): Der Sender Bozen und sein kulturpolitischer Auftrag, in: Nick, Rainer/Wolf, Jacob (Hrsg.): Regionale Medienlandschaften. Tirol, Südtirol und Vorarlberg, Innsbruck, 147–151.

Webhofer, Erika (1983): Die „Dolomiten". Eine konservative Tageszeitung. Ideologiekritische Studien am Beispiel der Kulturberichterstattung und der literarischen Beilage, Diss. Innsbruck.

Weissflog, Alexander/von Aufschneiter, Barbara (1997): Die Darstellung der „Feuernacht" mit ihren Folgen und des „Großen Mailänder Prozesses" in den Südtiroler Tageszeitungen Dolomiten und Alto Adige, Dipl. Salzburg.

Willeit, Brigitta (2001): Landtagswahlen 1998 in Südtirol. Die Berichterstattung der Tageszeitungen „Dolomiten" und „Alto Adige". Ein Vergleich, Dipl. Innsbruck.

Hermann Atz

Der (ethnische) Medienkonsum der Südtiroler Bevölkerung

Voraussetzungen, Rahmenbedingungen und Einflussfaktoren auf die Nutzung von Medien in der Mutter- und der Zweitsprache

Fragestellung

Nur ein kleiner Teil der Bevölkerung Südtirols informiert sich regelmäßig in der anderen Landessprache über das aktuelle Geschehen. Die (wenigen) verfügbaren statistischen Daten legen zudem nahe, dass sich daran im Lauf der letzten 15 Jahre wenig geändert hat. Das Medienangebot in mehreren Sprachen wird also nicht zur mehrsprachigen, sondern zur Information in einer, nämlich der eigenen Sprache genutzt.

Aus dieser unbestreitbaren Tatsache ergeben sich eine Reihe von Fragen:

1. Was sind die Ursachen dieser Situation: Liegt es an den (mangelnden) sprachlichen Voraussetzungen, am Medienangebot, an sozialpsychologischen Faktoren oder an den gesellschaftlichen Rahmenbedingungen?
2. Welche Bevölkerungsgruppen nutzen das mehrsprachige Angebot? Welche Vorteile ziehen sie daraus?
3. Welche Auswirkungen hat diese Situation auf die Medienlandschaft selbst? Verstärkt sie den Trend zur sprachlichen Segmentierung der Berichterstattung?
4. Was sind die Risiken? Besteht die Gefahr von Manipulation und politischer Einflussnahme durch die Medien; ist sie in Südtirol höher als in anderen Regionen? Mindert die Segmentierung die Qualität der Berichterstattung? Stellt der ethnisch getrennte Medienkonsum ein Entwicklungshindernis dar?
5. Was sind die positiven Auswirkungen? Wie stark tragen die Medien zur Identitätsfindung und zur Kompetenz in der Muttersprache bei?
6. Handelt es sich um einen unvermeidlichen Zustand in einer mehrsprachigen, ethnisch segmentierten Gesellschaft oder gibt es Alternativen? Muss sich zuerst die Gesellschaft oder zuerst die Medienlandschaft ändern, damit sich das Konsumverhalten wandelt und in Richtung einer stärkeren Integration der ethnischen Gruppen wirken kann?

Ausgehend von diesen Überlegungen geben wir – anhand verschiedener statistischen Untersuchungen und Datenquellen einen knappen Überblick zur Ausgangssituation hinsichtlich Sprachgruppen, Sprachkompetenz und regionaler Medienlandschaft, insbesondere im Hinblick darauf, wie vielfältig sich das Medienangebot in den verschiedenen Sprachen darstellt und wie stark es konzentriert ist.

Im Zentrum der Ausführungen stehen empirisch belegbare Aussagen zum Konsum von Zeitungen, Zeitschriften und Rundfunksendungen in der Zweitsprache und zu diesbezüglichen Entwicklungstrends. Der wenig ermutigende Befund führt zum Schluss, dass die Voraussetzungen für eine asymmetrische, das heißt nach Sprache der Zielgruppe unterschiedliche Berichterstattung offenbar gegeben sind.

Einführung

Über die Bedeutung der Massenmedien in demokratischen Systemen und für die Demokratie an dieser Stelle Worte zu verlieren, erscheint uns müßig. Das Schlagwort von der Mediendemokratie mag als Hinweis darauf genügen, dass die politischen Akteure in modernen Gesellschaften immer mehr auf die Vermittlung durch Medien angewiesen sind, umgekehrt aber auch von den Medien in ihrem Handeln direkt und indirekt beeinflusst werden.

Mindestens ebenso gewichtig ist der Einfluss der Medien auf die Entwicklung kollektiver Identitäten und auf den Sprachgebrauch. Dessen waren sich die Vertreter der deutschen und ladinischen Minderheit in Südtirol immer bewusst, weshalb die Herausgabe von Zeitungen und die Ausstrahlung von Rundfunksendungen in der eigenen Sprache an oberster Stelle der autonomiepolitischen Forderungen gestanden ist. Die deutsch- und ladinischsprachigen Sendungen des Senders Bozen im dritten RAI-Programm, die in ganz Südtirol ausgestrahlten Programme der öffentlich-rechtlichen Anstalten Österreichs, Deutschlands und der Schweiz sowie die spezielle Förderung deutschsprachiger Tageszeitungen sind Früchte dieser Bemühungen. Sie haben sicher zum Erhalt und zur Pflege der deutschen Sprache in Südtirol wesentlich beigetragen.

Massenmedien stellen aber auch Öffentlichkeit her. Diese Öffentlichkeit, in der Neuigkeiten verbreitet, Ereignisse kommentiert und Debatten geführt werden, die Persönlichkeiten einen Bekanntheitsgrad verleiht und die darüber entscheidet, was auf der politischen, sozialen oder kulturellen Tagesordnung steht, sollte alle Bürgerinnen und Bürger des Landes umfassen, ihnen die gleichen Informations- und Mitwirkungsmöglichkeiten bieten. Gerade das ist jedoch nur möglich, wenn entweder die Inhalte der medialen Öffentlichkeit sich unabhängig von der Sprache des jeweiligen Mediums in ähnlicher Weise darstellen oder wenn die Bürger in der Lage sind, sich in jeder der Landessprachen die für sie wichtigen Informationen zu beschaffen und an öffentlichen Debatten teilzunehmen. Deshalb richtet sich unser Augenmerk zunächst auf die ethnische Zusammensetzung der Bevölkerung Südtirols und ihre jeweiligen sprachlichen Kompetenzen.

Ethnische Gruppen

Im kleinen geografischen Raum der Autonomen Provinz Bozen – Südtirol lebt eine Bevölkerung von nicht ganz einer halben Million Menschen, die drei amtlich anerkannten sprachlich-ethnischen Gruppen und einer wachsenden Zahl von anderen Ethnien angehören. Die drei mit besonderen kollektiven Rechten ausgestatteten Gruppen sind vor allem durch ihre Muttersprache charakterisiert und werden daher offiziell fast immer als Sprachgruppen bezeichnet: die deutsche, die ladinische und die italienische.[1]

Die ersten beiden gelten aufgrund der politischen Zugehörigkeit Südtirols zu Italien als „sprachliche Minderheiten", in jüngerer Vergangenheit reklamieren jedoch auch die Angehörigen der Staatsnation Minderheitenstatus, und zwar bezogen auf die Situation in Südtirol, wo sie tatsächlich nur ein Viertel der Gesamtbevölkerung ausmachen. Laut der letzten amtlichen Feststellung des Anteils der einzelnen Sprachgruppen anlässlich der Volkszählung 2001 rechnen sich knapp zwei Drittel der in Südtirol lebenden Personen der deutschen, 4% der ladinischen Sprachgruppe zu. Personen mit anderer Staatsbürgerschaft sowie Personen, die ihre ethnische Zugehörigkeit nicht erklärt haben, weil sie sich zum Zeitpunkt der Zählung außer Landes aufgehalten haben oder weil sie keine Erklärung abgeben wollten, sind aus der Berechnung des sogenannten ethnischen Proporzes ausgeklammert, obwohl sie zusammen mehr als 7% der Bevölkerung ausmachen (siehe Tabelle 1).

Tabelle 1: Die Bevölkerung Südtirols nach Sprachgruppe – 2001

Zählung 2001	Italiener	Deutsche	Ladiner	Andere	Gesamt
Anzahl	113.494	296.461	18.736	34.308	462.999
Prozent- anteil	24,5%	64,0%	4,0%	7,4%	100,0%

Quelle: ASTAT, Statistisches Jahrbuch für Südtirol 2003, Tab. 3.17

Die Autonomie Südtirols auf politischer und administrativer Ebene räumt den beiden großen Landessprachen Deutsch und Italienisch gleiche Rechte ein und verlangt vor allem von den öffentlich Bediensteten, dass sie beide Sprache in ausreichendem Maß beherrschen um mit den Bürgerinnen und Bürgern in ihrer jeweiligen Muttersprache kommunizieren zu können. Beschränkt auf die ladinischen Täler Gröden und Gadertal gilt das auch für das Ladinische. Deshalb gibt es einerseits drei sprachlich verschiedene Schulsysteme um das Recht auf Unterricht in der Muttersprache zu gewährleisten, andererseits wird von der ersten Klasse Grundschule an die jeweilige andere große Landessprache als „Zweitsprache" gelehrt.[2]

Sprachkenntnisse und Sprachgebrauch

Am Ausgangspunkt einer Untersuchung des Medienkonsums nach sprachlichen Gesichtspunkten stellen sich die Fragen:
- In welchem Umfang werden die verschiedenen Sprachen in Südtirol gesprochen?
- Wie verbreitet sind Zweitsprachkenntnisse?
- Welches Niveau haben die Kenntnisse in den Zweitsprachen?

Über die Sprachkenntnisse der Südtiroler Bevölkerung ist (erstaunlicher Weise?) sehr wenig bekannt.

Als gesichert kann gelten, dass
- ein Großteil der Bevölkerung in gewissem Umfang über Kenntnisse der Zweitsprache verfügt,
- die Kenntnis der anderen Landessprachen bei den Ladinern weitaus am höchsten liegt,
- außer den Ladinern selbst praktisch niemand ladinisch spricht,
- deutschsprachige Südtiroler/innen die Zweitsprache deutlich häufiger und besser beherrschen als italienischsprachige,
- die Zweitsprachkenntnisse dort besser sind, wo ein täglicher Kontakt mit der anderen Sprachgruppe unvermeidlich ist (in kleineren ethnisch gemischten Gemeinden bzw. in einem mehrheitlich anderssprachigen Umfeld),
- die jüngeren Generationen über bessere Zweitsprachkenntnisse verfügen als die älteren (und häufig auch als ihrer eigenen Eltern),
- die Zweitsprachkenntnisse mit dem Bildungsgrad stark ansteigen (vor allem in der deutschen Sprachgruppe).

Dazu einige empirische Belege:

Im Rahmen einer Repräsentativbefragung zu verschiedenen Themen des Zusammenlebens der Sprachgruppen und der Lebensqualität, die im Jahr 1991 vom ASTAT durchgeführt wurde, erklärten 9 von 10 Personen deutscher Muttersprache, jedoch nur etwa zwei Drittel der Befragten mit italienischer Muttersprache auch die jeweilige Zweitsprache zu sprechen und zu verstehen (siehe Abbildung 1). Daraus folgt, dass ca. 80% aller Einwohner Südtirols über mehr oder weniger gute Zweitsprachkenntnisse verfügen und somit in der Lage sein müssten, sich in beiden großen Landessprachen zu informieren.

Abbildung 1: Subjektive Einschätzung der eigenen Zweitsprachkenntnisse – 1991

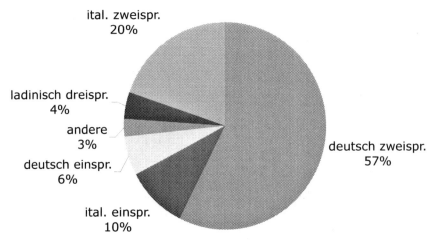

Quelle: ASTAT-Bevölkerungsumfrage 1991 – eigene Auswertung

Auch eine im Jahr 1997 durchgeführte Repräsentativbefragung des Forschungsinstituts CENSIS kommt zu ähnlichen Ergebnissen: 9% der deutschsprachigen Bevölkerung, jedoch 21% der italienischsprachigen Bevölkerung weisen praktisch keine Zweitsprachkenntnisse auf. Der höhere Anteil von zweisprachigen Italienern widerspiegelt zum Teil sicher eine tatsächliche Verbesserung der Sprachkompetenz, nicht zuletzt aufgrund des demografischen Effektes (alle nachrückenden Jahrgänge haben in der Schule Zweitsprachunterricht genossen), zu einem gewissen Teil mag er auch mit der differenzierteren Fragestellung zusammenhängen: Bei dieser Untersuchung wurde nämlich eine Abstufung vorgenommen, der zufolge über 80% der ladinischen, die Hälfte der deutschsprachigen, aber nur ein Viertel der italienischsprachigen Befragten erklären, ein Gespräch in der Zweitsprache ohne Schwierigkeiten führen zu können; ein weiteres Viertel sowohl der deutschen wie der italienischen Sprachgruppe bezeichnen ihre Kenntnisse als befriedigend (siehe Tabelle 2). Daraus folgt, dass alle Ladiner, drei Viertel der deutschsprachigen und etwa die Hälfte der italienischsprachigen Südtiroler/innen grundsätzlich zum Medienkonsum in der Zweitsprache fähig sein müssten.

Tabelle 2: Zweitsprachkenntnisse der Bevölkerung Südtirols nach Sprachgruppe – 1997

Wie gut sind Ihre Sprachkenntnisse …?	Italienisch- kenntnisse der Deutschen	Deutsch- kenntnisse der Italiener	Deutsch- kenntnisse der Ladiner	Italienisch- kenntnisse der Ladiner
sehr gut (Muttersprache)	8,8%	8,1%	34,6%	17,9%
gut (ich kann ohne Probleme ein Gespräch führen)	42,1%	16,6%	48,5%	63,5%
befriedigend (ich habe manchmal Schwierigkeiten)	26,0%	27,0%	16,9%	0,0%
ausreichend (ich kenne nur das Nötigste um mich zu verständigen)	14,1%	27,6%	0,0%	16,6%
ungenügend (ich kenne höchstens einige Sätze oder Wörter)	9,0%	20,7%	0,0%	2,0%
Insgesamt	100,0%	100,0%	100,0%	100,0%

Quelle: CENSIS 1997

Trotz dieser aufschlussreichen Ergebnisse bleibt ungeklärt,
- ob die Zweitsprachkenntnisse auch noch in der jüngsten Generation zunehmen oder wenigstens stabil bleiben,
- in welchem Umfang die allgemeine Verbesserung der sprachlichen Kompetenzen nicht nur auf demografische Faktoren zurückzuführen ist,
- welches Niveau die Zweitsprachkompetenz nach objektiven Kriterien hat,
- wovon das Niveau der Zweitsprachkenntnisse abhängt,
- weshalb der Zweitsprachunterricht so wenig Früchte trägt.

Während von politischer Seite öfters Alarmrufe kommen, so etwa von der damaligen Landesrätin für Schule und Berufsbildung in deutscher Sprache, Sabina Kasslatter-Mur, die anlässlich der Vorstellung ihrer Sprachinitiative auf sinkende Italienischkenntnisse der deutschen Jugend in ländlichen Regionen Südtirols hinwies, herrscht im Bereich der Forschung eher ein vorsichtiger Optimismus. Dazu zwei Zitate:

> *„Südtirol auf dem Weg zur Mehrsprachigkeit" als Titel einer einschlägigen Publikation (Kurt Egger, 2001)*
> *„Innerhalb einer Periode von zehn Jahren hat sich die Kommunikation unter den Volksgruppen wesentlich verbessert." (Günther Pallaver, 1996, 143)*

Medienlandschaft in Südtirol

Bevor über den Konsum der verschiedenen Massenmedien nach Sprache des Mediums und der jeweiligen Seher-, Hörer- oder Leserschaft etwas gesagt werden kann, muss das zur Verfügung stehende Angebot kurz umrissen werden:

- Welches Angebot an Medien gibt es in Südtirol?
- In welchen Sprachen?
- Welche Verbreitung haben diese Medien?

Dabei ist vor allem zwischen den im Land selbst herausgegebenen Medien mit lokaler bzw. regionaler Ausrichtung und den überregionalen, außerhalb Südtirols produzierten Medien zu unterscheiden.

Bei letzteren ist die Situation einfach: Grundsätzlich sind alle überregional ausgerichteten Printmedien aus dem italienischen und dem deutschen Sprachraum in Südtirol erhältlich. Auch bei den elektronischen Medien steht der Bevölkerung Südtirols ein reiches Angebot zur Verfügung, wie es anderswo nur mithilfe von Kabelnetzen oder Satellitenantennen zugänglich ist. Neben den sieben gesamtstaatlich ausgestrahlten TV-Programmen (jeweils drei Kanäle der staatlichen Rundfunkanstalt RAI und des Mediaset-Konzerns sowie das Programm von LA7), sind nämlich auch alle Fernseh- und Radioprogramme des österreichischen öffentlich-rechtlichen Rundfunks ORF (mit Ausnahme des Pop-Radiosenders FM4) sowie das Zweite Deutsche Fernsehen ZDF und – je nach Landesteil – das Schweizer Fernseh-Programm FS1 oder das deutsche ARD-Programm fast überall in Südtirol ohne Satellitenantenne zu empfangen. Die Ausstrahlung dieser Programme durch die RAS (Rundfunk Anstalt Südtirol) ist Teil der Maßnahmen zur Förderung der deutschen und ladinischen Kultur. Angesichts der zunehmenden Verbreitung der erwähnten Satelliten-Antennen haben sie etwas an Bedeutung verloren, historisch gesehen stellen sie jedoch eine sehr wichtige Errungenschaft der Südtirol-Autonomie dar.

Abgesehen von den Regionalprogrammen des ORF aus dem Landesstudio Tirol, wo über besonders wichtige Ereignisse aus Südtirol berichtet wird, bieten diese Medien jedoch keinerlei Information über das lokale Geschehen.[3] Diese wird durch die im Land selbst erzeugten Medienprodukte abgedeckt.

In sprachlicher Hinsicht ist dabei zu unterscheiden zwischen
- einsprachigen Medien, die in den drei Landessprachen Italienisch, Deutsch oder Ladinisch erscheinen können,
- mehrsprachigen Medien.

Laut einer Statistik des ASTAT waren im Jahr 1998 knapp die Hälfte der periodischen Druckschriften rein deutsch, ein weiteres Drittel mehrsprachig, in aller Regel also deutsch und italienisch (siehe Abbildung 2 und Tabelle 3). Dabei muss berücksichtigt werden, dass viele Periodika, die von öffentlichen Stellen, Verbänden usw. herausgegeben werden, in zwei sprachlich getrennten Ausgaben erscheinen, wobei meist der gesamte Inhalt in beiden großen Landessprachen dargeboten wird.

Abbildung 2: Lokale Zeitungen und Zeitschriften nach Sprache und Vertriebsort – 1998

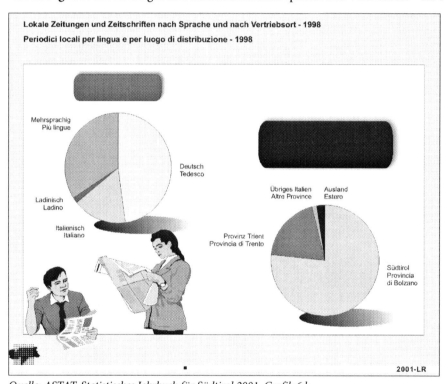

Quelle: ASTAT, Statistisches Jahrbuch für Südtirol 2001, Grafik 6.b

Wirklich mehrsprachige Medien, wo Texte in verschiedenen Landessprachen ohne Übersetzung erscheinen, bilden die große Ausnahme. Vor allem sind die vier lokalen Tageszeitungen („Dolomiten", „Alto Adige", „Neue Südtiroler Tageszeitung" und „Il Mattino"[4]) einsprachig, seit im Jahr 1999 das „Blatt für deutsche Leser" im „Alto Adige" eingestellt wurde – in der wiedergegebenen Statistik aus dem Jahr 1998 ist die letztgenannte Zeitung richtigerweise noch als mehrsprachig eingestuft.[5]

Tabelle 3: Lokale Zeitungen und Zeitschriften nach Sprache und Erscheinungshäufigkeit – 1998

Erscheinungs- häufigkeit	Deutsch	Italienisch	Ladinisch	Mehr- sprachig	Insgesamt
Täglich	2	1	-	1	4
Wöchentlich	7	1	1	-	9
Vierzehn- täglich	9	-	-	6	15
Monatlich	26	12	-	19	57
Zweimonatlich	26	13	-	13	52
Drei-, vier- monatlich und halbjährlich	45	15	3	44	107
Jährlich	6	1	-	4	11
Unregelmäßig	16	4	-	11	31
Insgesamt	137	47	4	98	286

Quelle: ASTAT, Statistisches Jahrbuch für Südtirol 2001, Tab. 6.3

Als Fazit ist somit festzuhalten, dass der Bevölkerung Südtirols ein reiches Angebot an lokalen Informationen im Rundfunk und in den Printmedien zur Verfügung steht, die jeweiligen Medienprodukte aber jeweils nur einsprachig gestaltet sind. Wer nicht bewusst auch Informationen in den anderen Landessprachen sucht, kann sich ausschließlich in der eigenen Sprache über das aktuelle Geschehen am Laufenden halten.

Medienkonsum und Medienkonzentration
Konsumgewohnheiten

Wie nicht anders zu erwarten, sind Tageszeitungen und Fernsehen die bevorzugten Medien zur Information: 9 von 10 Südtirolerinnen und Südtirolern – und zwar unabhängig von der Sprachgruppe – halten sich auf diese Weise über das lokale Geschehen am Laufenden. Anders sieht die Situation bei Radio und Wochenzeitschriften aus; diese spielen für die deutsch- und die ladinischsprachige Bevölkerung eine ungleich größere Rolle als für die Angehörigen der italienischen Sprachgruppe (siehe Tabelle 4). Der Grund dafür dürfte sowohl im größeren Angebot als auch in kulturspezifischen Präferenzen liegen (das gilt vor allem für das Radio als Informationsmedium). Die zum Teil unterschiedliche Bedeutung der verschiedenen Medien ist jedenfalls mitzudenken, wenn im Folgenden die sprachlichen Aspekte der Konsumgewohnheiten näher untersucht werden.

Tabelle 4: Informationsgewohnheiten über das lokale Geschehen[6] nach Sprachgruppe – 2000

	Gesamt	Deutsch-ladinisch	Italienisch
	Anteil an jeweiliger Bevölkerung	Anteil an jeweiliger Bevölkerung	Anteil an jeweiliger Bevölkerung
Tageszeitungen	89%	89%	90%
Wochenzeitschriften	58%	66%	38%
Fernsehen	87%	88%	84%
Radio	68%	79%	41%

Quelle: apollis 2000 – eigene Auswertung

Printmedien

Unter den Tageszeitungen haben – bezogen auf die Situation im Jahr 2000 – die „Dolomiten" die größte Reichweite, gefolgt von „Alto Adige", „Il Mattino" und der „Neuen Südtiroler Tageszeitung": Zwei Drittel aller Südtirolerinnen und Südtiroler ab 15 Jahren greifen mindestens einmal pro Woche zu den „Dolomiten", innerhalb der deutsch- und ladinischsprachigen Bevölkerung sind es sogar fast 90% (siehe Tabelle 5). Pro Ausgabe sind es immer noch knapp die Hälfte aller Personen ab 15 Jahren bzw. fast zwei Drittel der deutschsprachigen Bevölkerung, welche die „Dolomiten" lesen (siehe Tabelle 6).[7] Mit großem Abstand folgt der „Alto Adige", der knapp 40% der Gesamtbevölkerung erreicht, allerdings mit einem Anteil von gut 80% in der italienischen Sprachgruppe dort eine ähnlich starke Stellung hat, wie die „Dolomiten" innerhalb der deutsch- und ladinischsprachigen Leserschaft. Die anderen beiden Tageszeitungen spielen demgegenüber sowohl insgesamt, wie auch innerhalb der jeweiligen Sprachgruppe nur eine untergeordnete Rolle.[8]

Tabelle 5: Regelmäßige Leser/innen und Reichweiten der Tageszeitungen in Südtirol nach Sprachgruppe – 2000

Tageszeitungen	Wöchentliche Leser/innen (hochgerechnet)	Reichweite (Anteil regelmäßige Leser/innen an der jeweiligen Bevölkerung)		
	Gesamt	Gesamt	Deutsch und Ladinisch	Italienisch
Dolomiten	253.000	66%	88%	9%
Neue Südtiroler Tageszeitung	41.000	11%	14%	0%
Alto Adige	146.000	38%	22%	82%
Il Mattino	56.000	15%	6%	38%

Quelle: apollis 2000 – eigene Auswertung

Die „Tageszeitung" hat fast ausschließlich deutsch- oder ladinischsprachige Leser/innen, während die „Dolomiten" immerhin von jedem zehnten italienischsprachigen Südtiroler gelesen wird, der „Alto Adige" umgekehrt sogar für jeden fünften deutsch- oder ladinischsprachigen Befragten zur regelmäßigen Lektüre zählt.

Abbildung 3: Lektüre von Tageszeitungen nach Sprachgruppe – 1991

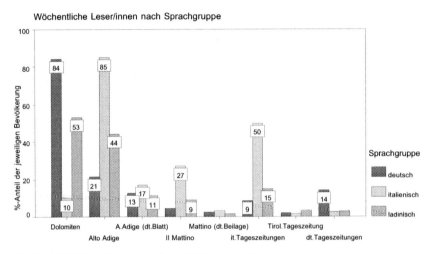

Quelle: ASTAT-Bevölkerungsumfrage 1991 – eigene Auswertung

Ein erster Versuch, die Konzentration im Südtiroler Zeitungswesen in Zahlen zu fassen ergibt – anhand der hochgerechneten Tagesreichweiten – folgende Markt-anteile für das Jahr 2000 (siehe Tabelle 6): Auf die „Dolomiten" entfallen 54% aller täglichen Kontakte mit einer lokalen Tageszeitung, auf den „Alto Adige" 29% (also nur gut halb so viele). Die Anteile von „Il Mattino" und „Tageszeitung" belaufen sich auf 10% bzw. 7%, sind also vergleichsweise marginal. Innerhalb der eigenen Sprach-gruppe dominieren sowohl die „Dolomiten" (71% aller Kontakte) als auch der „Alto Adige" (66%) stark.

Tabelle 6: Wöchentliche Leser/innen der regionalen Tageszeitungen Südtirols nach Sprachgruppe – 2000

Tageszeitungen	Leser/innen pro Ausgabe[9]	Marktanteil	Leser/innen pro Ausgaben (Anteil an der jeweiligen Bevölkerung)
	Bevölkerung insgesamt		
Dolomiten	182.000	54%	48%
Tageszeitung	25.000	7%	6%
Alto Adige	97.000	29%	25%
Il Mattino	33.000	10%	9%
Summe	337.000	100%	
	Deutsche und ladinische Sprachgruppe		
Dolomiten	177.000	71%	64%
Tageszeitung	24.000	10%	9%
Alto Adige	39.000	16%	14%
Il Mattino	9.000	4%	3%
Summe	249.000	100%	
	Italienische Sprachgruppe		
Dolomiten	6.000	6%	5%
Tageszeitung	0	0%	0%
Alto Adige	58.000	66%	56%
Il Mattino	24.000	27%	22%
Summe	88.000	100%	

Quelle: apollis 2000 – eigene Auswertung

Deutschsprachige Leser/innen werden offenbar auch mit regional ausgerichteten Wochenzeitschriften gut bedient. Für die italienische Leserschaft fehlt ein vergleichbares Angebot, weshalb hier die gesamtstaatlichen Magazine eine dominante Rolle spielen (siehe Tabelle 7).

Tabelle 7: Regelmäßige Leser/innen und Reichweiten der Wochenzeitschriften in Südtirol nach Sprachgruppe – 2000

Wochenzeitschriften	Monatliche Leser(hoch-gerechnet)	Reichweite (Anteil regelmäßige Leser/innen an der jeweiligen Bevölkerung)		
	Gesamt	Gesamt	Deutsch und Ladinisch	Italienisch
Sonntagszeitung ZETT	155.000	40%	55%	2%
Dolomitenmagazin	228.000	57%	76%	7%
Wirtschaftskurier	153.000	40%	53%	7%
Südtiroler Wirtschaftszeitung	36.000	9%	12%	1%
ff – Südtiroler Wochenmagazin	85.000	22%	30%	2%
Italienische Wochenmagazine	69.000	18%	7%	47%
Deutsch-österreichische Wochenmagazine	31.000	8%	10%	2%

Quelle: apollis 2000 – eigene Auswertung

Auch wenn man berücksichtigt, dass die Liste der Wochenzeitschriften nicht vollständig ist (es fehlt z.B. das „Katholische Sonntagsblatt"), so lässt sich aus diesen Daten ziemlich zweifelsfrei auf eine hohe Konzentration, vor allem bei deutschsprachigen Wochenzeitschriften schließen. „Dolomitenmagazin" und „Wirtschaftskurier", beides Beilagen zur Tageszeitung „Dolomiten", werden von drei Viertel bzw. mehr als der Hälfte aller deutsch- und ladinischsprachigen Einwohner Südtirols regelmäßig gelesen. Eine ähnlich hohe Reichweite erreicht die „Sonntagszeitung ZETT", die ebenfalls aus dem Verlagshaus Athesia stammt. Das stärkste Konkurrenzprodukt, das „Wochenmagazin ff" erreicht als weitesten Leserkreis etwa jede dritte deutsch- oder ladinischsprachige Person ab 15 Jahren.

Über die zeitliche Entwicklung des Leseverhaltens bei Printmedien liegen kaum Daten vor. Ein Vergleich ist lediglich bei Tageszeitungen zwischen den Jahren 1991 und 2000 möglich. Hier zeigt sich ein im Wesentlichen unverändertes Muster (siehe Tabelle 8): Tageszeitungen werden nur von einer Minderheit in der anderen Landessprache gelesen, die unter deutschsprachigen Befragten bei ca. einem Viertel, unter italienischsprachigen bei ca. 10% liegt. Wenn überhaupt, dann ist eher ein rückläufiger Trend zu vermuten, denn 1991 gaben immerhin 22% der Personen italienischer Muttersprache an, zumindest einmal pro Woche eine Tageszeitung in Deutsch zu lesen. Auf dieselbe Frage erklärte 1991 ein Viertel der Personen deutscher Muttersprache, mindestens einmal pro Woche eine italienische Tageszeitung in die Hand zu nehmen (ASTAT-Informationen Nr. 10/ 1992, 10).

Tabelle 8: Wöchentliche Leser/innen verschiedener Tageszeitungen nach Sprachgruppe (Prozentanteil an der jeweiligen Bevölkerung)

Tageszeitungen	1991 Deutsch	2000 Deutsch-ladinisch	1991 Italie-nisch	2000 Italie-nisch
Dolomiten	84,3%	88%	10,2%	9%
Alto Adige	21,3%	22%	84,9%	82%
Alto Adige (deutsche Beilage)	12,6%	-	17,2%	-
Il Mattino	4,5%	6%	26,9%	38%
Il Mattino (deutsche Beilage)	2,6%	-	3,2%	-
Andere italienische Tageszeitungen	8,7%	-	49,8%	-
Neue Südtiroler Tageszeitung	-	15%	-	-
Tiroler Tageszeitung	1,9%	-	1,5%	-
Andere deutsche Tageszeitungen	14,0%	-	2,4%	-
Tageszeitungen in anderen Sprachen	0,8%	-	2,4%	-

Quellen: ASTAT-Bevölkerungsumfrage 1991, apollis 2000 – eigene Auswertung

Fernsehen

Wegen der größeren und in allen Kulturkreisen ähnlichen Bedeutung des Fernsehens beschränken wir uns in der vorliegenden Analyse auf dieses elektronische Medium. Zudem wäre eine vergleichbare Untersuchung für den Bereich des Hörfunks durch die Vielzahl öffentlicher und privater Radiosender mit ihrem sehr unterschiedlichen Anteil und Gewicht von Sprachsendungen ein äußerst schwieriges Unterfangen.

Die größte Zahl von Seher/innen vereinigt das deutsche Programm des Senders Bozen mit einer Tagesreichweite von 165.000 Personen (44% der Bevölkerung ab 15 Jahren, die zumindest gelegentlich fernsieht) auf sich. Es folgen die beiden österreichischen Sender, das ZDF und die Programme der staatlichen Rundfunkanstalt RAI (siehe Tabelle 9).[10]

Tabelle 9: Rangordnung der Fernsehsender nach Tagesreichweite – 2001

Fernsehsender	Wöchentliche Seher/innen	Tagesreichweite (Anzahl)	Tagesreichweite (Prozentanteil an der Bevölkerung)
RAI Sender Bozen – Sendungen in dt. Sprache	239.000	165.000	44,3%
ORF 2	205.000	116.000	31,1%
ORF 1	210.000	114.000	30,4%
ZDF	206.000	104.000	27,8%
RAI 1	158.000	98.000	26,2%
RAI 3 (nationales Programm)	147.000	90.000	24,2%
RAI 2	144.000	86.000	23,0%
RAI Sender Bozen – Sendungen in it. Sprache	120.000	77.000	20,7%
RAI Sender Bozen – Sendungen in lad. Sprache	74.000	49.000	13,1%
ARD	93.000	45.000	12,0%
Videobolzano 33	74.000	42.000	11,1%
SF1 (Schweizer Fernsehen)	70.000	36.000	9,8%
RTTR	22.000	12.000	3,1%
TCA	20.000	11.000	2,9%
TV3 – H.O.T.	16.000	9.000	2,3%
Andere italienischsprachige Sender	135.000	88.000	23,7%
Andere deutschsprachige Sender	130.000	76.000	20,5%

*) bezogen auf alle Personen über 15 Jahre, die zumindest gelegentlich fernsehen: 373.000
Quelle: ASTAT 2001a – Zusammenstellung aus verschiedenen Tabellen

In der Unterscheidung nach Sprachgruppe erzielen die drei RAI-Sender unter Personen mit italienischer Muttersprache ebenso Quoten von über 80% an wöchentlichen Sehern/Seherinnen wie das deutschsprachige Programm des Senders Bozen unter Südtirolerinnen und Südtirolern deutscher Muttersprache. Auch die ORF-Programme und das ZDF erfreuen sich bei letzteren hoher Beliebtheit.

Tabelle 10: Wöchentliche Seher/innen verschiedener Fernsehsender nach Sprach-gruppe (Prozentanteil an der jeweiligen Bevölkerung[11])

Fernsehsender	1991 Deutsch	1994 Deutsch	1998 Deutsch	2001 Deutsch	1991 Italienisch	1994 Italienisch	1998 Italienisch	2001 Italienisch
Italienischsprachige Sender								
RAI Sender Bozen (italienisch)*	-	25,3%	27,3%	17,7%	-	68,0%	73,5%	63,8%
VB 33*	3,6%	7,2%	6,3%	6,4%	41,4%	40,5%	47,0%	53,6%
RTTR*	-	-	2,7%	0,0%	-	-	19,8%	17,1%
RAI 1		25,1%	27,8%	22,3%		75,4%	82,8%	86,1%
RAI 2	48,3%	24,9%	23,8%	18,3%	92,5%	74,6%	80,7%	84,3%
RAI 3		25,7%	21,4%	20,4%		71,6%	72,8%	81,4%
Italia 1		21,0%	-	-		69,5%	-	-
Canale 5	22,6%	21,3%	-	-	82,6%	75,9%	-	-
Rete 4		15,7%	-	-		65,0%	-	-
TMC	4,8%	8,9%	-	-	42,8%	43,6%	-	-
TCA	-	-	2,1%	0,0%	-	-	13,4%	14,3%
Italia 7	5,9%	-	-	-	29,8%	-	-	-
TVA Odeon	5,6%	-	-	-	39,2%	-	-	-
Andere italienisch-sprachige Sender	-	-	5,2%	48,2%	-	-	66,8%	86,2%
Deutschsprachige Sender								
RAI Sender Bozen (deutsch)*	77,6%	72,3%	83,9%	83,9%	17,2%	8,8%	16,0%	14,0%
Südtirol heute*	-	-	23,3%	-	-	-	0%	-
PRO 7*	9,9%	22,5%	-	-	6,1%	4,9%	-	-
ORF 1	84,1%	77,2%	81,7%	73,7%	19,0%	10,7%	17,6%	13,2%
ORF 2		73,7%	75,8%	71,9%		9,6%	14,5%	13,9%
ZDF	82,8%	77,6%	74,4%	72,6%	19,8%	11,1%	15,4%	12,9%
ARD		24,7%	31,2%	34,9%		3,3%	0%	0%
DRS /SF 1	37,9%	27,2%	23,6%	23,7%	9,5%	4,7%	4,9%	5,2%
Andere deutsch-sprachige Sender	-	-	16,2%	15,1%	-	-	0,0%	4,5%

*) regionale Sender

Quellen: ASTAT-Bevölkerungsumfrage 1991 – eigene Auswertung sowie ASTAT 1994, 1998 und 2001 – Zusammenstellung aus verschiedenen Tabellen

Während die einzelnen RAI-Sender jeweils ungefähr 20% der deutschsprachigen Bevölkerung ansprechen, liegt der Anteil italienischsprachiger Seher/innen bei den beliebtesten deutschsprachigen Sendern bei 13% bis 14%.

Abbildung 4: Konsum von Fernsehsendungen nach Sprachgruppe – 1991

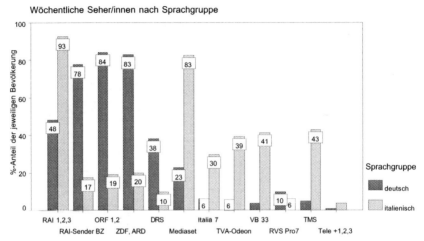

Quelle: ASTAT-Bevölkerungsumfrage 1991 – eigene Auswertung

Das stimmt recht gut mit einem Befund der ASTAT-Erhebung aus dem Jahr 1991 überein, der zufolge 24% der deutschsprachigen, aber nur 10% der italienischsprachigen Personen angaben, gleich häufig oder häufiger in der jeweils anderen Sprache die Nachrichten im Fernsehen oder Hörfunk zu verfolgen (ASTAT-Informationen Nr. 10/ 1992, 7). Vor allem aber lässt sich kein klarer Trend im Verlauf der 10 Jahre zwischen 1991 und 2001 erkennen, was den Konsum von Programmen in der anderen Landessprache anbelangt (siehe Tabelle 10). Betrachtet man etwa den Anteil deutschsprachiger Seher/innen der RAI-Programme, so ist dieser um einige Prozentpunkte rückläufig. Beim Anteil italienischsprachiger Seher/innen deutscher Programm ist zumindest zwischen 1998 und 2001 durchwegs ein Rückgang zu verzeichnen. Über alle 4 Erhebungszeitpunkte hinweg sind Schwankungen nach oben und unten festzustellen, die auch zufallsbedingt sein könnten.

Zusammenfassend lässt sich somit für das Fernsehen festhalten – Analoges dürfte für den Hörfunk gelten –, dass Personen, die Programme in der anderen Landessprache regelmäßig verfolgen, eine Minderheit darstellen, die je nach Kriterium mit 20–30% für die deutsche, 10–20% für die italienische Sprachgruppe angesetzt werden kann. Egal wie hoch der Anteil genau liegt, es ist jedenfalls kein Trend in Richtung eines vermehrten mehrsprachigen Medienkonsums festzustellen. Das steht im Widerspruch zur Tatsache, dass ein wachsender Teil der Bevölkerung die Zweitsprache zu einem gewissen Grad beherrscht. Die stärker verbreitete Sprachkompetenz führt, wohl nicht zuletzt aufgrund des großen und durch die neuen technische Möglichkeiten weiter gewachsenen Angebots an Sendungen in der Muttersprache, offenbar nicht dazu, dass Programme in der anderen Landessprache vermehrt verfolgt werden. Damit sind die Voraussetzungen für eine asymmetrische, das heißt nach Sprache der Zielgruppe unterschiedlichen Berichterstattung gegeben.

Abschließende Überlegungen

Mehrsprachiges Informationsverhalten ist neben der Sprachgruppe auch abhängig von Alter, Bildung, Wohngebiet und Beruf. Dabei überrascht vor allem, dass die deutsche Sprachgruppe trotz vergleichsweise guter Zweitsprachkenntnisse wenig italienische Medien konsumiert.

Der freiwillige, nicht auf mangelnden Sprachkenntnissen beruhende Verzicht auf Information in der Zweitsprache kann als zeitökonomisches Verhalten gedeutet werden, das durch das reichhaltige Medienangebot gefördert wird. Mindestens ebenso stark dürfte der Einfluss sein, der von der inhaltlichen Ausrichtung der Medien ausgeht.

Es ist naheliegend anzunehmen, dass die regionalen Medien damit einen wesentlichen Beitrag zur ethnisch-sozialen Identitätsbildung leisten. Allerdings kann es sich dabei nur um eine auf Unterscheidung und Abgrenzung beruhende Art von Identität handeln. Das ist zumindest ansatzweise empirisch nachweisbar, denn mehr aktuelle Information in der Zweitsprache geht – bezogen auf deutschsprachige Südtiroler/innen – Hand in Hand mit einer positiveren Einstellung zur italienischen Sprachgruppe (Ogris 1992). Auch andere Autoren kommen zu ähnlichen Schlüssen: *„Der Nationalismus nimmt in dem Maße ab, als der interkulturelle und zweisprachige Medienkonsum zunimmt."* (Pallaver 1996, 143)

Als indirekter Beleg für diese Deutung soll hier abschließend gezeigt werden, wie deutlich Sympathie für die jeweilige Fremdgruppe und Sprachkenntnisse zusammenhängen. Zweisprachige Südtiroler/innen deutscher Muttersprache empfinden für ihre italienischsprachigen Landsleute, aber auch für Trentiner und Süditaliener deutlich mehr Sympathie als einsprachige. Ebenso liegt bei Angehörigen der italienischen Sprachgruppe das Ansehen der deutschsprachigen Südtiroler, aber auch der Tiroler (und Österreicher) höher, wenn sie die Zweitsprache beherrschen. Die Selbstsicht ist dagegen dann am positivsten, wenn jemand die andere Landessprache nicht spricht.

Abbildung 5: Sympathie für verschiedene ethnische Gruppen nach Zweitsprachkenntnissen und Sprachgruppe – 1991

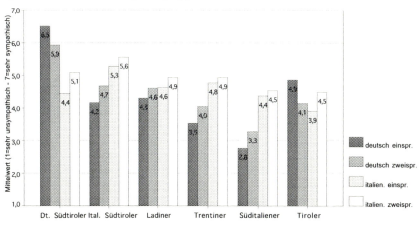

Quelle: ASTAT-Bevölkerungsumfrage 1991 – eigene Auswertung

Somit lassen sich trotz der mageren Datenlage Hinweise dafür finden, dass es dem Zusammenleben in Südtirol gut tun würde, wenn sich ein größerer Bevölkerungsteil auch in der Zweitsprache über das aktuelle Geschehen im Land auf dem Laufenden hielte. Das Bedürfnis, auch die Sichtweise der anderen ethnischen Gruppe zu kennen, scheint bis zu einem gewissen Grad gegeben zu sein. So zumindest kann die Praxis der regionalen italienischen Tageszeitungen gedeutet werden, die seit einiger Zeit deutschsprachige Journalisten (im Ruhestand) als Kolumnisten anwerben und regelmäßig in ihren Blättern zu Wort kommen lassen. Ähnliches drückt sich in den gelegentlichen italienischen Beiträgen im deutschsprachigen „Wochenmagazin FF" aus. Und vielleicht wäre es auch für die Medien selbst ein positiver Impuls. Wie man dahin kommt, ist allerdings offen. Denn die Entwicklung der letzten Jahre spricht eindeutig dagegen, dass sich eine solche Tendenz quasi natürlich durchsetzt.

Anmerkungen

1   Diese Gleichsetzung entspricht weitgehend der Selbsteinstufung der Personen: Im Jahr 1991 gaben 99% der deutschen Sprachgruppe Deutsch als ihre Muttersprache an, 98% der italienischen Sprachgruppe nannten Italienisch als ihre Muttersprache und 90% der erklärten Ladiner waren Personen mit Ladinisch als Muttersprache; dabei war es allerdings auch möglich mehr als eine Muttersprache anzuführen, was knapp 3% der Befragten taten (ASTAT 1991).

2   Die Schule für die ladinische Sprachgruppe funktioniert nach dem sogenannten paritätischen Prinzip, das heißt etwa die Hälfte der Schulfächer wird in Deutsch, die andere in Italienisch unterrichtet; Ladinisch wird nur als spezielles Fach 1–2 Stunden pro Woche gelehrt und darf darüber hinaus in der Grundschule für eine bessere Kommunikation mit den Kindern eingesetzt werden, solange sie die Zweitsprachen noch nicht ausreichend gut beherrschen.

3   Vom Landesstudio Tirol wird seit einigen Jahren – mit finanzieller Unterstützung der Südtiroler Landesregierung – auch das Magazin „Südtirol heute" produziert, das täglich eine halbe Stunde über das lokale Geschehen informiert.

4   Das war die Situation, auf die sich diese Untersuchung bezieht; im Mai 2003 ist „Il Mattino" eingestellt worden, seit dem Herbst desselben Jahres erscheint eine lokale Beilage zum „Corriere della Sera" im Umfang von 8 Seiten in italienischer Sprache mit dem Titel „Corriere dell'Alto Adige".

5   Der Vollständigkeit halber ist die gelegentlich in den „Dolomiten" erscheinende ladinische Seite hier zu erwähnen, die jedoch kein mehrsprachiges Medium aus dem „Tagblatt der Südtiroler" macht.

6   Wortlaut der Frage: „Wie informieren Sie sich in der Regel über das aktuelle Geschehen in Südtirol?"

7   Sehr ähnliche Werte, nämlich 66% Leser pro Ausgabe und 92% weiterer Leserkreis – bezogen auf die deutsch- und ladinischsprachige Bevölkerung über 14 Jahren, gibt auch der Athesia-Verlag selbst an (Mooswalder 2003, 41).

8   Aktuellere Daten liegen uns leider nicht vor; durch die Einstellung von „Il Mattino" und das Hinzukommen der Beilage „Il Corriere dell'Alto Adige" dürften sich zwar die Zahlen- und Prozentwerte für die Reichweiten etwas verschoben haben, ohne jedoch an den Größenverhältnissen etwas zu ändern.

9   Die Anzahl der Leser/innen pro Ausgabe wurde geschätzt, indem den Personen je nach angegebener Lesehäufigkeit ein Koeffizient zugeordnet und anschließend die Summe ge-

bildet wurde (Werte der Koeffizienten: „(fast) täglich" – 0,86; „mindestens einmal pro Woche" – 0,35; „seltener" – 0,07).

10 Die privaten Sender des Mediaset-Konzerns, die üblicherweise ähnlich hohe Einschaltquoten wie die RAI erreichen, fehlen in dieser Aufstellung allerdings, da sie offensichtlich nicht daran interessiert waren, in der ASTAT-Erhebung aufzuscheinen.

11 Personen über 15 Jahre, die zumindest gelegentlich fernsehen: 373.000.

12 ASTAT-Informationen Nr. 27/1991, 2.

Literaturverzeichnis

ASTAT – Landesinstitut für Statistik (Hg.) (1988): Sozialer Survey 1986. Meinungen Werte und Lebensformen in Südtirol. Ergebnisse einer repräsentativen Umfrage, Autonome Provinz Bozen-Südtirol (ASTAT-Schriftenreihe Nr. 20), Bozen.

ASTAT-Informationen Nr. 27 – Dezember 1991: ASTAT-Bevölkerungsumfrage 1991. Erste Ergebnisse, Bozen.

ASTAT-Informationen Nr. 10 – Mai 1992: ASTAT-Bevölkerungsumfrage 1991. Lese- und Fernsehgewohnheiten der Südtiroler Bevölkerung, Bozen.

ASTAT – Landesinstitut für Statistik (Hg.) (1995): Rundfunk und Fernsehen: Hörer- und Seherbefragung 1994, Autonome Provinz Bozen-Südtirol, Bozen.

ASTAT – Landesinstitut für Statistik (Hg.) (1998): Rundfunk und Fernsehen: Hörer- und Seherbefragung 1998, Autonome Provinz Bozen-Südtirol, Bozen.

ASTAT – Landesinstitut für Statistik (Hg.) (2001a): Rundfunk und Fernsehen: Hörer- und Seherbefragung 2001, Autonome Provinz Bozen-Südtirol, Bozen.

ASTAT – Landesinstitut für Statistik (Hg.) (2001b): Statistisches Jahrbuch für Südtirol 2001, Autonome Provinz Bozen-Südtirol, Bozen.

ASTAT – Landesinstitut für Statistik (Hg.) (2003): Statistisches Jahrbuch für Südtirol 2003, Autonome Provinz Bozen-Südtirol, Bozen.

Baccellini, Roberto (1999): Dinamiche di comunicazione interetnica in Alto Adige, (tesi di laurea), Bologna.

Baur, Siegfried (1996): „Motivazioni e contatti". Condizioni di base dell'apprendimento della seconda lingua in Alto Adige (Endbericht des Forschungsprojektes an den Auftraggeber), Bozen.

Baur, Siegfried / von Guggenberg, Irma / Larcher, Dietmar (1998): Zwischen Herkunft und Zukunft. Südtirol im Spannungsfeld zwischen ethnischer und postnationaler Gesellschaftsstruktur, Bozen.

Benedikter, Rudolf et al. (Hg.) (1987): Nationalismus und Neofaschismus in Südtirol: der Erfolg des Movimento Sociale Italiano (M.S.I.-D.N.) bei den Gemeinderatswahlen vom 12. Mai 1985 – Ursachen, Bedingungen und Auswirkungen, Wien.

Buson, Ornella (1992): „Bilinguismo, relazioni interetniche e formazione: risultati dell'indagine ASTAT 1991", in: Atz, Hermann – Buson, Ornella (Hg.): Interethnische Beziehungen. Leben in einer mehrsprachigen Gesellschaft, ASTAT – Landesinstitut für Statistik, Autonome Provinz Bozen-Südtirol, Bozen, 101–117.

Carli, Augusto / Fischer, Maria Luise / Gelmi, Rita (1997): Methodisch-didaktische Bedingungen des Zweitsprachenunterrichts" (Endbericht des Forschungsprojekts den Auftraggeber), Bozen.

Cavagnoli, Stefania / Nardin, Francesca (1997): L'apprendimento della seconda lingua in Alto Adige. Difficoltà, motivazioni, aspettative. Un'analisi sociolinguistica, Bozen.

CENSIS – Centro Studi Investimenti Sociali (1997): Identità e mobilità dei tre gruppi linguistici in Alto Adige – Rapporto finale (Endbericht des Forschungsprojektes an den Auftraggeber), Rom.

Deflorian, Floriano / Putzer, Oskar (1997): Untersuchung zu den Zweitsprachenkenntnissen an den italienischen Oberschulen, Mittelschulen und Volksschulen der Provinz Bozen (Endbericht des Forschungsprojektes an den Auftraggeber), Bozen.

Egger Kurt (2001): Sprachlandschaft im Wandel. Südtirol auf dem Weg zur Mehrsprachigkeit, Bozen.

Eisenstecken, Erich / Fröhlich, Werner (1996): Didaktisch-methodische Bedingungen des Zweitsprachenunterrichtes in Südtirol. Kurzdokumentation der Ergebnisse (unveröffentlichter Forschungsbericht an den Auftraggeber), München.

Giuliani, Paolo (1996): Analisi dei media in un contesto multietnico (tesi di laurea), Bologna.

Mooswalder, Raffael (2003): Der Printmedienmarkt in Südtirol – Medienpluralismus und Medienkonzentration (politikwissenschaftliche Diplomarbeit), Innsbruck.

Ogris, Günther (1992): „Einflussfaktoren auf die Akzeptanz anderer Kulturen und ethnischer Vielfalt" in: Atz, Hermann/Buson, Ornella (Hg.): Interethnische Beziehungen. Leben in einer mehrsprachigen Gesellschaft, ASTAT – Landesinstitut für Statistik, Autonome Provinz Bozen-Südtirol, Bozen, 129–146.

Pallaver, Günther (1996): „Nationalismus & Kommunikation: Der TV- und Zeitungsblick über den ethnischen Schrebergarten", in: Nick, Rainer/Wolf, Jacob: Regionale Medienlandschaften – Tirol, Südtirol und Vorarlberg, Innsbruck.

Pelinka, Anton (2003): Politik und Medien zwischen Modernität und Tradition, in: Clementi, Siglinde/Woelk, Jens (Hg.): 1992. Ende eines Streiks. Zehn Jahre Streitbeilegung im Südtirolkonflikt zwischen Italien und Österreich, Baden-Baden, 205–209.

Wakenhut, Roland (1995): Ethnisches und nationales Bewusstsein – Coscienza etnica e coscienza nazionale, Frankfurt am Main.

Verwendete statistische Datenquellen (Primärstatistiken)

apollis 2000

Auftraggeber: ff – Südtiroler Wochenmagazin
Grundgesamtheit waren alle in Südtirol lebenden Personen ab 15 Jahren, unabhängig von der Sprachgruppe. Die Stichprobenziehung erfolgte nach einem statistischen Zufallsverfahren, und zwar geschichtet nach Stadt- und Landgemeinden und nach Sprachgruppen. Als Auswahlgrundlage diente das Fernsprech-Teilnehmerverzeichnis der TELECOM Italia für die Autonome Provinz Bozen.
Die Befragung fand auf telefonischem Weg in der Zeit vom 25. September bis 17.

Oktober 2000 statt. Insgesamt wurden 808 Personen befragt, darunter 613 Angehörige der deutschen, 165 der italienischen und 29 der ladinischen Sprachgruppe; eine Person gehörte einer anderen Sprachgruppe an. Die Verweigerungsrate lag bei 30%, diese relativ hohe Quote kam allerdings hauptsächlich durch Verweigerungen italienischsprachiger Interviewpartner zustande.

Für die Auswertung wurde die Stichprobe durch ein Gewichtungsverfahren bezüglich ihrer Zusammensetzung nach Geschlecht, Altersklasse, Sprachgruppe, Gemeindegrößenklasse und Bezirk des Wohnortes rechnerisch korrigiert.

ASTAT-Bevölkerungsumfrage 1991

Auftraggeber: Südtiroler Landesregierung auf der Grundlage eines Beschlusses des Südtiroler Landtages

Die Auswahl der Zielpersonen erfolgte nach einem statistischen Zufallsverfahren (geschichtete, geklumpte Zufallsstichprobe) unter allen in Südtirol ansässigen wahlberechtigten Bürgern ab 18 Jahren auf der Grundlage der Melderegister der Gemeinden.

Zwischen Ende Mai und Mitte Juni 1991 führten Erhebungsbeauftragte des ASTAT 1.266 persönliche Interviews an der Haushaltadresse durch. 75% der ausgewählten Personen konnten tatsächlich befragt werden, die Quote ausdrücklicher Verweigerungen lag bei 6%. Die Stichprobe umfasst 802 Angehörige der deutschen, 304 der italienischen und 123 der ladinischen Sprachgruppe; 36 Personen erklärten sich keiner bzw. mehreren Sprachgruppen zugehörig, eine Person verweigerte die Antwort.

Für die Auswertung wurde die Stichprobe durch ein Gewichtungsverfahren bezüglich ihrer Zusammensetzung nach Geschlecht, Altersklasse, Gemeindegrößenklasse und Bezirk des Wohnortes rechnerisch korrigiert.[12]

Günther Pallaver

Die ethnische Berichterstattung der Südtiroler Medien

Print- und elektronische Medien im Vergleich. Ergebnisse quantitativer Untersuchungen

Südtirols politisches System entspricht dem Konkordanzmodell (Lijphart 1977). Eine der tragenden Säulen dieses Konkordanzmodells beruht auf dem Prinzip der ethnischen Trennung der drei in Südtirol offiziell anerkannten Sprachgruppen: Deutsche, Italiener und Ladiner. Dem Grundkonsens der Eliten an der Spitze steht die Trennung der Institutionen und der Zivilgesellschaft an der Basis gegenüber (Bettelheim/Benedikter 1982, Pallaver 2003). Trotz Aufweichungen dieses Systems innerhalb der Zivilgesellschaft (Baur/Guggenberger/Larcher 1998, 287) hat dieses auch 35 Jahre nach Verabschiedung des Pakets (1969) keine substantiellen Korrekturen erfahren.

Dieses Prinzip beruht auf der Logik eines gemeinsamen Hauses mit getrennten Wohnungen. Die drei Sprachgruppen leben ihr autonomes Leben in ihren jeweiligen gesellschaftlichen Subsystemen. Die Trennung der Gesellschaft längs dieser sichtbaren und unsichtbaren ethnischen Grenzen findet in allen Lebensbereichen ihren Niederschlag. Es gibt ein getrenntes Schul- und Bildungssystem, es gibt getrennte politische Kulturressorts und getrennte Kulturhäuser, getrennte Bibliotheken und getrennte Vereine, es gibt getrennte Volkswohnbauten und getrennte Rettungsdienste. Die potentielle Durchlässigkeit in der Zivilgesellschaft findet ihre natürliche Barriere in den politischen und administrativen Institutionen.

Ein Indikator für das Ausmaß der ethnischen Fragmentierung ist das Mediensystem (Pallaver 1996, Pelinka 2003, 207).[1] Für jede der drei Subgesellschaften gibt es ethnisch genau definierte Medienprodukte. Relevante Printmedien und relevante elektronische Medien für die deutsche, für die italienische und für die ladinische Subgesellschaft. Sprachgruppenübergreifende Medien fristen ein kaum relevantes Nischendasein.

In diesem Beitrag wird von der Grundthese ausgegangen, dass es nicht nur ein ethnisch getrenntes Mediensystem gibt, sondern dass die einzelnen Medien im wesentlichen nur die eigene Subgesellschaft informieren. Genauso wie es in Südtirol keine „Gesamtgesellschaft" gibt, sondern lediglich voneinander getrennte Subgesellschaften, genauso beliefern die einzelnen Medien nicht die Gesamtgesellschaft Südtirols, sondern nur die jeweiligen Subgesellschaften. Dies betrifft aber nicht nur die Adressaten, sondern auch die Auswahl der Nachrichten. In Südtirol kann davon ausgegangen werden, dass es neben den allgemeinen Parametern der „Nachrichtenfaktoren" einen zusätzlichen „ethnischen Nachrichtenfaktor" gibt, der die anderen Faktoren vielfach überlagert.

Unter Nachrichtenfaktoren werden Merkmale von Ereignissen verstanden, die deren Nachrichtenwert bestimmen. Sind diese Merkmale besonders ausgeprägt und treffen solche Faktoren gehäuft auf ein Ereignis zu, desto größer ist die Chance, dass dieses Ereignis auch eine mediale Beachtung findet. In der Medienrealität dominieren Ereignisse mit einem hohen Nachrichtenwert. Dazu gehören Faktoren wie Status, Valenz, Relevanz, Konsonanz und Dynamik. Außerdem kann festgestellt werden, dass Merkmale, die den Nachrichtenwert eines Ereignisses ausmachen, von den Medien besonders betont und akzentuiert werden. Nachrichten werden dadurch „verzerrt" (Schulz 1997, 69–72). „Je stärker einer oder mehrere Nachrichtenfaktoren ausgeprägt sind, desto größer ist der Nachrichtenwert eines Ereignisses und damit dessen Chance, als Nachricht veröffentlicht zu werden" (Galtung/Ruge 1965). Die einzelnen Nachrichtenfaktoren haben somit eine zentrale Bedeutung für die Auswahl der Ereignisse und bestimmen mit unterschiedlichen Gewichtungen und je nach Medientypus Länge und Aufmachung von Beiträgen, deren Positionierung und Berichterstattungshäufigkeit (Schulz 1997, 77).

Ob diese These zutrifft, wonach die Medien Südtirols vorwiegend ihre jeweilige Subgesellschaft mit Nachrichten beliefern, die ausschließlich diese Subgesellschaft im engeren Sinne betreffen, soll in den nächsten Kapiteln versucht werden zu verifizieren. Der Untersuchung liegen Analysen der Südtirol-relevanten Medien zugrunde. Als Parameter dafür gelten die publizistische Repräsentativität, die Markt- und Reichweiten-Bedeutung sowie die Kollokation in den Sektoren öffentlich-rechtlich und privat-kommerziell. Zu diesen Medien gehören die deutschsprachige Tageszeitung Dolomiten und die italienischsprachige Tageszeitung Alto Adige. Als neuere, nicht marktbeherrschende Medienprodukte wurden auch die deutschsprachige Neue Südtiroler Tageszeitung (1996) sowie die italienischsprachige Tageszeitung Il Mattino (die 2003 ihr Erscheinen eingestellt hat) herangezogen.

Von den elektronischen Medien wurde die öffentlich-rechtliche RAI miteinbezogen, die in der Provinz Bozen strukturell in eine deutschsprachige, italienischsprachige und ladinischsprachige Redaktion aufgeteilt ist.

Berichterstattung in Wahlkampf-Phasen

1. Landtagswahlen

Untersuchungen zu Fragen der ethnischen Berichterstattung findet man vor allem im Rahmen von Analysen zu den Südtiroler Landtagswahlen der Jahre 1998 und 2003. Die politische Kommunikation im Rahmen von Wahlkämpfen folgt vielfach Logiken der Berichterstattung, die in Routinephasen nicht so markant festgestellt werden können. Wähler und Wählerinnen befinden sich während eines Wahlkampfes im Mittelpunkt komplexer Kommunikationsnetze und -prozesse und werden dabei mit permanenten Informationsflüssen konfrontiert, die der Wettbewerbslogik zwischen Parteien und Medien ausgesetzt sind.

Erkenntnisfördernd kann deshalb nicht nur der Vergleich zwischen der Berichterstattung der nach Sprachgruppen getrennten Printmedien und der elektronischen Medien sein, sondern auch der Vergleich zwischen öffentlich-rechtlichen und privaten Medien sowie zwischen einer exponierten Wahlkampf-Phase und einer Routine-Phase.

Armin Pircher (2000) und Brigitta Willeit (2001) haben sich in ihren Diplomarbeiten mit der Wahlkampfberichterstattung in den Printmedien während der Landtagswahlen von 1998 beschäftigt, Peter Daldos und Werner Tasser (2003) mit den elektronischen Medien im Wahljahr 1998. Fredi Oberegelsbacher (2004) und Elisabeth Ploner (2004) haben sich im Rahmen ihrer Diplomarbeiten über die Landtagswahlen 2003 mit den Printmedien auseinandergesetzt.

Die Analyse der Berichterstattung über die Landtagswahlen, den Wahlkampf und die wahlwerbenden Parteien kann für die hier aufgestellte Grundthese insofern als exemplarisch und besonders aufschlussreich angesehen werden, da das Parteiensystem Südtirols nach ethnischen Grundsätzen organisiert ist, was während des Wahlkampfs möglicherweise zu einer Verstärkung der ethnischen Logik in der Berichterstattung führt.

Neben den klassischen sozialen, konfessionellen, Zentrum-Peripherie, ökologischen und anderen Bruchlinien (Lipset/Rokkan 1967), längs derer sich Parteien herausbilden, ist Südtirols Parteiensystem von einer Hauptbruchlinie durchzogen, die alle anderen Bruchlinien überlagert. Entlang dieses *ethnischen cleavage* haben sich ethnische Parteien herausgebildet (Beyme 1982, 160, De Winter/Türsan 1998, Holzer 1991). Von ihrem ethnischen Selbstverständnis her betrachtet vertreten diese Parteien die Interessen nur ihrer jeweiligen Sprachgruppe, nicht die Interessen der anderen Sprachgruppen. Lediglich die Grünen als sprachgruppenübergreifende Partei entziehen sich dieser ethnischen Logik (Atz 2002, Facchinelli 2004). Die Einschränkung auf die jeweils eigene Sprachgruppe hat zur Folge, dass Südtirols Wahlarena in zwei (mit den Ladinern drei) ethnisch getrennte Subarenen zerfällt. Deutsche Parteien treten nicht in Wettstreit mit italienischen Parteien und umgekehrt.[2] Südtirols Parteiensystem ist „ethnisch versäult" (Pallaver 2004). Dementsprechend ist auch die Kommunikation der Parteien ethnisch determiniert und so gut wie ausschließlich auf die eigene Sprachgruppe bezogen. Wie diese Kommunikation von den Medien wahrgenommen, transformiert und transportiert wird, lässt sich aus den verschiedenen Arbeiten recht deutlich nachvollziehen.

Tabelle 1: Mandatsverteilung nach Sprachgruppen im Südtiroler Landtag – 2003 und 1998

	Deutsch 2003	Ladinisch 2003	Italienisch 2003	Deutsch 1998	Ladinisch 1998	Italienisch 1998	Änderung 2003–1998
Südtiroler Volkspartei	20	1		21			
Alleanza Nazionale			3			3	
Grüne-DPS	3*			1		1	+1
Union für Südtirol	2			2			
Die Freiheitlichen	2			1			+1
Pace e Diritti			1			1	
Unione Autonomista			1			2**	-1
Forza Italia			1			1	
Unitalia			1			1	
Ladins					1		-1
Alternativa Rosa							
Comunisti Italiani							
Lega Nord							
Insgesamt	27	1	7	25	1	9	
%	77,1	2,9	20,0	71,4	2,9	25,7	
Proporz laut Volkszählung	69,2	4,3	26,5	68,0	4,4	27,6	

* Der Landtagsabgeordnete Sepp Kusstatscher (deutsche Sprachgruppe) wurde im Juni 2004 auf der Liste der Grünen ins EU-Parlament gewählt, für ihn rückte Riccardo Dello Sbarba (italienische Sprachgruppe) in den Landtag nach.
** Von den unter Unione Autonomista angeführten Abgeordneten gehörte einer der Liste „Popolari – Alto Adige Domani", der andere der Liste „Il Centro – UDA" an.

Quelle: Atz 2004, 203.

Brigitta Willeit hat in ihrer Diplomarbeit zu den Landtagswahlen von 1998 die Berichterstattung der Tageszeitungen Dolomiten und Alto Adige verglichen und dabei ein besonderes Augenmerk auf das *ethnische cleavage* der Nachrichtenlage gelegt. Das Analysedesign betraf unter anderem die Präsenz der politischen Akteure und der Themen. Im Untersuchungszeitraum vom 26.10. bis 22.11.1998 (Wahltag: 22.10) hat sie 1917 Artikel in der Tageszeitung *Dolomiten* und 2379 Beiträge im *Alto Adige* untersucht (Willeit 2001, 13).

Das Ergebnis lässt sich kurz so zusammenfassen. In den beiden Tageszeitungen waren in den vier Untersuchungswochen, also in der heißen Phase des Wahlkampfes, von den 400 KandidatInnen der 13 wahlwerbenden Listen 88 (22%) in der Tageszeitung Dolomiten, 176 (44,5%) in der Tageszeitung Alto Adige vertreten. Im Alto Adige waren die KandidatInnen der italienischen Parteien im Vergleich zu den deutschen Parteien überdurchschnittlich stark vertreten. Zwei Drittel aller erwähnten KandidatInnen gehörten der italienischen Sprachgruppe an. Diese KandidatInnen erreichten bis zu zehn Präsenzen mehr als in der deutschsprachigen Tageszeitung.

Tabelle 2: Nennung von Kandidateten und Kandidatinnen in der Tageszeitung Dolomiten – Landtagswahlen 1998

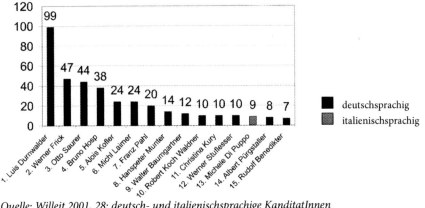

Quelle: Willeit 2001, 28; deutsch- und italienischsprachige KandidatInnen

Tabelle 3: Nennung von Kandidaten und Kandidatinnen in der Tageszeitung Alto Adige – Landtagswahlkampf 1998

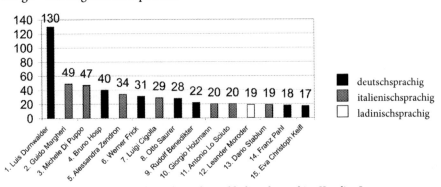

Quelle: Willeit 2001, 28; deutsch-, italienisch- und ladinischsprachige KandidatInnen

In der Tageszeitung Dolomiten war es genau umgekehrt. Fast zwei Drittel der erwähnten KandidatInnen gehörten deutschen und ladinischen Listen an. Im Ranking der ersten 15 KandidatInnen findet sich in den Dolomiten erst auf Platz 13 ein italienischer Kandidat. In der Tageszeitung Alto Adige befinden sich hingegen unter den ersten 15 Kandidaten nur sieben italienische. In beiden Medien besetzt der deutschsprachige Landeshauptmann Luis Durnwalder auf Grund seiner starken politischen Leadership und Kraft seines Amtes dominierend Platz eins. Dies wiederholt sich auch in der Bildpräsenz. Durnwalder bleibt in beiden Tageszeitungen der Spitzenreiter.

Nimmt man allerdings eine Gewichtung der Nennungen vor, indem man sämtliche Nennungen von politischen Akteueren nach Sprachgruppen summiert, so ändert sich das Bild. In der Tageszeitung Dolomiten wurden insgesamt zu 87% deutschsprachige Kandidaten, zu 11,2% italienischsprachige und zu 1,8 ladinischsprachige Kandidaten genannt. Im Alto Adige waren 49,6% deutschsprachige, 47,6% italienischsprachige und 2,8% ladinischsprachige Kandidaten (vgl. Willeit 2001, 28 und 80).

Der erwartete quantitative Unterschied im Themenranking während der Zeit des Intensivwahlkampfes blieb hingegen aus. Sowohl in der Tageszeitung Dolomiten als auch im Alto Adige entsprach die quantitative Rangordnung der Themen der einen Zeitung im großen und ganzen jener der anderen Zeitung. Größere Unterschiede gab es zwar bei der Berichterstattung über die Wahlen selbst, über den Sport und über das Justizwesen. Der Unterschied lässt sich unter anderem dadurch erklären, dass im Untersuchungszeitraum der Alto Adige vier Ausgaben mehr hatte, im Gegensatz zu den Dolomiten viele Sportberichte in den Bezirksseiten platziert waren (die Rubrik Sport war sonst nicht in die Analyse einbezogen worden) und eine höhere Berichterstattungsdichte aufwies. Da keine qualitative Analyse durchgeführt wurde, lässt sich nicht feststellen, ob die jeweiligen, quantitativ ausgewogenen Themen von einem „ethnischen" Gesichtspunkt aus behandelt worden sind oder nicht.

Schlüsselt man aber die Themen nach Parteien und ihrer ethnischen Zuordnung auf, so lassen sich dennoch markante Unterschiede herausfiltern. Das Thema Wirtschaft wurde in der Tageszeitung Dolomiten 284 Mal genannt, im Alto Adige 268 Mal. Es gab also keinen relevanten quantitativen Unterschied bei der Behandlung des Themas. Ethnisch aufgeschlüsselt dominierten in der Tageszeitung Dolomiten aber die deutschsprachigen Parteien das Thema mit 95%. Die Italiener kamen auf 3,9%, die Ladiner auf 1,1%. Im Alto Adige dominierten ebenfalls die deutschsprachigen Parteien mit 66,7%, die italienischen kamen auf 25,3%, die Ladiner und interethnischen Parteien auf 8,0%.

Bei den ethnisch brisanten Themen in der Tageszeitung Dolomiten gibt es eindeutige Präferenzen. Bei der Kultur wurde im „Tagblatt der Südtiroler" nur eine einzige deutschsprachige Partei genannt (SVP: 100%). Im Alto Adige wurden bei diesem Thema deutsch- und italienischsprachige Parteien gleich oft genannt (44,5%). Die ladinische Partei und die interethnischen Grünen kamen jeweils auf 5,5%.

Derselbe Trend lässt sich beim Thema Schule/Bildung feststellen. In den Dolomiten dominierten die deutschsprachigen Parteien mit 94,0%, die italienischen Parteien kamen auf insgesamt 6%. Im Alto Adige lagen die deutschsprachigen Parteien mit 52,8% vor den italienischsprachigen mit 44% und weit vor der ladinischen und interethnischen Partei mit insgesamt 3,2% (ebda).

Tabelle 4: Nennung von Themenfeldern in den Tageszeitung Dolomiten und Alto Adige – Landtagswahlkampf 1998

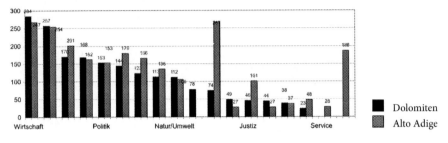

Quelle: Willeit 2001, 45 und 101; Dolomiten, Alto Adige

Wie aus der Aufschlüsselung der Themen abgeleitet werden kann, fällt die ethnische Zuordnung bei der deutschsprachigen Tageszeitung Dolomiten überdurchschnittlich stark aus, insbesondere, wenn es um ethnisch sensible Themen geht. Bei der italienischsprachigen Tageszeitung Alto Adige liegen die Anteile der italienischen Parteien sogar noch hinter dem Anteil der deutschsprachigen. Das hängt mit dem proporzmäßigen Übergewicht der deutschsprachigen Bevölkerung zusammen, mit einem Verhältnis von etwa drei zu eins bei der Anzahl der Mitglieder des Landtages und der Landesregierung zugunsten der deutschsprachigen Bevölkerung und mit der Ressortverteilung unter den Landesräten. Die Kompetenzen zu Schule/Bildung und Kultur sind allerdings im Gegensatz zur Wirtschaft, weil politisch sensibel, ethnisch gesplittet, sodass es einen deutschen und italienischen Landesrat für Schule/Bildung und für Kultur gibt.

Willeit kommt in ihrer Studie zum Schluss dass bei der Analyse der Präsenzen von Parteien und Kandidaten in den Dolomiten und im Alto Adige das ethnische Berichterstattungsmuster bestätigt wird. „Jede Zeitung widmet jenen Kandidaten und Parteien mehr Aufmerksamkeit, die der eigenen Sprachgruppe angehören" (Willeit 2001, 140).

Die Ergebnisse der Zeitungsanalyse, die Armin Pircher in seiner Diplomarbeit während eines anderen Untersuchungszeitraums durchgeführt hat (19.10.–21.11 1998), decken sich in etwa mit jenen von Brigitta Willeit. Das betrifft die Rangordnung der meistgenannten Kandidaten und Kandidatinnen wie auch die Themenfelder. Auch Pircher kommt zum Schluss, dass „jenen KandidatInnen mehr Aufmerksamkeit (geschenkt wurde), die der respektiven Sprachgruppe angehören" (Pircher 2000, 64). Im Gegensatz zur Tageszeitung Dolomiten widmete der Alto Adige der Diskussion rund um den Jmmersionsunterricht eine bedeutend größere Aufmerksamkeit. Der Immersionsunterricht gehört(e) zu einem positiv besetzten Thema unter den italienischsprachigen Parteien, unter den deutschsprachigen Parteien war dieses Thema hingegen negativ besetzt (Pircher 2000, 48–63).[3]

Ob sich bei der ethnischen Präsenz der Landtagskandidaten im Jahre 2003 eine Änderung im Vergleich zu den Landtagswahlen von 2003 ergeben hat, kann man den

Erhebungen von Fredi Oberegelsbacher entnehmen, der die beiden Tageszeitungen Dolomiten (148 Artikel) und Alto Adige (262 Artikel) im Zeitraum vom 26.9. bis 26.10 (Wahltag. 26.10.) untersucht hat. Es wurden dabei jene Artikel herangezogen, die einen expliziten Bezug zum Wahlkampf hatten (Oberegelsbacher 2004, 94).

Tabelle 5: Anzahl der Nennungen von Kandidaten und Kandidatinnen nach Sprachgruppen in den Tageszeitungen Dolomiten und Alto Adige – Landtagswahlkampf 2003

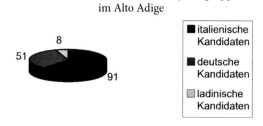

Quelle: Willeit 2001, 45 und 101.

In der Tageszeitung Alto Adige sind im Untersuchungszeitraum 400 Artikel erschienen, in denen Parteien genannt wurden. Die italienischen Parteien kamen dabei auf eine Nennquote von insgesamt 62,25%, die deutschen auf 28,75% (SVP: 24,25%), die interethnische und ladinische Liste gemeinsam auf 9%.

Im Vergleich dazu sind in der Tageszeitung Dolomiten 148 Artikel erschienen, in denen kandidierende Parteien für den Landtag genannt wurden. Die deutschsprachigen Parteien besetzen dabei 49,4% (SVP:35,5%), die italienischen 34,4%, die interethnische und ladinische Liste gemeinsam 16,2%. Wie wir sehen, findet sich in der deutschsprachigen Tageszeitung eine ausgeglichenere „ethnische" Berichterstattung als im Alto Adige.

Was die Sprachgruppen-Präsenz der Kandidaten und Kandidatinnen betrifft, also all jener Kandidaten und Kandidatinnen, die in der Berichterstattung genannt wurden, betrug in der Tageszeitung Alto Adige der Anteil der italienischsprachigen Kandidaten und Kandidatinnen 60,7%, jener der deutschsprachigen 34% und jener der ladinischen 5,3%. Im Ranking der meistgenannten Kandidaten lagen unter den ersten zehn Kandidaten acht italienischsprachige, wobei Platz eins sowohl in der Tageszeitung Alto Adige als auch in der Tageszeitung Dolomiten von Landeshauptmann Luis Durnwalder besetzt wurde, der nächste deutschsprachige Kandidat lag auf Platz neun. Unter den ersten 25 Kandidaten gab es zehn deutschsprachige und 15 italienischsprachige. Nimmt man eine Gesamtgewichtung vor, indem man die Anzahl aller genannten Kandidaten und Kandidatinnen nach Sprachgruppen summiert, so liegt die italienische Sprachgruppe bei 59%, die deutsche bei 39% und die ladinische bei 2%.

Die Sprachgruppen-Präsenz der Kandidaten und Kandidatinnen verteilt sich in der Tageszeitung Dolomiten wie folgt: 58,5% der genannten KandidatInnen gehörten der deutschen, 35,8% der italienischen und 5,7% der ladinischen Sprachgruppe an. Unter den ersten zehn KandidatInnen wurden nur deutschsprachige genannt, unter den ersten 25 gab es eine italienischsprachige Kandidatin auf Platz 13 und einen Ladiner auf Platz 21. Summiert man auch bei der Tageszeitung Dolomiten sämtliche Nennungen von Kandidaten und Kandidatinnen wie beim Alto Adige, so kommen die deutschsprachigen Kandidaten auf 86,5%, die italienischsprachigen auf 11,5% und die ladinischen auf 2%. Die gewichteten Nennungen sind ein aussagekräftiger Hinweis auf die ethnisch gespaltene, nach Sprachgruppen getrennte Berichterstattung und Bevorzugung von KandidatInnen der eigenen Sprachgruppe.

Tabelle 6: Summe der Nennungen aller KandidatInnen in den Tageszeitungen Dolomiten und Alto Adige und ethnische Zuordnung. Ein Vergleich der Landtagswahlen 2003–1998 (%)

	Dolomiten		Alto Adige	
	2003	1998	2003	1998
Deutsch	86,5	87	39	49,6
Italienisch	11,5	11,2	59	47,6
Ladinisch	2	1,8	2	2,8

Quelle: Willeit 2001; Oberegelsbacher 2004

Vergleicht man die Nennung der Kandidaten und Kandidatinnen auf der Grundlage ethnischer Zugehörigkeit in den beiden markrelevanten Tageszeitungen Südtirols, so können wir feststellen, dass die ethnische Zuordnung in der Tageszeitung Dolomiten fast ident geblieben ist. In der Tageszeitung Alto Adige hat sich das ethnische Verhältnis zugunsten der italienischen Sprachegruppe verschoben.

Elisabeth Ploner geht in ihrer Arbeit über die Landtagswahlen des Jahres 2003 über die Analyse der KandidatInnen und deren medialen Zuordnung nach ethnischen Kriterien hinaus und beschäftigt sich unter anderem auch mit den im Wahlkampf von den Printmedien aufgegriffenen politischen Themen (policy issues). In der Tageszeitung Dolomiten wird die Verbindung von Themenfeldern und Parteien von der SVP mit 86 Prozent dominiert, während diese in der Tageszeitung Alto Adige bei knapp 50 Prozent liegt (Ploner 2004, 115).

Unterschiede gab es auch in der jeweiligen Berichterstattung. In der deutschsprachigen Tageszeitung Dolomiten dominierten die Themenfelder Wirtschaft und Gesellschaft, in der italienischen Tageszeitung Alto Adige Sanität und Soziales. Schule, Bildung und Kultur spielten in der Tageszeitung Dolomiten eine weit größere Rolle als im Alto Adige, während bei letzterem wiederum Themen wie die stark ethnisch aufgeladene Frage der Toponomastik sowie der Wohnbau im Vordergrund standen (ebda, 118).

Auch Ploner kommt zum Schluss, dass die größten Unterscheide der Bericht-erstattung beider Tageszeitungen bei der Nennung der KandidatInnen zu finden sind. In der Tageszeitung Dolomiten sind die deutschsprachigen KandidatInnen, insbesondere jene der SVP, im Vergleich zu den anderen, vor allem italienischspra-chigen KandidatInnen überproportional vertreten. Die Tageszeitung Alto Adige ist im Vergleich zur Tageszeitung Dolomiten etwas weniger ethnisch dominiert, weil durch die starke Präsenz von Landeshauptmann Durnwalder ein gewisser Ausgleich herbeiführt wird. Aber ohne die Berichterstattung über den deutschsprachigen Lan-deshauptmann würde sich zwischen den beiden Tageszeitungen ein fast ethnisch spiegelgleiches Bild abgeben (ebda, 124).

Bezogen sich die drei bisher zitierten Arbeiten rein auf die Printmedien, so haben Peter Daldos und Werner Tasser in ihrer Diplomarbeit die beiden TV-Nachrichten-sendungen der RAI während des Wahlkampfes 1998 untersucht. Es handelt sich um die deutschsprachige Tagesschau des Sender Bozen und um den italienischsprachi-gen Telegiornale Regionale (TGR). Der Untersuchungszeitraum erstreckte sich vom 22.10.bis zum Wahltag am 22.11.1998. Dieser Zeitraum wurde deshalb gewählt, weil der „Garante per la radiodiffusione e l'editoria", der Garant für das italienische Medi-enwesen, für die 30 Tage vor den Wahlen gegenüber den Medien bestimmte Regeln für die Berichterstattung erlassen hatte, um die mediale „par conditio" zu gewähr-leisten. Insgesamt wurden 117 Sendungen untersucht, 30 Sendungen der Tagesschau (tägliche Ausgabe um 20 Uhr) und 117 des TGR (drei Ausgaben jeweils um 14,00 Uhr 19.30 Uhr und ca. 22.45 Uhr). Innerhalb der Sendungen wurden jene Beiträge analysiert, in denen Landtagskandidaten genannt wurden, im O-Ton zu hören oder im Bild zu sehen waren (Daldos/Tasser 2003, 13).

Beim Parteienranking (Summe der Nennungen und O-Töne aller Kandidaten und Kandidatinnen einer Partei) in der deutschsprachigen Tagesschau kamen die drei kandidierenden deutschsprachigen Parteien auf 80,33%, die italienischspra-chigen auf 10,93% und die ladinischsprachigen auf 8,74%. Im TGR kamen die italieni-schen Parteien auf 40,26%, die deutschsprachigen auf 55,03% und die Ladiner auf 4,71%.

Noch markanter wird das Bild bei der Analyse der direkten Redezeiten der einzel-nen politischen Akteure. Bei diesem Parteienranking dominieren die deutschspra-chigen Parteien mit 83,15%. Dasselbe Bild ergibt sich spiegelverkehrt beim TGR. Dort klettert der Anteil der italienischen Parteien im O-Ton sogar auf 92,4%.

Wichtige Hinweise gibt auch die inhaltliche Präsenz (Nennungen und O-Töne) der italienischsprachigen Kandidaten und Kandidatinnen in der Tagesschau. Von den insgesamt 258 italienischsprachigen Kandidaten und Kandidatinnen, die sich 1998 der Wahl gestellt hatten, waren in der Tagesschau lediglich vier präsent. Nur einer schaffte es, mit einem O-Ton ins Bild zu rücken. Im Kandidatenranking lagen die italienischsprachigen Kandidaten außerdem auf den hinteren Rängen. Unter den ersten 16 Kandidaten waren nur zwei italienischsprachige Kandidaten präsent (4. und 10. Platz). Etwas besser schneidet der Kandidat der Liste Ladins ab, der in der Tagesschau Platz 6 erobert, weil er einen erfolgreichen Rekurs gegen das regio-nale Wahlgesetz durchgefochten hatte.

Die inhaltliche Präsenz von Kandidaten und Kandidatinnen im TGR weist in eine andere Richtung, wie wir bereits gesehen haben. (55,03% deutschsprachige, 40,26% italienischsprachige und 4,71% ladinischsprachige Parteien). Im TGR kommen von insgesamt 122 deutschsprachigen Kandidaten 14 vor, was einem Prozentsatz von 11,5 entspricht. Umgekehrt lag dieser Prozentsatz beim TGR bei 1,5 Prozent. Der TGR weist einen inhaltlichen Überhang zugunsten der deutschsprachigen Kandidaten auf. Die italienische Sprachgruppe ist mit über 40 Prozent in den eigenen Sendungen weniger vertreten als die deutschsprachigen Akteure im sprachlich eigenen Medium.

Tabelle 7: Inhaltliche Präsenz von Kandidaten und Kandidatinnen (Nennungen und O-Töne) in den TV-Nachrichtensendungen der RAI – Landtagswahl 1998

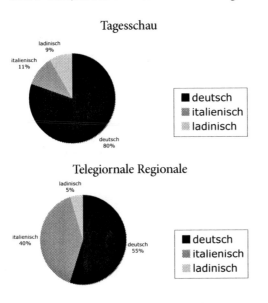

Quelle: Daldos-Tasser 2003, 196.

Ebenso vielsagend ist die Aufschlüsselung der Daten, die sich auf die inhaltliche Präsenz (O-Töne und Nennungen) der Mitglieder der Landesregierung nach Sprachgruppen beziehen. Von den elf Mitgliedern der Landesregierung gehörten 8 Mitglieder der deutschen und 3 der italienischen Sprachgruppe an. Alle drei italienischen Mitglieder der Landesregierung, wovon ein Vertreter auch Landeshauptmannstellvertreter war, waren im Untersuchungszeitraum weder mit einem O-Ton in der Tagesschau präsent noch wurden sie dort genannt.

Im TGR kamen von den 8 deutschsprachigen Landesräten drei nicht vor, die Rangordnung der meisten Präsenzen führte ein italienischer Landesrat an.

Beim Themenfeldranking finden sich unter den ersten 15 Themen in der Tagesschau elf auch im TGR, auch die quantitative Präsenz der Themen weicht nicht sonderlich voneinander ab. Die in der Liste der ersten 15 nicht vorhandenen Themen in einer TV-Ausgabe kommen mit jeweils geringeren Prozentsätzen in der Rangordnung der anderen TV-Anstalt dennoch vor.

Auch hier ist es sinnvoll, die Themen den Kandidaten und Kandidatinnen nach Sprachgruppen zuzuordnen. Beim Thema Kultur dominieren die deutschsprachigen Parteien in der Tagesschau mit 88,46%, im TGR die italienischen mit 63,64%. Beim Thema Schule/Bildung sind die Prozentsätze fast ident. Tagesschau: 82,69% deutschsprachige Kandidaten, TGR 84,80% italienischsprachige Kandidaten (Daldos/Tasser 2003, 134–162).

Die beiden Autoren Daldos/Tasser kommen zum Schluss, dass sich „die Tagesschau inhaltlich eindeutig als Sprachrohr der deutschsprachigen Landtagskandidaten, und hier vor allem der SVP," präsentiert, während sich der TGR „bei der Anzahl der präsentierten Kandidaten noch eindeutiger als Sprachrohr der italienischsprachigen Kandidaten" positioniert (Daldoss/Tasser 2003, 239).

Tabelle 8: Nennungen von politischen Akteuren in den Tageszeitungen und in den Nachrichtensendungen der RAI – Landtagswahlkampf 1998 (%)

	Dolomiten	Alto Adige	Tagesschau	Telegiornale
Deutsch	87	49,6	68,2	60,6
Italienisch	11,2	47,6	16,7	34,2
Ladinisch	1,8	2,8	15,1	5,2

Quelle: Willeit 2001; Daldos-Tasser 2003 und eigene Berechnungen.

Wenn wir die Landtagswahlen von 1998 ansehen, so können wir sehen, dass die deutschsprachigen Kandidaten und Kandidatinnen bei den Nennungen in allen für die Untersuchung herangezogenen Medien an erster Stelle liegen. Am eindeutigsten in der Tageszeitung Dolomiten (87%). Die italienischen Kandidaten schneiden am besten in der Tageszeitung Alto Adige ab. Ein völlig anderes Präsenzbild ergibt sich hingegen, wenn bei den italienischsprachigen Kandidaten die O-Töne herangezogen werden. In diesem Falle liegen sie in den elektronischen Medien vor den deutschsprachigen Kandidaten.

2. Gemeinderatswahlen

Neben den Landtagswahlen liegt uns eine sehr umfangreiche Medien-Analyse der Gemeinderatswahlen vom Mai 2005 vor. Anlässlich dieser Wahlen hat der Landesbeirat für Kommunikationswesen des Südtiroler Landtages das Institut für Medienanalyse Mediawatch (Innsbruck) beauftragt, die in Südtirol relevantesten Print- und elektronischen Medien hinsichtlich der Wahlkampf-Berichterstattung über die Gemeinden Bozen, Meran, Brixen und St. Ulrich zu analysieren.

Von den Printmedien wurden in die Untersuchung miteinbezogen: Die Tageszeitungen Dolomiten, Die neue Südtiroler Tageszeitung (beide deutschsprachig), Alto Adige, Corriere dell'Alto Adige (beide italienischsprachig); die Wochenzeitungen ff – Südtiroler Wochenmagazin (deutschsprachig), La Usc di Ladins (ladinischsprachig), sowie die beiden Bezirkszeitungen Die BAZ – Burggräfler Allgemeine Zeitung und Der Brixner – Unabhängige Monatszeitschrift für Brixen und Umgebung (beide deutschsprachig). Von den elektronischen Medien wurden neun Radio- und Fernsehanstalten untersucht. Fernsehen: Rai3/TG Regionale, Video Bolzano 33/Telegiornale (beide italienischsprachig), Rai Sender Bozen/Tagesschau, ORF/Südtirol heute (beide deutschsprachig), Rai Sender Bozen/Trail (ladinischsprachig). Radio: Radio Rai/TGR Giornale Radio, Rai Sender Bozen/Mittagsmagazin, Radiogemeinschaft Südtirol/Südtirol Journal Mittagsmagazin (beide deutschsprachig), Rai Sender Bozen/Nutizies por i Ladins (ladinischsprachig). Ausgangspunkt der Untersuchung war die redaktionelle Berichterstattung zu den BürgermeisterkandidatInnen im Untersuchungszeitraum vom 4. April bis 8. Mai 2005. Obgleich die Berichterstattung nicht nach ethnischen Gesichtspunkten untersucht wurde, lassen sich indirekt dennoch einige Schlussfolgerungen daraus ziehen.

Nicht überraschend ist das Ergebnis, dass die ladinischen Medien zu etwa 85 Prozent ausschließlich über die Bürgermeisterkandidaten des ladinischen Hauptortes St. Ulrich berichtet haben. Bei den deutsch- und italienischsprachigen Medien gibt es ein Übergewicht in der Berichterstattung der Bozner Bürgermeisterdirektwahl, weil es sich hier um die Landeshauptstadt handelt (Mediawatch 2005, 23).

Trotz mehrerer KandidatInnen, die in der Landeshauptstadt Bozen antraten, hatten wegen der Direktwahl des Bürgermeisters (absolutes Mehrheitswahlsystem mit Stichwahl, wenn keiner der KandidatInnen eine absolute Mehrheit erzielt) nur zwei Kandidaten eine reelle Chance, die Wahl bereits im ersten Durchgang zu gewinnen. Deshalb konzentrierte sich die Berichterstattung logischerweise auf den Spitzenkandidaten und scheidenden Bürgermeister des Mitte-Links-Bündnisses Giovanni Salghetti-Drioli und den Kandidaten des Mitte-Rechts-Bündnisses Giovanni Benussi, beides italienischsprachige Kandidaten. Dadurch lässt sich rein quantitativ eine ethnische Berichterstattung schwer nachvollziehen.

Dennoch lässt sich indirekt ein ethnozentristischer Trend feststellen. Die Tageszeitung Dolomiten sowie das Südtirol Journal berichteten beispielsweise vornehmlich über den deutschsprachigen Bürgermeisterkandidaten Elmar Pichler Rolle (Südtiroler Volkspartei), das Südtirol Journal klammerte den Kandidaten Benussi von seiner Berichterstattung völlig aus, das ladinische TV-Nachrichtenprogramm Trail berichtete ausschließlich über Pichler Rolle (Mediawatch 2005, 26). Als dritter Kandidat hatte Pichler Rolle zwar keine Chance auf das Bürgermeisteramt, dennoch wurde er von den genannten Medien (ethnisch) bevorzugt.

Beim Ranking der Themen der einzelnen Bürgermeister-KandidatInnen lässt sich herauslesen, dass explizit ethnische Themen wie das Zusammenleben der Sprachgruppen oder deren kulturelle Identität im Wahlkampf nur eine untergeordnete Rolle gespielt haben. Die Untersuchung hat allerdings auf eine entsprechende Detailanalyse verzichtet. Insgesamt konnte festgestellt werden, dass die Berichterstattung über die einzelnen BürgermeisterkandidatInnen im wesentlichen neutral war (Mediawatch 2005, 7).

Derselben Trend lässt sich bei den Stichwahlen in den Gemeinden Bozen, Meran und Brixen während des Untersuchungszeitraums vom 9. bis 22. Mai 2005 feststellen. Auch bei der Stichwahl erfolgte die Berichterstattung im wesentlichen neutral, explizit ethnische Themen spielten nur eine untergeordnete Rolle, wenngleich auch im zweiten wie schon im ersten Wahlgang auf eine ethnische Feinanalyse verzichtet worden war (Mediawatch 2005a).

Berichterstattung in einer Routine-Phase

Die bisherigen Untersuchungsergebnisse über die ethnische Berichterstattung haben sich auf Wahlkampf-Phasen bezogen, die einer Reihe von Besonderheiten unterliegen. Ob sich die Logik ethnischer Berichterstattung auch in einer Routine-Phase fortsetzt, haben Heinrich Tschigg und Magdalena Amhof in ihrer Diplomarbeit aus dem Jahre 2003 untersucht, bei der es um die Analyse der Präsenzen, des Themen-Handlings und der Nachrichten-Geographien entlang des *ethnischen cleavage* der vier Tageszeitungen *Dolomiten, Neue Südtiroler Tageszeitung, Alto Adige* und *Il Mattino* sowie der Nachrichtensendungen der Rai ging. Untersucht wurden die deutschsprachigen TV-Nachrichtensendungen der Rai-Sender Bozen: Tagesschau (20.00 Uhr), Tageschau 10 nach 10 (22.10 Uhr), die italienischsprachigen regionalen TV-Nachrichtensendungen: TGR Regionale (14.00 Uhr, 19.30 Uhr, ca. 23 Uhr) sowie die ladinischen TV-Nachrichten TRAIL (19.55). Außerdem wurden die Radionachrichten in den drei Landessprachen untersucht: Die stündlichen Nachrichten der deutschsprachigen RAI-Sender Bozen, das Mittagsmagazin und die Morgengespräche, der drei Mal täglich gesendete italienischsprachige Notiziario und die ladinischen Nutizies por i Ladins.

Entlang der Achsen „deutsch-italienisch-ladinisch" sowie „öffentlich-rechtlich versus privat" wurde die tagesaktuelle Berichterstattung in den Wochen vom 4.3.–10.3.2002 sowie vom 6.5.–12.5.2002 untersucht. Insgesamt wurden 244.996 (rund 68 Stunden) Radio- und TV-Sekunden sowie 5.489 Zeitungsartikel ausgewertet (Tschigg/Amhof 2003, 49–52).

Bei der quantitativen Verteilung der Nennungen der einzelnen politischen Akteure in der Tageszeitung Dolomiten liegen die deutschsprachigen Akteure bei 76,63%[4] (SVP: 60,30%), bei der Neuen Südtiroler Tageszeitung bei 70,14% (SVP: 50,19%). Bei der italienische Tageszeitung Alto Adige kamen die italienischen PolitikerInnen bei den Nennungen auf 57,60%, beim Il Mattino auf 62,90%. Unter allen politischen Akteuren kamen auch in den italienischsprachigen Tagezeitungen die VertreterInnen der SVP auf die höchsten Prozentsätze: Alto Adige 34,34%, Il Mattino 30,97%.

In den deutschsprachigen TV-Nachrichten des Sender Bozen waren im Untersuchungszeitraum die O-Töne der einzelnen politische Akteure zu 95,65% deutschsprachig, zu 1,29% italienischsprachig und zu 3,06% ladinischsprachig. Bei den Nennungen der politischen Akteure gab es einen kleinen Unterschied zu den O-Tönen. Genannt wurden 82,19% deutschsprachige, 16,94% italienischsprachige und 0,87% ladinischsprachige Akteure.

Der italienischsprachige regionale Telegiornale der RAI-TV wies im Untersuchungszeitraum 52,78% italienischsprachige O-Töne von PolitikerInnen auf, 42,40% deutschsprachige und 4,82% Wortmeldungen von ladinischen politischen Akteuren. Bei den Nennungen gab es fast einen Ausgleich zwischen den italienischsprachigen (50,24%) und den deutschsprachigen politischen Akteuren (48,24%). Die Ladiner lagen bei 1,52%.

Die Radio-Nachrichten des Sender Bozen wiesen im Vergleich zu den TV-Nachrichten einen Unterschied von etwa zehn Prozent auf. Bei den O-Tönen lagen die deutschsprachigen Akteure mit 86,56% in Führung vor den italienischsprachigen mit 10,07% und den Ladinern mit 3,37%. Bei den Nennungen kamen die deutsch-sprachigen Politiker und Politikerinnen auf 69,06%, die Italiener auf 27,94% und die Ladiner auf 3,00%.

Beim Notiziario, also bei den italienischsprachigen Radionachrichten, lag der Anteil der italienischsprachigen O-Töne bei 89,96%, jener der deutschsprachigen bei 10,04%. Bei den Nennungen war das Verhältnis viel ausgeglichener. 55,13% Italiener, 44,87% Deutsche.

Bei den ladinischen TV-Sendungen und Radionachrichten fällt auf, dass sowohl bei den O-Tönen als auch bei den Nennungen keine italienischsprachigen politische Akteure aufschienen.

Die Untersuchung über die politischen Akteure und Parteien entlang einer sprachlichen Zuordnung sowohl was die O-Töne als auch die Nennungen betrifft, lässt auch in einer Phase der politischen Routine einen eindeutigen Trend erkennen. In den jeweils ethnisch genau definierten Medien sind zum überwiegenden Teil die politischen Akteure der jeweiligen eigenen Sprachgruppe vertreten. Die O-Töne deutschsprachiger Akteure bewegen sich in den deutschsprachigen elektronischen Medien in einer Bandbreite zwischen 75% und 95%, bei den Nennungen zwischen 66% und 82%. Bei den deutschsprachigen Printmedien (Nennungen) liegt die Bandbreite zwischen 67% und 77%.

Dasselbe gilt auch für die italienischsprachigen Medien, wenngleich hier die Bandbreite bei den O-Tönen etwas größer ist. Bei den elektronischen Medien bewegen sich die O-Töne der jeweils eigenen Sprachgruppe zwischen 50,24% und 89,96%, bei den Printmedien zwischen 57,60% und 62,90%.

Die Gründe für die quantitativen Unterschiede zwischen deutsch- und italienischsprachigen Medien in der ethnischen Berichterstattung liegen im numerischen Verhältnis der Sprachgruppen und der damit zusammenhängenden Konsequenz in einem ethnisch definierten Parteiensystem, sowie in der proportionalen ethnischen Verteilung der Abgeordneten im Landtag und in der Landesregierung (Atz 2004, Pallaver 2004). Trotz des alle Institutionen durchziehenden ethnischen Proporzsystems ist das Amt des Landeshauptmannes ein monokratisches, kein duales etwa nach Art des Staatsoberhauptes der Republik San Marino mit zwei Regenten. Dadurch nimmt der Landeshauptmann kraft seines Amtes und seiner Funktion als „primus inter pares" eine besondere politische Stellung ein, deren politische Zentralität sich auch medial niederschlägt. Sowohl bei den deutschsprachigen als auch bei den italienischsprachigen Medien ist der Landeshauptmann im Ranking der meistgenannten Politiker sowie bei den O-Tönen in der Regel immer an erster Stelle. Seine zentrale politische und institutionelle Position zwingt die italienischen Medien sozusagen zu einem „Systembruch".

Auffällig ist allerdings, dass es bei den elektronischen Medien einen zum Teil auch deutlichen Unterschied zwischen den Nennungen der politischen Akteure und den O-Tönen gibt. In den deutschsprachigen TV-Nachrichten werden italienischsprachige Politiker zwar genannt (16,94%), diese kommen aber im O-Ton nur zu 1,29% vor. Ein etwas entschärfteres Bild ergibt sich bei den Radionachrichten (Nennungen: 27,94%, O-Töne: 10,07%). Dasselbe gilt, wenn auch mit einigen Unterscheiden, bei den italienischsprachigen elektronischen Medien. Bei den TV-Nachrichten des TGR werden die deutschsprachigen Politiker fast gleich oft genannt und direkt geschaltet

(Nennungen: 48,24%, O-Töne: 42,40%). In den Radionachrichten gibt es hingegen einen viel größeren Unterschied: Nennungen deutschsprachiger Akteure 44,87%, O-Töne aber nur 10,04%.

Für diesen Unterschied zwischen O-Tönen und Nennungen gibt es im wesentlichen zwei Gründe. Da gibt es einmal die Logik der ethnischen Trennung, die nicht nur das politische System prägt, sondern auch die Psychostruktur der einzelnen Menschen, die als innere Barriere die Kommunikation und Kooperation unter den Sprachgruppen stark erschwert (Baur 2000, 235–241). Deshalb tendieren Journalisten in Südtirol unbewusst dazu, Gesprächs- und Interviewpartner aus der eigenen Sprachgruppe auszuwählen, sofern nicht klare institutionelle Vorgaben gegeben sind.[5]

Zum anderen hängen die „ethnischen" Unterschiede zwischen den Nennungen und O-Tönen der politischen Akteure auch vom redaktionsinternen Tagesablauf ab. In der Regel sprechen die deutschsprachigen politischen Akteure die zweite Landessprache in einem Ausmaße, das als durchschnittlich bis sehr gut bewertet werden kann. Umgekehrt ist dies nicht bei allen italienischsprachigen politischen Akteuren der Fall. Rein arbeitstechnisch ist die Produktion eines O-Tons in einer anderen als der Sprache des Senders weit aufwendiger als wenn keine Übersetzung hergestellt werden muss. Der in einem solchen Fall anfallende Arbeitsaufwand und der Druck beim grundsätzlich immer knapper werdenden Zeitbudget verleiten die Redakteure vielfach, den leichteren Weg zu gehen und somit einsprachige Personen, die die Sprache des Senders nicht beherrschen, zu meiden.

Bei Nachrichten hingegen, die von außen kommen und nicht selbst recherchiert werden, wie beispielsweise bei Agenturmeldungen oder Pressemitteilungen, fallen diese Vorbehalte weg. Neben dem ethnischen Nachrichtenwert liefern solche redaktionsinternen Logiken eine Erklärung für die besonders großen Unterschiede bei den O-Tönen von politischen Akteuren.

Interessant ist der Versuch von Tschigg und Amhof, über die Analyse der einzelnen Tagesthemen in den Print- und elektronischen Medien festzustellen, ob es in einem gewissen Sinne „ethnische" Themen gibt, die von bestimmten Medien einer Sprachgruppe bevorzugt oder gar nicht behandelt, dieselben Themen von den Medien der anderen Sprachgruppe aber umgekehrt nicht/kaum oder sehr wohl aufgegriffen werden.

Um in dieser Frage einen eindeutigen Beweis antreten zu können, ist der Untersuchungszeitraum von zwei Wochen relativ kurz, weil die Rahmenbedingungen einer solch begrenzten Zeitspanne im Vergleich zum Restjahr eine Reihe von Besonderheiten aufweisen können, die das Ergebnis verzerren würden. Auch wenn ein empirisch abgesichertes „ethnisches" Themensplitting nicht erbracht werden kann, soll dennoch auf die punktuellen Unterschiede aufmerksam gemacht werden, die sich in der ethnischen Berichterstattung der Medien erkennen lassen.

Wenden wir uns den elektronischen Medien zu. Als erstes fällt auf, dass es in den beiden Untersuchungswochen Themen gab, die innerhalb einer Sprachgruppe stark, in der anderen hingegen kaum präsent waren. Ein quantitatives Übergewicht bei der Berichterstattung über einzelne Themen gab es allerdings weniger in den deutsch- als vielmehr in den italienischsprachigen Medien. Das betraf die Berichterstattung über die Beeinträchtigung der Luftqualität in der Landeshauptstadt Bozen, über das

Südtiroler Rundfunkgesetz, über die Unterschriftenfälschungen für die Kandidatur zum römischen Parlament des katholischen Zentrumspolitikers Sergio Mattarella in einem Südtiroler Wahlkreis oder über eine Tagung zur Multikulturalität. Bei all diesen Themen gab es ein signifikant starkes Übergewicht der Berichterstattung in italienischen Medien.

Noch aufschlussreicher sind aber jene Themenfelder, über die nur jeweils eine Sprachgruppe in ihren Medien berichtete. Über die Lawinengefahr im Lande, den Südtirol-Besuch der österreichischen Außenministerin Benita Ferrero-Waldner, über das Treffen der Südtiroler Bürgermeister haben die italienischen Medien nicht berichtet, über die budgetäre Situation im Südtiroler Gesundheitswesen haben die deutschsprachigen Medien nicht berichtet, über die Erschließung des Skigebiets rund um die Marmolada haben nur die ladinischen Medien berichtet (ebda, 204–225).

Diese unterschiedliche Gewichtung der Berichterstattung in den elektronischen Medien setzt sich in den Printmedien fort, allerdings mit dem Unterschied, dass von keiner Tageszeitung ein relevantes Thema ausgeklammert wurde, das nicht auch in der Tageszeitung der anderen Sprachgruppe zumindest angeschnitten worden wäre.

Genauso wie in den elektronischen Medien wurde in den italienischen Tageszeitungen Alto Adige und Il Mattino dem Fall Mattarella eine wesentlich größere Aufmerksamkeit gewidmet als in den deutschsprachigen Tageszeitungen (4 deutschsprachige gegenüber 33 italienischsprachigen Beiträge), ebenso der Problematik um die Sprachgruppenzugehörigkeitserklärung (4 zu 12), der Unregelmäßigkeiten bei der Volkszählung in Brixen (5 zu 21); der zweisprachigen Schule (8 zu 27) und dem Fall Zaffi, bei dem es um eine unkorrekte Geldverwaltung seitens eines hohen Beamten der Region Trentino-Südtirol ging (6 zu 36).

Auch bei den Printmedien gibt es für den Untersuchungszeitraum nur einige punktuelle Hinweise auf starke quantitative Unterschiede der Berichterstattung entlang ethnischer Logiken. Fest steht allerdings, wie etwa im Fall Mattarella für die italienischsprachigen oder im Fall der Lawinengefahr für die deutschsprachigen Südtiroler, dass beide Ereignisse nicht nur für eine Sprachgruppe einen Nachrichtenwert gehabt hätten (ebda, 226–238).

In einem letzten Kapitel beschäftigen sich Tschigg und Amhof mit der *Nachrichtengeographie*. Damit sollte überprüft werden, über welche geographische Gebiete die Medien bevorzugt berichten. Dabei stand die These im Raume, ob deutschsprachige Medien auch über italienischsprachige Realitäten berichten und umgekehrt. Bei eindeutigen geographischen Präferenzen bestimmter Medien würde damit eine weitere Tendenz ethnischer Berichterstattung bestätigt werden, zumal die italienische Sprachgruppe auf wenige Zentren des Landes konzentriert ist. Allein in den beiden Städten Bozen und Leifers wohnen knapp 70% der italienischsprachigen Bevölkerung, der Rest in den größeren Städten wie Meran und Brixen verstreut (Landesinstitut für Statistik 2003, 114–115).

In den beiden Untersuchungszeiträumen gab es bei den audiovisuellen Medien des RAI-Sender Bozen in erster Linie Berichte, die das gesamte Land Südtirol als geographischen Bezugspunkt hatten. Im Ranking folgten die internationale Berichterstattung, Nachrichten aus Italien (ausgenommen die Region

Trentino-Südtirol und die Provinz Bozen), gefolgt von den einzelnen Bezirken Südtirols, wobei der künstliche Bezirk mit dem stärksten nachrichtlichen Niederschlag jener von Bozen/Leifers war. Bei den deutschsprachigen Printmedien lag das Schwergewicht bei der Berichterstattung über Südtirol. Insgesamt ließ sich kein markanter Trend, sondern eher eine ausgeglichene geographische Berichterstattung feststellen. Im Gegensatz zur italienischsprachigen Bevölkerung, die auf wenige geographische Zentren konzentriert ist, ist die deutschsprachige Bevölkerung über das ganze Land verteilt, was Auswirkungen auf die Bezirksberichterstattung hat.

Anders präsentieren sich hingegen die italienischen elektronischen Medien. Hier dominierten im Untersuchungszeitraum die Nachrichten aus der Nachbarprovinz Trient. Rund 40% aller Berichte in den TV-Sendungen des TGR und im Radio wiesen nachrichtengeographisch nach Trient. Berichte aus Südtirol nahmen den zweiten Rang ein, allerdings lag deren Gewicht nur bei 25%. Dazu ist anzumerken, dass die italienischen Nachrichten regional, also für die beiden Provinzen Trient und Bozen gemeinsam produziert werden und deshalb eine starke Trentiner nachrichtliche Präsenz vorhanden ist.

In den italienischsprachigen Printmedien überwiegen Beiträge über Südtirol (Alto Adige) und über die Region Trentino-Südtirol (Il Mattino). Bei den ladinischsprachigen Sendungen in Rundfunk und Fernsehen überwiegen Berichte aus den ladinischen Tälern.

Tabelle 9: Prozentuelle Verteilung der Wohnbevölkerung in den Bezirken laut Volkszählung 2001

Bezirksgemeinschaften	Italienisch	Deutsch	Ladinisch
Vinschgau	3,06	96,84	0,10
Burggrafenamt	21,06	78,66	0,28
Überetsch-Unterland	31,57	68,05	0,38
Bozen	73,00	26,29	0,71
Salten Schlern	4,01	77,15	18,82
Eisacktal	13,22	85,76	1,02
Wipptal	14,32	85,31	0,37
Pustertal	5,64	80,96	13,40

Quelle: Landesinstitut für Statistik 2003, (2003), 116

Wie aus der Tabelle über die Bevölkerungsverteilung in den jeweiligen Bezirken ersehen werden kann, wohnt die italienischsprachige Bevölkerung Südtirols in erster Linie im Raum Bozen (im Bezirk sind es insgesamt 73%), im Überetsch-Unterland (31,57%) und im Burggrafenamt (21,06%).

Auch wenn Tschigg/Amhof bei ihrer Untersuchung eine etwas andere „mediale" Bezirkseinteilung vorgenommen haben, lassen sich dennoch Vergleiche anstellen.

Tabelle 10: Bezirksberichterstattung in den vier Tageszeitungen Südtirols

	Dolomiten	Alto Adige	Il Mattino	Neue Südtiroler Tageszeitung
Vinschgau	13,0	2,5	3,5	3,1
Burggrafenamt	14,9	**17,3**	**21,5**	**17,5**
Überetsch-Unterland	13,6	**18,3**	12,3	15,8
Bozen	**19,5**	**33,5**	**35,4**	**34,3**
Eisacktal-Wipptal	**21,6**	17,8	**21,2**	11,6
Pustertal	14,2	6,7	5,5	15,8
Ladinische Täler	3,2	3,9	0,6	1,9

Quelle: Tschigg-Amhof 2003; eigene Berechnungen.

Der medial am besten versorgte Bezirke ist Bozen. Die Gründe dafür sind offen-sichtlich. Bozen ist Landeshauptstadt, die politischen Institutionen, die zentra-len Dienste der öffentlichen Verwaltung usw. sind hier konzentriert. Die Print-medien haben in Bozen ihren Hauptsitz. Während des Untersuchungszeitraums unterhielten nur die Tageszeitung Dolomiten in fast allen Bezirken Bezirksre-daktionen, der Alto Adige und der Mattino nur in Meran und Brixen.

Die Berichterstattung in den Dolomiten ist geographisch relativ ausgeglichen. Markante Besonderheiten gibt es hingegen in den italienischsprachigen Tages-zeitungen. Die am besten versorgten Bezirke sind jene mit der verhältnismä-ßig größten italienischen Bevölkerungszahl. Im Alto Adige sind dies eindeutig der Bezirk Bozen, gefolgt vom Überetsch-Unterland, dem Burggrafenamt und dem Eisacktal-Wipptal; im Mattino ist es ebenfalls der Bezirk Bozen, sodann das Burggrafenamt und das Eisacktal/Wipptal. Über die anderen Bezirke, na-mentlich das Vinschgau, das Pustertal und die ladinischen Täler, berichten die italienischen Tageszeitungen kaum. Der Umstand, dass in diesen Bezirken eine verhältnismäßig geringe italienische Bevölkerung wohnt, führt dazu, dass es dort nur sehr wenige Ereignisse mit einem „italienischen Nachrichtenwerte" gibt. Und über Ereignisse, die nur die deutschsprachige Bevölkerung betrifft, wird offensichtlich kaum berichtet.

Ein ähnliches Bild ergibt sich bei den elektronischen Medien.

Tabelle 11: Bezirksberichterstattung in den beiden Nachrichtensendungen der RAI

	TV-Tagesschau Sender Bozen	Radio-Sender Bozen	TGRegionale	Notiziario
Vinschgau	12	9,6	7,8	6,1
Burggrafenamt	15,9	8,8	12,5	3,5
Überetsch-Unterland	15,9	12	6,9	4,3
Bozen	45,0	46,0	55,7	73,1
Eisacktal-Wipptal	8,6	11,8	9,3	6,1
Pustertal	2,6	11,5	7,8	6,9
Ladinische Täler	-	0,3	-	-

Quelle: Tschigg-Amhof 2003, eigene Berechnungen. Untersuchungszeitraum: 4.3.–10.3. und 6.5.–12.5.2002

Die elektronischen Medien akzentuieren im Vergleich zu den Printmedien noch zusätzlich ihre Bozen-zentrierte Berichterstattung. Das gilt für die deutschsprachigen Fernseh- und Radionachrichten, noch mehr aber für die italienischen Nachrichten, insbesondere bei den Radionachrichten (73,1%). Über alle anderen Bezirke wird sehr wenig berichtet.

Bei aller Vorsicht bei der Interpretation dieser Daten kann jedenfalls nachgewiesen werden, dass besonders die italienischsprachigen Medien über die Hälfte der Bezirke sehr wenig berichten. Und sie berichten besonders wenig von jenen Bezirken, in denen im Durchschnitt am wenigsten Italiener leben. Was diese Daten nicht beantworten können ist immer noch die Frage, ob auch bei einer quantitativ konsistenten Berichterstattung die Redaktionen Ereignisse selektieren, die ethnisch konnotiert sind. Über einen Bezirk könnte beispielsweise eine ethnisch determinierte Tageszeitung sehr ausführlich berichten, ohne jemals etwas über die andere Sprachgruppe zu schreiben.

Wenn man sich die Ergebnisse dieser Studie zusammenfassend ansieht, so kann der Trend einer ethnischen Berichterstattung durchaus bestätigt werden. Bezogen auf die Präsenz politischer Akteure in den deutschsprachigen Medien, unabhängig davon, ob es sich um Print- oder elektronische Medien handelt, lag das Verhältnis der ethnischen Berichterstattung bei etwa 80% (deutsch) zu 20% (italienisch). Dasselbe gilt auch für die italienischsprachigen Medien, allerdings nicht in diesem Ausmaß. Dort liegt das Verhältnis bei etwa 60% zu 40%.

Es lässt sich somit feststellen, wie Medien bestimmte Themen einer bestimmten Sprachgruppe zuordnen. Ist es nicht die eigene Sprachgruppe, verliert der Nachrichtenwert offensichtlich an Gewicht. So wurde beispielsweise das Treffen der Südtiroler Bürgermeister, von denen an die 95% der deutschen Sprachgruppe angehören, von den italienischen Medien ignoriert, weil das Ereignis offensichtlich als „deutsch" klassifiziert worden war. Da ohne ethnischen Nachrichtenwert für die eigene Zielgruppe, wurde das Thema offensichtlich fallengelassen. Seitenverkehrt präsentiert sich uns das Problem Mattarella. In diesem Fall wurde die Nachricht von den deutschsprachigen Medien, wenn überhaupt, dann nur sehr stiefmütterlich behandelt. Auch in diesem Falle wurde der Fall Mattarella eindeutig mit der italienischen Sprachgruppe in Verbindung gebracht, als ob die causa Mattarella nicht das gesamte Land betreffen würde.

Gibt es ein ethnisches Rollenverständnis der JournalistInnen?

Der Logik ethnischer Trennung in der Medienstruktur und in der medialen Berichterstattung müsste konsequenterweise ein „ethnisches" Rollenverständnis der Journalisten und Journalistinnen entsprechen. Unter Rollenverständnis wird hier ein vielschichtiges Einstellungskonstrukt verstanden, das im journalistischen Berufsalltag handlungsleitende Bedeutung erfahren kann (Esser/Weßler 2002, 188). Als handlungsrelevant einer solchen Rollenorientierung gelten Chancen und Wahrscheinlichkeiten, wonach sich ein bestimmtes Rollenverständnis auch im alltäglichen Berufshandeln niederschlägt (Scholl/Weischenberg 1998, 162), wobei dies im wesentlichen von drei Faktoren abhängt: von der redaktionellen Position und Entscheidungskompetenz der JournalistInnen, dem Grad redaktioneller Kontrolle und der publizistischen Linie bzw. Ausrichtung eines Mediums (Esser/Weßler 2002, 209–215; Plasser/Lengauer/Meixner 2004, 243–4).

Ob die Handlungsrelevanz des journalistischen Rollenverständnisses hoch ist, hängt wiederum mit der entsprechend hohen Übereinstimmung zwischen den ideologisch-politischen Einstellungen der JournalistInnen mit der redaktionellen Linie ihres Mediums zusammen, mit der geringen Distanz zwischen den politischen Einstellungen der JournalistInnen und ihrem Publikum, mit Ausnahmesituationen, bei denen die Aktions- und Interpretationslogiken der Journalisten stärker zum Tragen kommen als in Routinephasen, mit einem aktiven Rollenverständnis, das von einem kritischen, kontrollierenden und skepsis-orientierten Verständnis journalistischer Arbeit gegenüber institutionellen Akteuren und Eliten gekennzeichnet ist und schließlich mit einer flachen innerredaktionellen Entscheidungshierarchie und diffusen redaktionellen Auswahl- und Entscheidungsregeln (ebda). Zwischen Rollenverständnis und Art der Berichterstattung besteht allerdings „keine direkte, unilineare Kausalbeziehung" (Esser/Weßler 2002, 188).

Die Frage der Handlungsrelevanz professioneller Rollenbilder im Journalismus ist ein kontroversielles Thema in der empirischen Journalismusforschung. Dabei zeigen sich Tendenzen von neutral-vermittelnden Rollenbildern über missionarische Berufsmotivationen bis hin zur *watchdog*-Funktion. So kommen etwa die Autoren in einer fünf Länder Studie (Deutschland, Großbritannien, Italien, Schweden und den USA) zum Ergebnis, daß der deutsche Journalismus der am stärksten, der amerikanische und schwedische der am wenigsten parteilich geprägt ist (Donsbach/Patterson 2003). In einem 21 Länder-Vergleich konnte nachgewiesen werden, dass es eine starke kulturelle Prägung der jeweiligen Nachrichtensysteme und somit des Rollenverständnisses der Journalisten gibt (Weaver 1998, 478–480; Plasser/Lengauer/Meixner 2004, 250).

Über das Rollenverständnis der Südtiroler JournalistInnen liegt eine Untersuchung aus dem Jahre 2000 vor. Alexander Comploj und Harald Plieger haben im Rahmen ihrer Diplomarbeit über „Südtirols Medien und JournalistInnen" in ihrer empirischen Untersuchung aus dem Jahre 1999 in Anlehnung an die Arbeit von Matthias Karmasin „Journalismus ohne Moral?" (1995) mittels Fragebogen 464 Südtiroler Journalisten, Publizisten, Praktikanten und fixe freie Mitarbeiter aus dem Sektor der Print- und elektronischen Medien befragt (Rücklaufquote: 27,6%).[6] Alle Befragten waren in eine Redaktion eingebunden, davon waren 52,4% Berufsjournalisten, 21% Publizisten, 13,3% Praktikanten und 13,3% fixe freie Mitarbeiter, 73,8% waren männlichen und 26,2% weiblichen Geschlechts. 44,8% wiesen einen Oberschulabschluss (Matura), 45,7% einen Hochschulabschluss auf, 57,1% erklärten sich der deutschen, 33,3% der italienischen 6,7% der ladinischen und 2,9% einer anderen Sprachgruppe zugehörig (Comploj/Plieger 2000, 87–91).

Der Großteil der befragten Journalisten Südtirols sieht sich als neutralen Berichterstatter und liegt damit im Trend deutschsprachiger Journalisten in der Bundesrepublik Deutschland, der Schweiz und Österreichs der 90er Jahre. Neutral-aktuelle Informationsvermittlung, komplexe Sachverhalte erklären und vermitteln, eine neutrale und präzise Information und die Kritik an Missständen werden als die vier wichtigsten Zielfunktionen in der Bundesrepublik Deutschland angesehen, in der Schweiz sind es eine objektive Information und sachgerechte Interpretation, während in Österreich die Verbreitung von Informationen und die Realisierung journalistischer Objektivität an erster Stelle liegt (Vgl. Plasser/Lengauer/Meixner 2004, 246–254).

Neben der Rolle als neutrale Berichterstatter sehen sich die Südtiroler Journalisten als Förderer von neuen Ideen, als Sprachrohr der Leute, als Kritiker von Missständen und als Wächter der Demokratie. Am wenigsten sehen sie sich als Politiker mit anderen Mitteln, als Sprachrohr der eigenen Sprachgruppe und als Pädagogen (Comploj/Plieger 2000, 146–150). Lediglich die Ladiner weichen davon etwas ab.

Tabelle 12: Rollenverständnis der Südtiroler JournalistInnen nach Sprachgruppen

Deutsch	Italienisch	Ladinisch
Neutraler Berichterstatter (MW 1,79)	Sprachrohr der Leute (MW 2)	Unterhalter (MW 1,6)
Förderer von neuen Ideen (MW 2,15)	Förderer von neuen Ideen (MW 2,38)	Neutraler Berichterstatter (MW 2,17)
Kritiker von Missständen (MW 2,25)	Neutraler Berichterstatter (MW 2,39)	Förderer neuer Ideen (MW 2,2)
Sprachrohr der Leute (MW 2,5)	Kritik von Missständen (MW 2,45)	Sprachrohr der eigenen Sprachgruppe (MW 2,2)
Helfer und Berater (MW2,69)	Wächter der Demokratie (MW 2,85)	Kritiker von Missständen (MW 2,4)

MW (Mittelwert) : 1=stimme zu; 5=lehne ab.
Quelle: Comploj/Plieger 2000, 148.

Unter den Entscheidungsfaktoren für die Auswahl eines Ereignisses, wenn es also um die Bestimmung des Nachrichtenwertes geht, liegt der ethnische Gesichtspunkt unter den angegebenen Kriterien weit abgeschlagen auf Platz 13. An erster Stelle liegt die Aktualität.

Allerdings ist zwischen Eigen- und Fremdbeurteilung zu unterscheiden. Die meisten Journalisten und Journalistinnen Südtirols gehen nämlich von ihrer Fremdbeurteilung aus, es würde sehr wohl eine ethnisch determinierte Berichterstattung geben, schließen aber eine solche in ihrer eigenen Wahrnehmung für sich selbst aus. Wenn, dann sind es immer die anderen.

Was nun die Fremdbeurteilung betrifft, so sind 71,8% der befragten Journalisten der Meinung, dass in Südtirol einzelne Medien nur die Interessen einer Sprachgruppe vertreten oder für diese Partei ergreifen. 8,7% sind der Meinung, dass die Medien sprachgruppenunabhängig berichten. Im Gegensatz zu den Journalisten sind freie Mitarbeiter überzeugt, dass sogar 22% eine solche sprachgruppenübergreifende Berichterstattung betreiben.

Die Hälfte der JournalistInnen, die behaupten, Südtirols Medien würden ihre jeweilige Sprachgruppe bevorteilen, sind überzeugt, dass in erster Linie die deutsche Sprachgruppe bevorteilt wird, 39% die italienische und 11% die ladinische.

Differenziert man diese Daten nach Alter und Bildungsgrad, so lässt sich feststellen, dass die Mittlere Generation zwischen 20 und 44 Jahren am stärksten die Meinung vertritt (Mehrfachnennungen), dass Journalisten die jeweilige eigene Sprachgruppe bevorzugen: 62,1% schätzen, dass es eine stärkere Bevorzugung der deutschen Sprachgruppe gibt, 56,9% der italienischen und 57,1 der ladinischen. Unter der jüngsten Journalistengeneration zwischen 20 und 29 Jahren geht dieser Prozentsatz bereits stark zurück (deutsche Bevorzugung: 21,2%, italienische Bevorzugung: 27,5%, ladinische Bevorzugung: 14.3%), während die Journalistengeneration zwischen 45 und 59 Jahren mit Ausnahme der Ladiner die niedersten Prozentsätze aufweist (deutsch: 16,7%, italienisch: 15,6%, ladinisch 28,6%). Als besonders eindeutig „ethnisch" positioniert galten unter den Befragten die deutschsprachige Tageszeitung *Dolomiten* und die italienischsprachigen Tageszeitungen *Alto Adige* und *il Mattino*, der italienischsprachige TV-Sender *Video Bolzano 33* sowie der Radiosender *NBC*. Bei den Ladinern wurde auf die Wochenzeitung *Usc di ladins* verwiesen.

Drei Viertel der befragten Journalisten sind der Meinung, dass jene Medien, die eine Sprachgruppe bevorteilen, komplexe Zusammenhänge verändert darstellen. Implizit heißt dies, dass solche Verzerrungen zugunsten der jeweils eigenen Sprachgruppe erfolgen. Eine neutrale Berichterstattung wird unter solchen Rahmenbedingungen von den Befragten ausgeschlossen. Unter jenen, die der Meinung sind, dass Medien manchmal bis häufig eine verzerrte Darstellung der Realität wiedergeben, befindet sich ein Anteil von 52,3%, der eine „häufige" Bevorzugung der deutschen Sprachgruppe vermutet, 44% sind hingegen der Meinung, dass die italienische Sprachgruppe „häufig" bevorzugt wird, 50%, dass die Ladiner Vorteile haben (Mehrfachnennungen).

Resümee

Betrachtet man die einzelnen Studien über die Berichterstattung entlang des *ethnischen cleavage*, so lassen sich folgende Schlussfolgerungen ziehen.

Südtirols Medien unterliegen einer Berichterstattung nach ethnischen Logiken. Unterschiede zwischen einer Wahlkampf-Phase und einer Routine-Phase sind grosso modo nicht vorhanden. In den deutschsprachigen Medien dominieren deutschsprachige politische Akteure, in den italienischsprachigen sind die deutschsprachigen weit stärker präsent als die italienischsprachigen Akteure in den deutschsprachigen Medien. Das hängt mit dem medialen Präsenzbonus des (deutschsprachigen) Landeshauptmannes zusammen, mit der Größenordnung der Sprachgruppen, die im Landtag und in der Landesregierung in einem Verhältnis von rund 3 : 1 zueinander stehen.

Bei den O-Tönen in den elektronischen Medien kommt die jeweilige Zentrierung auf Akteure der eigenen Sprachgruppe besonders evident zum Ausdruck. Das gilt sowohl für die deutschsprachigen TV- und Radio-Nachrichtensendungen als auch für die italienischsprachigen.

Wenngleich die Behandlung von Themen zwischen den Medien der beiden großen Sprachgruppen quantitativ nicht stark voneinander abweicht, so kann man trotzdem feststellen, dass die Zuordnung von Themen stark ethnisch konnotiert ist. Dies gilt besonders bei deutschsprachigen Printmedien.

Bei der Analyse der Nachrichtengeographie, also über welche geographische Einheiten die Medien berichten, lässt sich bei den italienischsprachigen Nachrichtenproduzenten nachvollziehen, dass sie vor allem über jene Bezirke berichten, in denen die meisten Italiener Südtirols wohnen.

Schließlich gibt es ein ethnisch definiertes Rollenverständnis der Journalisten und Journalistinnen, allerdings nicht als Selbstzuschreibung, sondern als Fremdzuschreibung.

Als Abschluss kann bei aller Vorsicht der Interpretation der vorhandenen Daten festgestellt werden, dass es in Südtirol sehr wohl eine ethnisch determinierte Berichterstattung gibt, die sich unterschiedlich äußert, von einer Reihe von externen und internen Rahmenbedingungen abhängt, aber insgesamt Logiken folgt, die dem Grundtypus des politischen Systems des Landes entsprechen, das auf der Konkordanz der Eliten und der ethnischen Trennung der Institutionen und der Zivilgesellschaft aufbaut.

Anmerkungen

1 Vgl. den Beitrag von Leo Hillebrand in diesem Band.
2 Lediglich in den letzten Jahren wendet sich die Südtiroler Volkspartei in ihren Wahlaufrufen auch an die italienischsprachigen Südtiroler.
3 Vgl. dazu den Beitrag von Siegfried Baur in diesem Band.
4 Da die Grünen mit einer deutsch- und einer italienischsprachigen Abgeordneten im Landtag vertreten waren, wurden die Nennungen je zur Hälfte der einen und der anderen Sprachgruppe zugeordnet, wenngleich dies aus der Untersuchung nicht genau nachvollziehbar war. Diese Aufteilung wurde auch bei der Summierung der anderen Daten angewandt.
5 Vgl. dazu das Kapitel über das „ethnische" Rollenverständnis der Südtiroler Journalisten.
6 Über die methodischen Probleme der Erhebung vgl. Comploj/Plieger 2000, 79–81. Mit Stichtag 31.12.2003 waren im Berufsverzeichnis der Journalisten der Region Trentino-Südtirol 541 Journalisten eingetragen, davon lebten 324 in Südtirol (Ordine die Giornalisti 2004).

Literaturverzeichnis

Atz, Hermann (2002): Die Grünen in Südtirol. Profil und Wählerbasis einer inter-ethnischen Partei im ethnisch versäulten politischen System Südtirols, politik-wissenschaftliche Dissertation, Wien.

Atz, Hermann (2004): Die Landtagswahlen 2003 in Südtirol, in: Filzmayer, Peter – Plaikner, Peter – Cherubini, Isabella – Pallaver, Günther (Hg.): Jahrbuch für Politik Tirol und Südtirol 2003/La politica in Tirolo e in Sudtirolo 2003, Bolzano/Bozen, 196–217.

Baur, Siegfried – Gggenberg, Irma von – Larcher, Dietmar (Hg.) (1998): Zwischen Herkunft und Zukunft. Südtirol im Spannungsfeld zwischen ethnischer und postnationaler Gesellschaftsstruktur. Ein Forschungsbericht, Bozen.

Bettelheim, Peter – Benedikter, Rudolf (Hg.) (1982): Apartheid in Mitteleuropa? Sprache und Sprachenpolitik in Südtirol, Wien.

Beyme, Klaus von (1982): Parteien in westeuropäischen Demokratien, München.

Comploj, Alexander – Plieger, Harald (2000): Südtirols Medien und JournalistInnen. Eine empirische Untersuchung, politikwissenschaftliche Diplomarbeit, Innsbruck.

Daldoss, Peter – Tasser Werner (2003): TV-Wahlkampf: Eine Analyse der Südtiroler Nachrichtensendungen im öffentlich-rechtlichen Fernsehen (RAI) zu den Land-tagswahlen 1998, politikwissenschaftliche Diplomarbeit, Innsbruck.

De Winter, Lieven – Türsan, Huri (Hg.) (1998): Regionalist Parties in Western Europe, London-New York.

Donsbach, Wolfgang – Patterson, Thomas E. (2003): Journalisten in der politischen Kommunikation: Professionelle Orientierungen von Nachrichtenredakteuren im internationalen Vergleich, in: Esser, Frank – Pfetsch, Barbara (Hg.): Politische Kommunikation im internationalen Vergleich. Grundlagen, Anwendungen, Per-spektiven, Wiesbaden, 261–304.

Esser, Frank – Weßler, Hartmut (2002): Journalisten als Rollenträger: redaktionelle Organisation und berufliches Selbstverständnis, in: Jarren, Otfried – Weßler, Hartmut (Hg.): Journalismus – Medien – Öffentlichkeit, Wiesbaden, 165–240.

Facchinelli, Ingrid (2004): Verdi-Grüne-Verc – Farbe als Programm, in: Filzmayer, Peter – Plaikner, Peter – Cherubini, Isabella – Pallaver, Günther (Hg.): Jahrbuch für Politik Tirol und Südtirol 2003/La politica in Tirolo e in Sudtirolo 2003, Bolzano/Bozen, 136–146.

Galtung, Johan – Ruge, Mari Holmboe (1965): The structure of foreign news. The presentation of the Congo, Cuba and Cyprus crisis in four Norwegian newspa-pers, in: Journal of Peace Research 2, 65–91.

Holzer, Anton (1991): Die Südtiroler Volkspartei, Thaur.

Karmasin, Matthias (1995): Journalismus: Beruf ohne Moral?, Wien.

Lijphart, Arend (1977): Democracy in Plural Societies: A Comparative Exploration, New Haven.

Mediawatch (2005): Südtiroler Gemeinderatswahlen 2005. Untersuchungszeitraum: 4.April 2005 bis 8. Mai 2005. Erstellt für: Landesbeirat für Kommunikationswe-sen, Südtiroler Landtag, Innsbruck.

Mediawatch (2005a): Südtiroler Gemeinderatswahlen 2005 – Bürgermeister–Stichwahlen. Untersuchungszeitraum 9. bis 22. Mai 2005. Erstellt für: Landesbeirat für Kommunikationswesen, Südtiroler Landtag, Innsbruck.

Ordine dei Giornalisti. Consiglio Regionale Trentino Alto Adige/Journalistenkammer. Regionaler Kammerrat Trentino-Südtirol (2004): Albo dei Giornalisti del Trentino Alto Adige e degli iscritti agli elenchi annessi all'Albo al 31.12.2003/Berufsverzeichnis der Journalisten Trentino Südtirol Stand 31.12.2003, Trento (Supplemento al n. 10 di „Media").

Oberegelsbacher, Fredi (2004): Südtiroler Landtagswahlen 2003, politikwissenschaftliche Diplomarbeit, Innsbruck.

Pallaver, Günther (1996): Nationalismus und Kommunikation. Der TV- und Zeitungsblick über den ethnischen Schrebergarten, in: Nick, Rainer – Wolf, Jakob (Hg.): Regionale Medienlandschaften. Tirol, Südtirol und Vorarlberg, Innsbruck, 129–145.

Pallaver, Günther (2003): Südtirols Konkordanzdemokratie: Ethnische Konfliktregelung zwischen juristischem Korsett und gesellschaftlichem Wandel, in: Clementi, Siglinde – Woelk, Jens (Hg.): 1992. Ende eines Streits. Zehn Jahre Streitbeilegung im Südtirolkonflikt zwischen Italien und Österreich, Baden-Baden, 177–203.

Pallaver, Günther (2004): Südtirols Parteiensystem: Versuch einer Typologisierung nach den Landtagswahlen 2003, in: Filzmayer, Peter – Plaikner, Pater – Cherubini, Isabella – Pallaver, Günther (Hg.): Jahrbuch für Politik Tirol und Südtirol 2003/La politica in Tirolo e in Sudtirolo 2003, Bolzano/Bozen.

Pelinka, Anton (2003): Politik und Medien zwischen Modernität und Tradition, in: Clementi, Siglinde – Woelk, Jens (Hg.): 1992. Ende eines Streits. Zehn Jahre Streitbeilegung im Südtirolkonflikt zwischen Italien und Österreich, Baden-Baden, 205–209.

Pircher, Armin (2000): Die Landtagswahlen 1998 in Südtirol – Wahlkampf in den Printmedien und Wählerverhalten, politikwissenschaftliche Diplomarbeit, Innsbruck.

Plasser, Fritz – Lengauer, Günther – Meixner, Wolfgang (2004): Politischer Journalismus in der Mediendemokratie, in: Plasser, Fritz (Hg.): Politische Kommunikation in Österreich. Ein praxisnahes Handbuch (Schriftenreihe des Zentrums für angewandte Politikforschung, Bd. 29), Wien, 237–308.

Ploner, Elisabeth (2004): Landtagswahlen 2003 in Südtirol. Untersuchungen der Berichterstattung der Tageszeitungen „Dolomiten" und „Alto Adige", politikwissenschaftliche Diplomarbeit, Innsbruck.

Scholl, Armin – Weischenberg, Siegfried (1998): Journalismus in der Gesellschaft. Theorie, Methodologie und Empirie, Opladen – Wiesbaden.

Schulz, Winfried (1997): Politische Kommunikation. Theoretische Ansätze und Ergebnisse empirischer Forschung, Opladen-Wiesbaden.

Landesinstitut für Statistik/Istituto provinciale di statistica-astat (Hg.) (2003): Statistisches Jahrbuch für Südtirol/Annuario statistico della Provincia di Bolzano 2003, Bozen/Bolzano.

Tschigg, Heinz – Amhof, Magdalena (2003): Die „ethnische Berichterstattung des RAI Sender Bozen und des TG3 sowie der Tageszeitungen Dolomiten, Neue Südtiroler Tageszeitung, Alto Adige und Il Mattino. Eine Analyse der Präsenz-Konstellation, des Themen-Handlings und der Nachrichten-Geographien entlang des ethnischen Cleavage, politikwissenschaftliche Diplomarbeit, Innsbruck.

Waschkuhn, Arno (1999): Die politischen Systeme Andorras, Liechtensteins, Monacos, San Marinos und des Vatikan, in: Ismayr, Wolfgang (Hg.): Die politischen Systeme Westeuropas, Opladen, 697–712.

Weaver, David H. u.a. (2003): The American Journalist in the 21st Century: Key Findings, Miami.

Willeit, Brigitta (2001): Landtagswahlen 1998 in Südtirol. Die Berichterstattung der Tageszeitungen „Dolomiten" und „Alto Adige". Ein Vergleich, politikwissenschaftliche Diplomarbeit, Innsbruck.

Siegfried Baur

Ethnische Sprech- und Argumentations muster
Inhaltsanalytische Fallbeispiele aus Südtiroler Printmedien

1. Einleitung. Die unvermeidliche Begegnung mit dem Ethno-Thema oder ein Versuch der Erklärung

Warum werden Bewohner dieses Landes beim Lesen der Zeitungen und Zeitschriften so häufig mit ethnischen Sprech- und Argumentationsmustern konfrontiert bzw. daran erinnert, dass die „wirklichen Probleme" dieses Landes ethnische Probleme sind?

Ich habe in meinem Buch „*Die Tücken der Nähe*" (Baur 2000) versucht diese Frage unter verschiedenen Gesichtspunkten zu beantworten: unter dem Gesichtspunkt der Traumata, die im „kollektiven Gedächtnis" der Sprachgruppen gespeichert sind, der versäumten gemeinsamen Trauerarbeit, die die Bejubelung des deutschen Einmarsches am 8. September 1943 in einem noch grelleren „ethnischen Licht" erscheinen lässt, des Paradoxon der Herstellung von Nähe und ihrer gleichzeitigen Entwertung und des Mechanismus der sozialen Erzeugung von Distanz.

Ich bin zunehmend der Überzeugung, dass die zur Klasse der Paradoxien[1] gehörenden „*double-bind-situations*"[2] oder „*Doppelbindungssituationen*" (oder „*Zwickmühlen*"), in denen das Land Südtirol mit seiner „neurotischen" deutsch-italienischen Dichotomie gefangen ist und in denen auch viele Personen aller Sprachgruppen eingebunden sind, ein vernünftiges und nicht allzu spekulatives Interpretationsmuster abgeben.

„Eine in einer Doppelbindung gefangene Person läuft also Gefahr, für richtige Wahrnehmungen bestraft und darüber hinaus als böswillig oder verrückt bezeichnet zu werden, wenn sie es wagen sollte, zu behaupten, dass zwischen ihrer tatsächlichen Wahrnehmung und dem, was sie wahrnehmen ‚sollte', ein wesentlicher Unterschied besteht. Dies ist das Wesen der Doppelbindung". (Watzlawick et al. 1969, S. 196) Es ist das pragmatische Paradoxon der entwertenden und entwerteten „Nähe". Und dieses Paradoxon vergiftet das Vertrauen, hier verstanden als Grundkategorie in menschlichen Beziehungen, erschwert durch Rückkoppelung die Konstruktion von „Nähe", das Erlernen der Sprache der anderen und das Kennenlernen ihrer Kultur.

Diese Handlungsaufforderungen führen oft zu unhaltbaren Situationen für den einzelnen.[3] Gerade weil eine Paradoxie – eine Doppelbindung – es verbietet und es auch durch das Eingebundensein in die Gruppe verunmöglicht, den Beziehungs- und Bezugsrahmen zu verlassen, kommt der einzelne in seinen privaten Kontakten mit Personen anderer Gruppen oder Sprachgruppen in Konflikt. Paradoxien erlauben demnach keine kritische Auseinandersetzung, keinen Disput und keine gemeinsamen einverständlichen Vereinbarungen. Wer dies tut, gehört nicht mehr dazu.

Als Verständnisgrundlage für diese Entwertungsdynamik könnte ein verschultes und erstarrtes Bild der Dialektik von Hegel dienen: das Bild eines dauernden Aufeinanderprallens unterschiedlicher und konträrer Positionen, die nur von den „akkreditierten Botschaftern" der drei Sprachgruppen diskutiert und zu mühsamen Kompromissen gewandelt werden können, die aber kaum jemals einen wirklichen Konsens darstellen. Dies bedeutet: Perpetuierung und Verselbständigung eines unfruchtbaren, sich immer wiederholenden Konfliktes.

In pragmatische Paradoxien sind aber nicht nur Privatpersonen, sondern auch VertreterInnen von Parteien, Institutionen, Vereinen und auch Medienorganisationen eingebunden, also Teile des gesamten gesellschaftlichen Netzwerkes. Diese pragmatischen Paradoxien: „Komm mir nah und bleib mir fern zugleich!" – das ist meine These – führen gemeinsam mit Tendenzen der wirtschaftlichen und politischen Dominanz, mit der Aufrechterhaltung von hegemonialen „Herrschaftsstrukturen" im Sinne von Max Weber (1922; 1976, S. 541–550) in ethnischen Mehrheits-/Minderheitssituationen dazu, dass in den Medien die „redliche Chronik" gegenüber der ethnischen Berichterstattung so sehr verblasst.

2. Zur ethnischen Berichterstattung einiger Medien in Südtirol. Fallbeispiele

In diesem Abschnitt sollen nun drei Fallbeispiele dargestellt werden: erstens das immer noch aktuelle Fallbeispiel des „Immersionsunterrichtes", das zwischen den Jahren 1994 und 1997 die Medienwelt Südtirols beherrschte, zweitens ein mediales Fallbeispiel ethnischer und paradoxer Kommunikation, das anlässlich der Verfassungsreform 1998 über die rechtliche Bezeichnung der Region „Trentino – Alto Adige" seinen Niederschlag in den Medien fand und drittens die ethnische und pseudosachliche Medienkampagne zur Einführung des Zweitsprachunterrichtes Italienisch in der ersten Grundschulklasse der deutschen Schulen.

Vorrangiges Anliegen der Darstellung wird eine besondere Zurückhaltung in der Interpretation sein. Die Fakten und die Berichterstattung selbst sollen es dem Leser ermöglichen, eine eigene Bewertung der Sachlage zu suchen.

2.1 Der Immersionsunterricht an italienischen Schulen, die nachwirkende Angst aus der Zeit des Faschismus und die bewusste Dauermobilisierung

Ein Fallbeispiel dazu, allerdings nicht unter dem Gesichtspunkt der ethnischen Berichterstattung, sondern unter dem Gesichtspunkt der ethnischen Zuspitzung der Lebensformen wurde bereits in Baur, S./von Guggenberg, I./Larcher, D. (1998): *Zwischen Herkunft und Zukunft. Südtirol im Spannungsfeld zwischen ethnischer und postnationaler Gesellschaftsstruktur.* Meran: Alpha&Beta veröffentlicht.

Hier geht es darum, aus bereits analysierten Medienberichten die Leitlinien der Mikroanalyse der Berichterstattung darzustellen. Zuerst sollen allerdings kurz die Eckpunkte des Problems dargestellt werden, das inzwischen völlig tabuisiert ist. Die Erwähnung des Begriffes „partielle Immersion" löst nunmehr hysterische Reaktionen aus. Hingegen scheint die Bezeichnung „partieller Sach- und Fachunterricht in der Zweitsprache" oder die Kurzbezeichnung CLIL[4] zumindest toleriert zu werden.

Der Streit um den Immersionsunterricht zwischen 1994 und 1997

Trotz ständiger Aufforderungen der deutschen Sprachgruppe an die ItalienerInnen in Südtirol, endlich Deutsch zu lernen, werden Ansätze zu einem Immersionsunterricht an den Grund-, Mittel- und Oberschulen der italienischen Sprachgruppe stark behindert und von der Landesregierung mit Hinweis auf den Art. 19 des Autonomiestatutes (muttersprachlicher Unterricht und verpflichtender Unterricht der Zweitsprache) im Februar 1996 teilweise verboten, auch weil man fürchtet, dass derartige Schulversuche auch an den Schulen mit deutscher Unterrichtssprache beantragt werden könnten. Verboten wird vor allem die aktive „Kopräsenz", d.h. der Teamunterricht zwischen Lehrpersonen verschiedener Muttersprache. Als Alternative dazu werden aber nicht verstärkt Kontakte zwischen den Schulen mit verschiedener Unterrichtssprache gefördert, wie z.B. Klassenpartnerschaften, Projektwochen usw., um die Sprache der anderen im Rahmen didaktischer Kooperationen in eine bedeutsame „Nähe" zu rücken, um Identifikationsmöglichkeiten mit den anderen zu bieten, um die Sprache der anderen handelnd im sozialen Kontakt zu erproben.

Aber auch auf italienischer Seite selbst geht es – besonders auf Mittelschulebene – im Rahmen des partiellen Immersionsunterrichtes[5] teilweise nicht um die Herstellung einer Situation der „Nähe", als wesentliche Grundlage für eine stärkere Motivation zur Erlernung der Zweitsprache.

Das partielle Immersionskonzept an italienischen Schulen gleicht in mehreren Fällen einem „Rückzug" oder besser gesagt einem Ausbau der „Festung" der eigenen Ethnie. Dies trifft vor allem auf jenen Teil der Schulen zu, die weder Teamunterricht zwischen ZweitsprachlehrerInnen und muttersprachlichen LehrerInnen vorsahen, noch Kontakte zu Schulen in der anderen Unterrichtssprache im Lande suchten.

Im Schulversuchskonzept geht es um die Realisierung eines neuen didaktischen Verfahrens mit dem die Zweitsprache Deutsch nun endlich in der Schule effektiver gelernt werden soll. Auf den Kontakt mit den konkret vorhandenen Sprechern dieser Sprache im sozialen Umfeld setzt man auch deswegen wenig, da diese Sprecher – wie grundsätzlich alle Sprecher in realen Kommunikationssituationen im deutschsprachigen Raum – im Alltag nicht die Hochsprache, sondern zumindest einen „Zwischendialekt" (Lanthaler, 1994) sprechen, den man aber gerade nicht lernen und auch nicht verstehen will.

Der Streit, der auch zu einer ethnischen Spaltung in der Landesregierung führt, wird erst mit der Verabschiedung der „Richtlinien für den Unterricht von Deutsch als Zweitsprache an den Schulen mit italienischer Unterrichtssprache" formal beendet (Beschluss der Landesregierung Nr. 5053/1997). Dieser Beschluss sieht eine Erweiterung der Stundenanzahl für Deutsch als Zweitsprache, zusätzliche Lehrstellen und zusätzliche Finanzmittel vor. Unter bestimmten Bedingungen wird nun teilweiser Sach-/Fachunterricht in der Zweitsprache erlaubt, ein „team-teaching" zwischen Lehrpersonen verschiedener Muttersprache bleibt aber weiterhin verboten. Aber auch dieses Verbot ist äußerst brüchig, da das Verwaltungsgericht von Bozen – auf einen Rekurs einer Elterngruppe der Mittelschule „E. Fermi" hin – 1998 entscheidet (Urteil Nr. 363/1998), dass die Kopräsenz keinen Verstoß gegen den Art. 19 des Autonomiestatutes von 1972 darstellt.

2.1.1 Zur Berichterstattung in den deutschsprachigen Wochenzeitungen „ff"[6] und „Südtirol Profil"[7]

Im Untersuchungszeitraum wurden in den Wochenzeitschriften ff und Südtirol Profil zahlreiche Beiträge zum Thema Immersion veröffentlicht.

Insgesamt gilt für alle Artikel, dass sie scharfe Kritik an der Haltung der Immersionsgegner üben. Bei den meisten Texten fällt auf, dass die Verteidigung des Immersionsunterrichts mit einem sehr aggressiven Vokabular vorgetragen wird und dass kriegerische Ausdrücke gelegentlich fehlende Argumente zu ersetzen scheinen. Nur in einer kleineren Anzahl von Texten wird ein der Problemlage angemessener Wortschatz zur Beschreibung und Erklärung des komplexen Schulversuchs verwendet. Bei der Analyse fällt auf, dass männliche Journalisten in ihrer Schreibweise eher zur Kriegsberichterstattung tendieren als weibliche. In der Argumentation der Journalistinnen tritt die Betonung des ethnischen Konfliktes gegenüber einer realitätsnahen Beschreibung zurück.

Um eine anschauliche Vorstellung zu vermitteln, welches Kriegsvokabular beim Streit um den Immersionsunterricht verwendet wurde, genügt es die Auflistung des entsprechenden Vokabulars durchzusehen:

offenlegen, hoch brisant, revolutionär, endgültig, heiß, scharfgeschossen, Attacke, geschlagen, treffen, kämpferisch, absolut, Schützenhilfe, Abwehrkampf, Vorreiter, ausbrechen, Volkstumslager, verbeißen, Vorstoß, brisant, Horrorvorstellung, abgesegnet, Hardliner, skandalös, Warnschuss, Dammbruch, das rote Tuch, Panik, Isolation, Gettoisierung, aussterbende Rasse, Reservat, Glaubenskrieg für das Deutschtum, ethnische Generaloffensive, an die Front geschickt, den Feind ans Kreuz schlagen, Höllenbilder, alle möglichen und unmöglichen Schikanen, Gaunern und Schwindlern gleich, nachspionieren, Sturmtruppenfraktion, ethnischer Säuberungsprozess, Rad der Geschichte zurückdrehen, die Restauration tobt, Wachhunde, Ketzerschulen, Alarmstufe eins, Angst, lässt Sprachkontrolleure ausrücken, schießen, die Arbeit nicht zerstören, neu entflammte Diskussion, Qualen etc.

2.1.2 Zur Berichterstattung in der Tageszeitung „Dolomiten"[8] und im „Blatt für deutsche Leser" der Tageszeitung „Alto Adige"[9].

Der Immersionsunterricht ist für die „Dolomiten" ein ethnisches Thema, das nur gelegentlich, aber doch immer wieder auftaucht, zum Beispiel Ende November und Anfang Dezember 1995, dann ca. zwei Monate später, Ende Jänner 1996, Anfang Februar 1996 wieder. „Die Auseinandersetzungen um den sogenannten Immersionsunterricht kommen Jahr für Jahr so regelmäßig ins Land wie die Jahreszeiten", schreibt „pl" im Alto Adige vom 28.1.1996 sehr zutreffend.

Die „Dolomiten" bringen zwar das Thema nicht auf der Titelseite, es ist der Zeitung aber einigen Raum wert. Vor allem jedoch fällt auf, dass die Sprache, in der es abgehandelt wird, sehr stark an die Emotionen der Leserschaft appelliert und dass der Standpunkt der Immersionsbefürworter zwar referiert, aber durch die Formulierung des Textes deutlich abgewertet wird:

- Die Haltung der italienischen Eltern, die sich für den Immersionsunterricht in deutscher Sprache einsetzen, aber auch die positive Stellungnahme des PDS wird kommentarlos, wenn auch im Konjunktiv berichtet – allerdings in kleinen Miniaturmeldungen, die der Komplexität des Themas keineswegs angemessen sind.
- Die Position der italienischen Direktorin der Mittelschule „Archimede", die sich für die Durchführung des Immersionsunterrichtes im Rahmen eines Schulversuchs an ihrer Schule stark gemacht hat, wird vom Journalisten A.G. in einer Art referiert, dass aus dem Bericht unter der Hand eine ironische Abrechnung mit einem ziemlich „fragwürdigen Konzept" wird. (Tageszeitung „Dolomiten" vom 23.1.1996: „Widerspruch zum Autonomiestatut", S. 3) Dies lässt sich an sprachlichen Formulierungen ablesen, etwa den folgenden:
- „frohlockt die streitbare Pädagogin", wo man neutraler hätte schreiben können: „stellt die Direktorin fest";
- sie „arbeitet strategisch", wo man neutraler hätte schreiben können: „Sie plant längerfristig";
- vom „Qualitätssprung" ist im Artikel die Rede, aber eben nur von einem Qualitätssprung unter Anführungszeichen, die selbst den weniger sensiblen Lesern noch deutlich machen, dass das Wort ironisch gemeint ist;
- Das „Waschen", „Baden", „Tauchen" wird als ironisch-metaphorische Umschreibung für die Immersion gebraucht, um unterschwellig zu signalisieren, dass ein Sprachunterricht, der statt zu pauken, in die andere Sprache eintaucht, nicht allzu seriös sein könne.

Dass der Artikel 19 des Autonomiestatuts von 1972, auf den sich eine solche Auslegung bezieht, die gemischtsprachige Schule untersagt und als Unterrichtssprache Deutsch für die deutsche Schule und Italienisch für die italienische Schule vorschreibt, auf keinen Fall geändert werden dürfe, darauf haben die Dolomiten ihre Leser schon mehr als ein Jahr zuvor, am 24.11.1994 eingestimmt, indem sie, ebenso „sachlich" wie über die Immersion, über eine Aussendung der Südtiroler Volkspartei berichteten. „Ende der deutschen Volksgruppe", war der Artikel überschrieben. Ohne selbst explizit Stellung zu beziehen, informierte die Zeitung über diese Aussendung wie über ein Katastrophenszenario, das den Untergang der deutschen Sprachgruppe durch eine gemischtsprachige Schule in Aussicht stellte, wohl spekulierend, dass im kollektiven Gedächtnis der deutschsprachigen Bevölkerung die Erinnerungen an die faschistische Zeit mit ihrem Verbot jedweder deutschsprachigen Schule und dem Katakombenunterricht noch keineswegs verarbeitet sind.

Genau daran knüpft der Kommentar von A.G. am 30.1.1996 an, der den Lesern „sine ira et studio" klarmachen will, dass die Immersion (das heißt in der Praxis derzeit zwei Stunden Geographieunterricht auf Deutsch; aber, so warnt der Journalist, ein Drittel des Unterrichts solle in Zukunft auf deutsch gehalten werden) zu „schleichendem Sprachverfall", „Verlust des Sprachempfindens", „Ende der deutschsprachigen Schule" führen würde. Nicht ganz direkt, wohl aber über den Umweg, dass solche Immersionsmethoden möglicherweise auch in der deutschsprachigen Schule stattfinden könnten, zumal es ja unter der deutschsprachigen Bevölkerung Verständnis für den italienischen Vorstoß gebe. Wehret den Anfängen, lautet also die Botschaft, denn ansonsten sind die deutsche Sprache und die deutsche Kultur in Südtirol gefährdet. Über didaktische und pädagogische Vor- und Nachteile der Immersion wird kein Wort verloren. Die Ethnisierung der Frage erspart die sachliche Argumentation.

Im deutschsprachigen Teil des „Alto Adige" wird sachlicher berichtet und kommentiert. Das Thema Immersion wird weniger oft abgehandelt als in den Dolomiten. Im Artikel „Italiener sollen besser Deutsch lernen dürfen" vom 3.12.1994 wird mit den ethnischen deutschen Oppositionsparteien ordentlich ins Gericht gegangen, es werden aber auch die Befürchtungen der SVP wiedergegeben, ebenso die Initiative der „Elternvereinigung für Zweisprachigkeit", die ein offensives Vorschlagspaket entwickelt haben, aber gleichzeitig die Landespolitiker beruhigen wollen, dass die Immersion keineswegs die gemischtsprachige Schule vorbereite, sondern lediglich den Deutschunterricht an italienischen Schulen verbessern solle.

2.1.3 Zur Berichterstattung in der Tageszeitung „Il Mattino dell'Alto Adige"[10]

Eine Analyse der Medienberichte in der Tageszeitung „Il Mattino dell'Alto Adige" zeigt Brüche auf, die deutlich machen, dass die Journalisten zwischen ethnischen Stellungnahmen und sachlicher Argumentation unsicher hin und her pendeln. Es fällt auf, dass die diesbezüglichen Texte kaum auf dem Titelblatt erscheinen, sondern nur in den Bozner Lokalseiten oder in einer eigenen Rubrik „Schule".

Auch bezüglich der grundlegenden Zielsetzungen des Zweitsprachenunterrichtes sind Brüche wahrzunehmen zwischen einer eher interkulturellen und einer eher instrumentellen Position: Zweitsprache verstanden als kulturelle Bereicherung und Mittel der Kommunikation im Alltag und Zweitsprache verstanden vorwiegend als Instrument der reibungslosen Eingliederung in die Berufswelt, in die Welt der Wirtschaft, der Politik, der Kultur.

Die Tageszeitung veröffentlicht z.B. am 13.12.1995 kommentarlos ein Dokument der Studenten des italienischen Humanistischen Lyzeums in Bozen, in dem folgendes nachgelesen werden kann: „Es ist notwendig, sich der Wirklichkeit zu öffnen, in der die Sprache lebt, die Gegenstand unseres Lernens ist, indem wir konkret nach Möglichkeiten der Begegnung und des Dialoges mit den verschiedenen ethnischen Gruppen unseres Landes suchen ...".

Sobald Ende Jänner 96 der Konflikt um den „Immersionsunterricht" an der italienischen Mittelschule „Archimede" in Bozen entflammt, berichtet die Tageszeitung – ohne Berührungsängste, wenn auch in Kleinformat – unter dem Titel „Protest" – über eine Anfrage eines Landtagsabgeordneten von „Alleanza Nazionale"[11], der gegen das Verbot des Immersionsunterrichtes auftritt und für die italienische Sprachgruppe das Recht beansprucht, eigene Wege gehen zu können.

In einem deutlich wahrnehmbar aufgemachten Artikel am 28. Jänner 1996 „Immersione all'asilo"[12] gibt die Tageszeitung der „Elternvereinigung für die Zweisprachigkeit" großen Raum und unterstreicht im Untertitel den Protest der Eltern gegen die angekündigte Inspektion der Landesregierung an der Mittelschule „Archimede", die nur den Schulbehörden zustehe. Die Forderung, als italienische Sprachgruppe eigene Wege gehen zu dürfen, wird wieder besonders unterstrichen.

2.1.4 Der „Alto Adige": ein streitbarer Verfechter des Immersionsunterrichts[13]

Die Berichte über den Immersionsunterricht im Zeitraum November 1994 – März 1996 (32 Texte bzw. Leserbriefe und zwei ganze Seiten am 16.02.1996) erscheinen zuerst eher in längeren Abständen und in keiner besonderen Aufmachung. Dies ändert sich schlagartig im Februar 1996. Jetzt überstürzen sich die Ereignisse und erreichen ihren Höhepunkt mit dem Verbot der sogenannten Kopräsenzstunden seitens der Südtiroler Landesregierung. Ab diesem Zeitpunkt lässt sich feststellen, dass sich die Diskussion um den Immersionsunterricht in einem allgemeineren Rahmen bewegt und ethnopolitischer geführt wird. Es geht dabei um die Rechtmäßigkeit der Schulversuche und um das Anrecht der italienischsprachigen Bevölkerung, schulpolitisch eigene Wege zu gehen. Das Echo in der italienischsprachigen Bevölkerung schlägt sich in einem auffallenden Anstieg der Anzahl der Leserbriefe zu dieser Problematik nieder.

Im Verlaufe des Untersuchungszeitraumes lässt sich ein Wandel im Gebrauch des Begriffes „Immersion" feststellen. Statt „Immersion" wird zu einem bestimmten Zeitpunkt von „uso veicolare della seconda lingua" gesprochen, was soviel wie Gebrauch der Zweitsprache als Unterrichtssprache für einzelne Fachbereiche bedeutet. Diese Änderung ist auf die Weigerung der Landesregierung zurückzuführen, den Immersionsunterricht als rechtmäßige, verfassungskonforme Unterrichtsorganisation anzuerkennen. Das ablehnende Verhalten hat zu einem strategischen Vorgehen und zu einer Tarnbezeichnung geführt.

Der „Alto Adige" selbst behält in seiner Berichterstattung die Bezeichnung „Immersion" bei. Es besteht der Eindruck, als würde die Bezeichnung „Immersion" als Reizwort gezielt eingesetzt, um die Aufmerksamkeit auf dieses Thema zu lenken, das eine hohe emotionale Aufladung erfahren hat.

Die Argumentation der Journalisten und ihrer InterviewpartnerInnen lassen sich eindeutig als Unterstützung der Initiative interpretieren, die als berechtigte Maßnahme zur Verbesserung des Zweitsprachlernens verteidigt wird. Die Kritik richtet sich gegen die Gegner der Immersion. Die Initiative bzw. der Schulversuch wird unabhängig von konkreten Ergebnissen, die in eindeutiger Form noch gar nicht vorliegen, als solche allein positiv bewertet. Zweifel an der Gültigkeit der Methode werden nur beiläufig erwähnt (AA 15.6.95) Ein beliebtes Argument ist die Behauptung, dass die Schule und der traditionelle Zweitsprachunterricht versagt hätten.

Die Tatsache, dass in Südtirol ein vorwiegend didaktisch-methodisches Problem auf einer ethnopolitischen Ebene abgehandelt wird, wird vom Alto Adige selbst thematisiert (AA 15.6.95): „Il guaio è che in Alto Adige, quando si parla di immersione, la questione dal piano didattico si sposta immediatamente su quello politico-etnico."[14]

Gleichzeitig wird unterstellt, dass die Eltern keinerlei Probleme hätten und dass die Immersionsfrage zu einem politischen Problem hochstilisiert wird. Durch diese Unterscheidung zwischen Eltern- und Politikerstandpunkten wird der ethnopolitische Charakter der Immersionsfrage hervorgehoben.

Immer wieder wird die ablehnende Haltung der Landesregierung – vornehmlich der Vertreter der Südtiroler Volkspartei (SVP) – angesprochen. Die Angst der deutschsprachigen PolitikerInnen vor dem Verlust des muttersprachlichen Unterrichts, der im Artikel 19 des Autonomiestatutes verankert ist, wird als solche nicht thematisiert. Es wird kein Versuch unternommen, nach den Ursachen und Gründen – wie berechtigt oder unberechtigt sie auch immer sein mögen – zu fragen.

Der deutsche Landesrat wird als eingefleischter Immersionsgegner dargestellt, was auch den Tatsachen entspricht. Bezeichnend ist auch die Imagewandlung des Landeshauptmannes, der lange Zeit als gesprächsbereiter und ausgeglichener Verhandlungspartner dargestellt wird und durch die Ankündigung der Inspektion/ Kontrolle zum Immersionsgegner mutiert (AA 31.01.1996).

Demgegenüber wird die immersionsfreundliche Haltung der italienischsprachigen Politiker ausdrücklich betont.

Im Zusammenhang mit der angekündigten Inspektion wird die deutsche Tageszeitung „Dolomiten" angegriffen und beschuldigt, die Lawine ins Rollen gebracht zu haben (AA 31/1/96). Sie wird als Denunziantin bezichtigt. Ab diesem Zeitpunkt wird der ethnopolitische Kampf in den Zeitungen auch durch gezielte gegenseitige Angriffe ausgetragen.

2.1.5 Resümee

Baur/von Guggenberg/Larcher (1998) haben die mediale Auseinandersetzung zum Thema Immersion in folgender Weise charakterisiert: „Schüren von irrationaler Angst vor Sprachverlust und Untergang der Volksgruppe auf Seiten der Tageszeitung „Dolomiten", eher beruhigend und polemisch gegen die Angstmacher auf Seiten der deutschsprachigen Beilage der Tageszeitung „Alto Adige". Die Kommentare der „Dolomiten" betreiben sowohl in Inhalt wie auch in der Form eine Dauermobilisierung in Richtung auf eine ethnische Zuspitzung hin, besonders durch die Evozierung traumatischer Erlebnisse aus dem kollektiven Gedächtnis der deutschen Sprachgruppe. Manchmal kommt es sogar zu einer „Hysterisierung" des Diskurses. Allerdings bleibt das Echo auf der Leserbriefseite gering.

Die italienische Tageszeitung „Alto Adige" tritt mit Entschiedenheit gegen die ablehnende Haltung der Landesregierung, vornehmlich gegen die Vertreter der SVP an, fordert die italienischen Landesräte energisch zu stärkerem Widerstand auf und trägt dazu bei, das emotionale Niveau der ethnischen Auseinandersetzung hoch zu halten.

Die Tageszeitung „il mattino dell'Alto Adige" ergreift Partei, auch in harter Form, aber neigt – außer auf dem Höhepunkt der Auseinandersetzung – eher zu ausführlicher Information.

Die deutschen Wochenzeitschriften „ff" und „südtirol profil" polemisieren gegen die ethnische Zuspitzung mit den Mitteln der Satire und der Veröffentlichung unterdrückter Nachrichten. Sie stellen auch ausreichenden Platz für Gastkommentare zur Verfügung.

Insgesamt gilt für alle Medien, dass eine inhaltliche Auseinandersetzung mit dem anspruchsvollen didaktischen Konzept der Immersion, mit den empirischen Untersuchungen dazu, mit den Erfahrungen aus anderen Ländern, mit dem Für und Wider in der Südtiroler Situation sehr selten stattfindet. Die JournalistInnen beschränken sich mit wenigen Ausnahmen auf das „Brandstiften und Brandlöschen." (a.a.O., S. 101f.)

Dem ist auch aus heutiger Sicht nichts hinzuzufügen.

2.2 Wie heißt das Land: Alto Adige und/oder Südtirol/Sudtirolo oder wie darf es heißen?

Dieses Beispiel soll den Mechanismus, das Konzept politisch paradoxer Kommunikation noch stärker verdeutlichen.

Szenario ist die Abgeordnetenkammer in Rom und erste Abstimmungen zur Verfassungsreform. Es geht um die zukünftige offizielle verfassungsrechtliche Bezeichnung der Region „Trentino – Alto Adige". In dieser Situation, in der der eine (Mitolo[15]) wie ein „Löwe" (Meldung der „Tageszeitung" vom 4./5. April 1998) gegen die Einführung des Wortes „Südtirol" in der bisherigen Bezeichnung der Region „Trentino – Alto Adige" kämpft und nur „Alto Adige" gelten lassen will und der andere (Zeller[16]) unbedingt „Trentino – Südtirol/Sudtirolo" haben will, geschieht Unerwartetes. Der Vorschlag der Grünen (Marco Boato)[17] als Teil der Regierungsmehrheit und der Vorschlag eines Teiles der Opposition, nämlich „Forza Italia" decken sich: „Trentino – Alto Adige/Südtirol" soll die Region heißen. Zeller zieht seinen Antrag zurück und schlägt dann sogar vor, den Vorschlag des Abgeordneten Caveri von der „Union Val d'Aostain", die Region „Trentino – Südtirol/Alto Adige" zu nennen, insofern abzuändern, dass die beiden Wörter „Südtirol" und „Alto Adige" in der Reihenfolge ausgetauscht werden. Damit gibt es nur mehr einen Vorschlag, den nun auch die Südtiroler Volkspartei (SVP) mitträgt. Und dieser Vorschlag wird genehmigt.

Am nächsten Tag steht allerdings in der Tageszeitung „Dolomiten", dem Tagblatt der Südtiroler, dass es dem Abgeordneten Zeller gelungen ist, den Namen „Südtirol" in der Verfassung festzuschreiben: „Hart auf Gegenkurs steuerten hingegen Pietro Mitolo (AN), Franco Frattini (FI)[18] und Marco Boato von den Grünen." („Dolomiten" vom 3. April 1998)

Eine zumindest teilweise Falschmeldung also, wie die Akten der Parlamentsdiskussion belegen, aber sie konnte nicht anders sein, da man in einer Doppelbindungssituation gefangen oder verschlungen ist, die darin besteht, dass man als Teil des Italienischen Staates diese Souveränität zwar akzeptieren muss, aber als „österreichische Minderheit" (mit Bezug auf die Zeit vor 1918) sie dadurch nicht akzeptieren will, dass man (Abg. Zeller) die Region als „Trentino – Südtirol/Sudtirolo" festschreiben möchte. Dadurch wird die Souveränität Italiens über das Territorium zwar nicht grundsätzlich in Frage gestellt, aber gerade durch den Rückbezug auf 1918 dennoch in Frage gestellt. In der konkreten Situation in der Abgeordnetenkammer gab es keine Alternative in dieser Doppelbindungssituation, wie es in keiner derartigen Situation Alternativen gibt. Man musste die Illusion jeder Alternative erkennen und aus der Doppelbindung aussteigen. Es galt zu retten, was noch zu retten war und dies war das Hinzufügen der Bezeichnung „Südtirol"."Karl Zeller und die SVP mussten uns den ganzen Tag nachlaufen und sind dann im allerletzten Moment auf unseren Zug aufgesprungen." (Marco Boato in der „Tageszeitung" vom 4./5. April 1998) Der Sieg – und es handelt sich nicht um eine Kleinigkeit, sondern um einen zivilgesellschaftlichen Fortschritt hinsichtlich des Minderheitenschutzes – musste umgemünzt werden, da er unmöglich einem oder mehreren Vertretern der italienischen Mehrheitsbevölkerung – letztlich der italienischen Regierung – zuerkannt werden konnte und schon gar nicht einem Abgeordneten der „Grünen-Fraktion", der in Südtirol gemeinsam mit Alexander Langer immer für die Kooperation zwischen den Sprachgruppen eingetreten war.[19].

Dies hätte als Ansatz, als Anstrengung zur Herstellung von „Nähe" missverstanden werden können; der Rückbezug auf die „eigene Gruppe" und die „Entwertung der Nähe" war daher einfach naheliegender und aus einer ethnozentrischen Position heraus auch „zwingend".

Die Nachricht in den „Dolomiten" musste notwendigerweise so sein, da sie nur so dem schon bei der Verabschiedung des Paketes auf deutscher Seite festgelegten Bezugsrahmen entsprach: In erster Linie Minderheitenschutz und wenn unbedingt notwendig, dann auch Zusammenleben mit den Italienern. Der Blick nach rückwärts, auf die Zeit vor 1918, wurde nie aufgegeben, auch in der Südtiroler Volkspartei nicht.

2.3 Italienisch als Zweitsprache in der ersten Klasse der deutschen Grundschulen: Eine wissenschaftlich fundierte Entscheidung oder ein „Verrat an der Heimat"?[20]

Geht man von den zunehmend differenzierteren Erkenntnissen der letzten 10 Jahre in den wissenschaftlichen Bereichen der Neurolinguistik und der Sprachpädagogik aus, so besteht kein Zweifel daran, dass es sich bei der Einführung der Zweitsprache in der ersten Grundschulklasse um eine wissenschaftlich fundierte Entscheidung der Landesrätin Dr. Kasslatter-Mur und der Landesregierung handelte.

Diese Erkenntnisse sollen hier ganz kurz zusammengefasst werden. Die Ergebnisse der neurolinguistischen Forschungen in Europa und in den Vereinigten Staaten belegen, dass frühes Zweitsprach- oder Fremdsprachlernen, und zwar schon ab dem Kindergartenalter, unter der Voraussetzung, dass die Kinder einem reichhaltigen Input in qualitativer und quantitativer Hinsicht ausgesetzt sind, zur Ausbildung von gemeinsamen neuronalen Netzen führt. Dies bedeutet, dass sich bei einer qualitativ hochstehenden und quantitativ intensiven Frühförderung der Mehrsprachigkeit in den Gehirnarealen *Broca* und *Wernicke*, die für die Sprachproduktion bzw. für die Sprachrezeption verantwortlich sind, sowie in einigen anderen Arealen nicht getrennte neuronale Netze für jede Sprache, sondern gemeinsam genutzte neuronale Netze ausbilden. Die Ergebnisse der Forschung zeigen weiterhin (vgl. Müller et al. 2004; Jäger 2002; Perani et al. 1998), dass diese gemeinsamen neuronalen Netze die

Qualität der Muttersprache oder starken Sprache steigern und – ganz abgesehen von einer deutlichen Erhöhung der messbaren Intelligenz – das Erlernen einer dritten oder vierten Fremdsprache deutlich erleichtern. Ähnliche Ergebnisse in der Ausbildung eines gemeinsamen neuronalen Netzes wurden sogar dann erzielt, wenn ab dem frühen Kindesalter sowohl auf einen qualitativ hochstehenden und quantitativ intensiven Input in der Standardvarietät und in der Dialektvarietät der Muttersprache geachtet worden ist, besonders wenn beide Varietäten deutlich differieren. (vgl. Kramer 2003, S. 49) Die sprachpädagogischen Erkenntnisse bestehen vor allem darin, dass bei einer Frühförderung, aber auch noch im Jugendalter, ein „natürlicher", spielerischer und kommunikativer Ansatz dominieren und das Regellernen zurückgedrängt werden muss, um ein effektive Kompetenzsteigerungen zu erzielen. (vgl. Brambati 2004, S. 160) Die vor allem in schulischen Situationen zu starke oder fast ausschließliche Beachtung der formalen Korrektheit in den ersten Jahren des Erlernens einer Zweit- oder Fremdsprache schadet dem Lernerfolg mehr als sie ihm nützt. (vgl. Edelhoff 2001, S. 6–9)

Dies ist der Stand der Wissenschaft. Die Konsequenzen wären einsichtig: intensive Pflege des Dialektes und der Standardsprache in den Kindergärten, intensive Frühförderung beim Erlernen der Zweitsprache sowie radikale Umstellung der schulischen Fremdsprachendidaktik, vor allem im Oberschulbereich, und Förderung einer wirksamen integrierten Sprachdidaktik.

Geht man allerdings von Vorannahmen aus, die darin bestehen, dass die eigene Muttersprache in Gefahr ist, weil einerseits die Bevölkerung zu viel Dialekt spricht[21] und andererseits der zu enge oder zu frühe Kontakt mit der Zweitsprache Italienisch der Entwicklung der deutschen Muttersprache schadet, dann wird folgerichtig jede/r Andersdenkende/r zum „Totengräber der Muttersprache". Dass diese Vorannahmen kein wissenschaftliches Fundament haben und es auch nicht brauchen, versteht sich von selbst. Sie haben ein gemeinschaftlich – kommunitäres, quasi „tribales" Fundament, verteidigen die Außengrenzen der Gemeinschaft und evozieren eine Vergangenheit, die sich durch die damals erfolgte „Zerstörung der Ich-Grenzen und die Herbeiführung von Sprachlosigkeit"(vgl. Baur 2000, S. 124 ff.) bestens dazu eignet eine ähnliche – auch wenn eine völlig imaginäre – Bedrohung neu zu fantasieren. Diese Vorannahmen verfolgen ethnopolitische Ziele: Sie stellen klar, wer die Opfer und wer die Täter waren und wem das Land gehört! Dass auf diese Weise allerdings jene betrogen werden, wie die „KatakombenlehrerInnen", die trotz der Gefahr zumindest hoher Gefängnisstrafen gegen diese „Sprachlosigkeit" in der eigenen Sprache gekämpft haben, dürfte einsichtig sein.

Außerdem bewirken diese Haltungen und Äußerungen eine de facto Abwertung der Sprache der italienischen Sprachgruppe, da ja – als unterschwellige Botschaft – implizit von ihr die „größte" Gefahr für die eigene Sprache ausgehe.[22]

Derartige bewusste oder unbewusste politische Zielsetzungen lassen sich nur medial effektiv umsetzen. Wie dies in der Tageszeitung „Dolomiten" und in der Sonntagszeitung „Zett" geschehen ist und wie sich die italienischsprachige Presse dazu verhalten hat, soll hier kurz aufgezeigt werden. Die Stellungnahmen in der Wochenzeitschrift „ff" und in der täglich erscheinenden „Tageszeitung" werden keiner besonderen Analyse unterzogen. Beide Medien beschränken sich zumeist auf kommentarlose Berichterstattung. Die „ff" informiert in einem sachlichen Beitrag des Chefredakteurs am 08.05.2003 über den Maßnahmenkatalog und stellt die Positionen der Befürworter und Gegner ausgewogen dar, am 15.05.03 wird dem Schulhistoriker Rainer Seberich Raum gegeben, der den historischen und sprachgeschichtlichen Gründen für die Argumente gegen den Italienischunterricht nachgeht und am 22.05.03 bringt die „ff" ein Essay in italienischer Sprache von Gabriele Di Luca über Modernisierung und Angst vor Identitätsverlust.

2.3.1 Die Verteidiger der deutschen Minderheit

Ende März 2003 gelangen die ersten Informationen über ein Maßnahmenpaket zur Sprachenförderung der zuständigen Landesrätin Kasslatter-Mur, das auch die Vorverlegung des Zweitsprachunterrichtes Italienisch mit maximal 2 Stunden auf die erste Grundschulklasse vorsieht, in die lokalen Medien. Zuerst sind die Reaktionen gering und es erscheinen durchaus positive Stellungnahmen in den „Dolomiten" mit Ausnahme einiger Stellungnahmen der „Union für Südtirol", die die Maßnahme als nicht notwendig betrachtet und von einer Verletzung des Autonomiestatutes spricht.

Erst nachdem am 14. April in der SVP Parteileitung ein Grundsatzbeschluss für Italienisch ab der ersten Grundschulklasse gefasst wurde und es immer klarer wird, dass auch der Landeshauptmann für die Vorverlegung des Zweitsprachunterrichtes ist, beginnen beide Zeitungen dem Thema größeren Raum zu geben. Angeheizt wird das Klima auch durch die Berichte über die Demonstration der Schützen am Waltherplatz am 24. April, bei der die Einführung von Italienisch in der ersten Grundschulklasse scharf kritisiert wird.

Die Sonntagszeitung „Zett", die in derselben Verlagsanstalt wie die „Dolomiten" erscheint, spielt die Vorreiterin und titelt am 20.04.03 mit Hinweis auf eine Stellungnahme des Regionalratspräsidenten Franz Pahl: „Landesregierung bricht Autonomiestatut. Italienisch in der 1. Klasse? Nicht zulässig!" Am 4.05.2003 werden die ethnopolitischen Zielsetzungen der Berichterstattung deutlicher: „Landesrat Bruno Hosp kritisiert vorgezogene Aktion ‚Zweitsprache': unnötig wie ein Kropf". Der Misserfolg der Maßnahme wird durch den Haupttitel „Explosion im Sprachlabor" schon prophezeit. Im nachfolgenden Interview stellt der/die Journalist/in (z) dann Fragen nach den Ursachen dieses grundlosen „sprachlichen Abenteuers", spricht von einem „Überschwappen" auf den Kindergarten und sieht in der Initiative ganz „sicher keinen Zufall …". Landesrat Hosp antwortet dann auch dazu und meint, die Initiative sei „… eher von langer Hand vorbereitet, vor allem von den italienischen Medien. Dieses Thema wurde immer warm gehalten und ist ein Dauerbrenner. Deutschsprachige Eltern glaubten irgendwann wirklich selbst, ihre Kinder können kein Italienisch."

Nun ergreifen auch die „Dolomiten", die bisher sachlich über die unterschiedlichen Standpunkte berichtet haben, eine erkennbare ethnische Position: „Harte Kritik an ‚Abenteuer Sprache'" (05.05.2003). Es folgen die ersten Leserbriefe gegen das Projekt, denen großer Raum eingeräumt wird.

Am 12. Mai 2003 beschließt die Landesregierung das gesamte Maßnahmenpaket zur Sprachenförderung, die vorgesehene Stundenanzahl wird jedoch auf eine verpflichtende Wochenstunde reduziert. Es wird den Schulräten freigestellt eine zweite Wochenstunde zu beschließen. Die „Dolomiten" berichten ausführlich und sachlich. (Ausgaben vom 13.5. und 17/18.05.2003) Die „Zett" wirft am 18.05.2003 der Landesregierung vor, die Diskussion abgewürgt zu haben.

Nun treten die „Dolomiten" (23.05.2003) mit einer deutlich ethnisch orientierten Berichterstattung in den Vordergrund und titeln in großer Aufmachung: „'Anfang vom Ende der Minderheit' Breite Front gegen Italienisch in der 1. Klasse – Eva Klotz: rechtlich anfechten. Schützenbund, Regionalratspräsident Franz Pahl, Eva Klotz (Union), Ulli Mair (Freiheitliche), Sprachwissenschaftler Egon Kühebacher sowie ehemalige Lehrer und Direktoren kritisierten gestern in der Cusanus-Akademie den Beschluss der Landesregierung vom 12. Mai." Die „Zett" übernimmt am 25.05.2003 den Artikel wörtlich, gießt aber neues Öl ins ethnische Feuer: „Untergang der Minderheit", titelt sie. Am 1. Juni 2003 setzt die „Zett" ihre Attacken fort: „Italienisch in der 1. Grundschulklasse: Kulturlandesrat rechnet mit der Landesregierung ab. Bruno, der zornige Prophet."

Die „Zett" tritt dann aber eher in den Hintergrund und überlässt den „Dolomiten" die Initiative. Diese bringen zwar am 27.05.03 in einem kleinen Kasten eine kurze Mitteilung, dass nun auch der Parteiausschuss der SVP der Sprachoffensive von Bildungslandesrätin Sabina Kasslatter-Mur volle Rückendeckung gewährt habe, veröffentlichen aber nun am 29.05.03 einen Leserbrief des Schützenkommandanten Paul Bacher („Damit will man die Seele einer volklichen Minderheit treffen. Wenn ich ihre Muttersprache zerstört habe, habe ich die Teilnahme der Volksminderheit an der deutschen Sprach- und Kulturgemeinschaft zerstört und damit das Verschwinden der Minderheit und ihr Aufgehen im Fremdstaatlichen eingeleitet!") und am 31.05./1./2.06.03 einen Kommentar des Altlandesrates Alfons Benedikter in der Rubrik „Meine Meinung": „Erst wenn die Muttersprache sitzt". Auf den Leserbriefseiten häufen sich inzwischen die kritischen Stimmen gegen Italienisch in der 1. Klasse und gegen die Landesregierung. In der Wochenendausgabe vom 7./8./9.06.03 veröffentlichen die „Dolomiten" einen offenen Brief von ehemaligen Katakomben-lehrerInnen: „Große Sorge um die Muttersprache. 28 Katakombenlehrer warnen vor Identitätsverlust – Sprachliche Geborgenheit für Kinder". „Viel Idealismus und Opferbereitschaft haben die Katakombenlehrer in den zwanziger Jahren an den Tag gelegt, um die deutsche Sprache in Südtirol zu erhalten. Heute, 80 Jahre später, sehen sie die Muttersprache der Südtiroler erneut in Gefahr – durch den Italienischunterricht in der ersten Grundschulklasse", kommentiert der Journalist (wib). In derselben Ausgabe wird eine bezahlte Anzeige des Südtiroler Heimatbundes veröffentlicht – sie erscheint ebenso in der „Zett" –, in der der Heimatbund den Kanonikus Michael Gamper im Volksboten vom 27. November 1924 zitierend fordert: „Deshalb Hände weg von der deutschen Schule". Als Ausgleich wird auch dem Obmann der Südtiroler Volkspartei Siegfried Brugger in einem Interview Raum gegeben, die Sprachoffensive der Südtiroler Volkspartei zu verteidigen. Einen Höhepunkt erreichen die ethnischen Stimmen auf der Leserbriefseite vom 12.06.03, in der zum wiederholten Male, wie auch am 17.06.03, denselben Schreibern Raum gewährt wird.

Um dieser medialen Offensive der Tageszeitung „Dolomiten" und der Sonntagszeitung „Zett" zu begegnen, veröffentlicht die Landesregierung selbst in der eigenen Monatsschrift („Das Land Südtirol", 06/2003) einen langen Beitrag über das Maßnahmenpaket zur Förderung der sprachlichen Kompetenz und eine Klarstellung in der Tageszeitung „Dolomiten" vom 14/15.06.03 und in der Sonntagszeitung „Zett", in der besorgt klargestellt wird, dass es sich hier um ein fachliches und nicht um ein politisches Problem handle, dass eine Sprachoffensive gestartet werden müsse und dass die Muttersprache absoluten Vorrang behalte. Am 17. Juni 2003 veröffentlichen die „Dolomiten" ein Interview mit dem ehemaligen Schulamtsleiter Walter Stifter mit dem Titel „Eine Stunde nagt nicht an Identität" und am 24.06.03 eine Meldung, dass der Landesschulrat das neue Sprachenkonzept positiv begutachtet habe.

Die Kampagne gegen Italienisch in der 1. Grundschulklasse wird aber sowohl auf den Leserbriefseiten, als auch durch die Berichterstattung fortgesetzt so z.B. durch die Meldung einer Kranzniederlegung am Grabe der ehemaligen Katakombenlehrerin Angela Nikoletti in Kurtatsch (16.06.03), oder der Meldung, dass der Schützenbund bereits 300 Unterschriften gesammelt habe. Dies geschieht wahrscheinlich auch, weil ja die Entscheidung der Schulräte noch aussteht, ob eine zweite Wochenstunde eingeführt werden soll. Und tatsächlich berichten die „Dolomiten" am 09.08.03 mit einem sachlichen Kommentar, aber im Titel deutlich hervorgehoben: „Nur 23 wollen Italienisch mal zwei. In 258 Grundschulen gibt es in der 1. Klasse eine Italienischstunde, in 23 zwei Stunden".

2.3.2 Die Reaktionen in der italienischen Presse

Der „Alto Adige" informiert, wie die Tageszeitung „il mattino", bereits im März über die Absicht der Landesrätin Kasslatter-Mur ein Sprachenpaket mit der Einführung der Zweitsprache-Italienisch in der 1. Grundschulklasse der Landesregierung vorzulegen.

Der Grundtenor in den Kommentaren und Berichten des „Alto Adige" ist Unterstützung der Initiative und der Befürworter in der Südtiroler Volkspartei. Allerdings kann der „Alto Adige" nicht umhin, immer wieder festzustellen, dass nun endlich auch die gemäßigten Kräfte in der Südtiroler Volkspartei die Zeichen der Zeit erkannt hätten. Die Zeitung bringt auch eine längere Stellungnahme einer Expertin für den Zweitsprachenunterricht am Pädagogischen Institut für die deutsche Sprachgruppe, mit der den italienischen LeserInnen auch erklärt wird, dass die Proteste nicht gegen die italienische Sprachgruppe gerichtet sind. In großer Aufmachung bringt die Zeitung am 20.06.03 eine Meldung, dass die Schützen in Mals keine Unterschriften gegen die Einführung von Italienisch in der 1. Grundschulklasse sammeln und dass der Schulrat die zweite Italienischstunde genehmigt hat.

Auch der „Mattino" schreibt in seiner Ausgabe vom 26.03.03, dass die deutsche Schule nun dem Beispiel der italienischen folge.[23] Die Zeitung widmet dem Thema aber einen wesentlichen größeren Raum als der „Alto Adige". Sie referiert fast immer kommentarlos „sine ira et studio" über Stellungsnahmen der Befürworter und der Gegner. Nur einmal am 7. Mai 2003 frohlockt sie auf der Titelseite „Durni contro i falchi SVP" darüber, dass der Landeshauptmann für den Vorschlag Kasslatter-Mur Partei ergriffen hat. Sie berichtet auch am 13.Mai 2003 in großer Aufmachung, allerdings in den Innenseiten, dass die Landesregierung die Einführung von Italienisch in der 1. Grundschulklasse mit einer Kompromissentscheidung genehmigt hat, eine

Stunde verpflichtend, eine Stunde auf Wunsch und nach Entscheidung der Schulräte der Schulsprengel.

Am 27. Mai 2003 in ihrer letzten ordentlichen Ausgabe[24] vertritt Hartmann Gallmetzer, ehemaliger Sekretär der Südtiroler Volkspartei, in einem Leitartikel in der Rubrik „Portofranco"[25] die Meinung, dass quantitative Maßnahmen allein, wie Erhöhung der Stundenanzahl, wenig bringen werden, solange nicht die psychologisch-politischen Mauern zwischen den Sprachgruppen fallen.[26]

Deutlich wird aus den analysierten Artikeln, dass die Annäherung zwischen den Sprachgruppen dem „mattino dell'Alto Adige" ein wirkliches Anliegen war, der „Alto Adige" hingegen bleibt in den Grenzen der italienischen Sprachgruppe gefangen, er schaut auf die Konflikte zur Einführung von Italienisch in der 1. Grundschulklasse in der deutschen Sprachgruppe mit viel Unverständnis herab und wundert sich über den Widerstand gegen Modernisierungsbestrebungen.

3. Ausblicke und Überblicke

An all diesen Beispielen zeigt sich, dass bei Berichterstattungen einiger einflussreicher ethnisch orientierter deutschsprachiger Printmedien, aber auch bei ethnischen Äußerungen von deutschsprachigen PolitikerInnen der Landesregierungspartei und der ethnisch orientierten Oppositionsparteien, die Auswirkungen auf die gesamte italienische Sprachgruppe in Südtirol – und nicht nur auf die italienischen rechtsorientierten national ausgerichteten Parteien – nie oder nur sehr selten – und wenn, dann nur in Form einer Schadensbegrenzung – in Rechnung gestellt werden.

Diese tief verankerte Haltung wirkt auf das Verhalten der italienischen Sprachgruppe ein – und in besonderer Weise auf ihre verschiedenen politischen Führungsschichten – und bewirkt im Sinne der psychosozialen Kybernetik, dass sich das Tun des einen als das Tun des anderen beschreiben lässt (vgl. Stierlin 1976). – Aus diesem Kreisgeschehen der gegenseitigen Entwertung entspringen einige Vorbehalte der italienischen Sprachgruppe der deutschen gegenüber und entspringt auch teilweise ihr subjektives Gefühl der Benachteiligung bei der Realisierung der Landesautonomie.

„Wie etwa Edward de Bono (1985; A.d.A.) darlegt, kommt es bei einer so verstandenen Dialektik zu einer Polarisierung der gegensätzlichen Positionen. Es kommt auch (…) möglicherweise zu einem Aushandeln und zu einer Suche nach Kompromissen. Aber es ergibt sich daraus nichts grundsätzlich Neues, keine ‚Emergenz', keine wirkliche kreative Lösung, kein evolutiver Sprung. Damit es dazu kommen kann, bedarf es de Bono zufolge hier eher eines entwerfenden, kooperativen Miteinanders als eines kämpferischen (wenn auch kompromissbereiten), dialektischen Gegeneinanders." (Stierlin 1994, S. 17)

In dieser Situation des „dialektischen Gegeneinanders" wird grundsätzlich ein gemeinsamer Aufmerksamkeitsfokus zwischen den Sprachgruppen vermieden, werden Beziehungsfallen – teilweise sogar bewusst – ausgelegt, die auch den einzelnen in unhaltbare Situationen treiben und gelegentlich zu relevanten persönlichen Konflikten führen. „Darüber hinaus muss untersucht werden, was all dies zu bedeuten hat im größeren Kontext der bürgerlichen Gesellschaftsordnung – das heißt der *politischen* Ordnung, der Art und Weise, wie Menschen Kontrolle und Macht übereinander ausüben." (Laing 1969, S. 111 f.)

Eine größere Medienvielfalt in Südtirol könnte, vielleicht, dazu beitragen, dass sich die Zivilgesellschaft in Südtirol verdichtet und sich die ethnisch ausgerichteten Parallelgesellschaften zurückdrängen lassen.

Anmerkungen

1 Paradoxien werden im wesentlichen in drei Untergruppen eingeteilt:
   a) logisch formale Paradoxien, die den engeren Bereich der Logik umfassen
   b) semantische Paradoxien oder paradoxe Definitionen, die zum Bereich der Semantik gehören
   c) pragmatische Paradoxien, die ganz allgemein in zwischenmenschlichen Situationen auftreten und das Verhalten, das individuelle und das kollektive, entscheidend beeinflussen.
2 Der Begriff wurde zum ersten Mal 1956 von Bateson, G./Jackson, Don D./Haley, J./Weakland, J. in ihrer Veröffentlichung: *Toward a Theory of Schizophrenia*. Behavioral Science I, 251, verwendet und untersucht.
3 Oft können auch große Gruppen, bzw. die Mitglieder eines gesamten Vereines derartige paradoxe Handlungsaufforderungen nicht aushalten und versuchen daher, sie in der einfachst möglichen Art und Weise zu lösen. Sie stellen sich nicht außerhalb des Bezugssystems – denn dies würde die äußerst schwierige und schmerzhafte Entscheidung beinhalten, einen kritischen Standpunkt von außen zu beziehen und eine differenzierende sachliche Haltung einzunehmen –, sondern sie durchschneiden den gordischen Knoten und nehmen nun eine Haltung ein, die weitgehendst mit dem Bezugsrahmen ihrer „Gemeinschaft" kompatibel ist. Sie lösen die Doppelbindung, indem sie nur die Negation der Handlungsaufforderung akzeptieren und vertreten.
   So war z.B. in den „Dolomiten" vom 21./22. März 1998 in einem Interview mit dem Kommandanten der Stadt-Schützen von Bozen im Zusammenhang mit der gemeinsamen deutsch-italienischen Kranzniederlegung im Rathaus im November 1997 zu lesen: „Das sollte keine Verbrüderung mit den Italienern sein, sondern es war ein Entgegenkommen unsererseits …!"
4 Content Language and Integrated Learning
5 Durchschnittlich waren auf Pflichtschulebene zu den 6 Wochenstunden Deutsch als Zweitsprache noch 2 bis höchstens 4 Wochenstunden Immersionsunterricht geplant, d.h. Teile verschiedener Sachfächer wurden auf Deutsch unterrichtet.
6 Die ff – Südtiroler Wochenmagazin sieht ihre Aufgabe und Bedeutung darin, in einer kritischen Auseinandersetzung vor allem mit Ereignissen im Lande einen Gegenpol zur Tageszeitung „Dolomiten" zu bilden. Eigentümerin und Herausgeberin der ff ist eine Aktiengesellschaft. Präsidentin des Verwaltungsrates ist Magdalena Amonn.
7 Die Wochenzeitung „Südtirol Profil" erschien von 28.6.1993 bis Juni 1996. Redaktionell und finanziell bestand eine enge Verbindung zum „Österreich-Profil". Die Eigentümer der Wochenzeitschrift verstanden sich als kritische Beobachter und Kommentatoren des Südtiroler Geschehens, aber auch als Interpreten der nationalen Politik.
8 Die „Dolomiten" bezeichnet sich selbst als „Tagblatt der Südtiroler" und versteht sich als Sprachrohr der deutschsprachigen Südtiroler Bevölkerung. Eigentümer und Herausgeberin ist die Athesiadruck Ges.m.b.H., Chefredakteur ist Toni Ebner.
9 Das „Blatt für deutsche Leser" erschien als integrierter Teil der italienischen Tageszeitung „Alto Adige" außer am Montag in einem Umfang von ein bis zwei Seiten. Es wurde im Juni

1999 aus Kostengründen eingestellt.

10 Die zweite italienische Tageszeitung „il mattino dell'Alto Adige" konzentrierte sich vorwiegend auf lokale Nachrichten, die nationalen und internationalen Nachrichten wurden zuerst von der „Stampa" und dann vom „Corriere della Sera" übernommen, als dessen Beilage die Zeitung in letzter Zeit erschienen ist. Die Verlagsgesellschaft aus dem Trentino, die auch den „Adige" herausgibt, stellte Ende Mai 2003 das Erscheinen der Zeitung ein.

11 „Alleanza Nazionale" ist eine rechtsorientierte italienische Parteigruppierung, die im Jänner 1995 aus dem ehemaligen „Movimento Sociale Italiano – MSI" – hervorgegangen ist (im Bewusstsein der Bevölkerung als neofaschistische Partei empfunden), und die z.B. bei den Gemeinderatswahlen in Bozen im Mai 1995 über 30% der Stimmen erzielen konnte.

12 Immersionsunterricht im Kindergarten

13 Der „Alto Adige" ist im Augenblick die einzige lokale italienische Tageszeitung mit einer Auflage von ca. 50.000 Kopien. Er versteht sich als das Sprachrohr der Italiener in Südtirol und nimmt häufig einen ethnozentrischen Standpunkt ein. Die Zeitung gehört einer Trentiner Aktiengesellschaft, deren Präsident Giorgio Pasquali ist.

14 Ein großes Problem ist es, dass man in Südtirol, wenn man von Immersion spricht, das Problem sofort von der didaktischen Ebene auf die ethnisch-politische Ebene verlagert.

15 Pietro Mitolo, damals Bozner Abgeordneter von Alleanza Nazionale (AN) zum italienischen Parlament.

16 Karl Zeller, Abgeordneter der Südtiroler Volkspartei (SVP) zum italienischen Parlament.

17 Marco Boato hatte schon 1990 einen ersten parlamentarischen Antrag zur Einführung des Namens „Südtirol" eingereicht. In der Debatte in der Abgeordnetenkammer sagte Boato: „Ich kämpfe seit Jahren um die Einführung des Begriffes ‚Südtirol', aber dass man das friedliche Zusammenleben gefährden muss, indem man eine Ungerechtigkeit begeht und den Namen ‚Alto Adige' einfach abschafft, dafür kann ich einfach nicht eintreten." („Tageszeitung" vom 4./5. April 1998, S. 3)

18 Franco Frattini, ein in der Provinz Bozen gewählter Abgeordneter von „Forza Italia" (FI). Heute ist Frattini EU-Kommissar.

19 Gelobt wurde vom SVP-Abgeordneten Karl Zeller nur Armando Cossutta von „Rifondazione Comunista": „Eisbrecher war Armando Cossutta von Rifondazione", da er die Einführung des Namens „Südtirol" als „historische Wiedergutmachung faschistischen Unrechts an der Südtiroler Bevölkerung bezeichnete." („Dolomiten" vom 3. April 1998). Der Einsatz von Marco Boato aber, als Vertreter der „Grünen" in einem Trentiner Wahlkreis gewählt, musste aus zwei Gründen zensuriert werden: einmal weil die „Grün-Alternative Liste" in Südtirol einen interethnischen Kurs verfolgt und zum zweiten, weil Marco Boato gegen die Abschaffung der Region „Trentino – Alto Adige/Südtirol" war, wie es übrigens der damalige Präsident des Regionalrates (1997) – Oskar Peterlini (SVP) – auch war.

20 Das Fallbeispiel beschäftigt sich mit den Ereignissen bis zum Sommer 2003. Die weiteren Ereignisse (Rekurs der Union für Südtirol und einiger Eltern an das Verwaltungsgericht, das den Beschluss der Landesregierung bis zur inhaltlichen Entscheidung nicht aussetzt; weiterer Rekurs an den Staatsrat, der mit Urteil vom 16.01.2004 den Beschluss der Landesregierung außer Kraft setzt; Angebot eines freiwilligen Italienischunterrichtes in den 1. Klassen, von dem nur 14 Kinder abgemeldet werden; Einfügung der Bestimmung über den Italienischunterricht in den Artikel 18 des Finanzgesetzes 2004 des Südtiroler Landtages) werden hier nicht dargestellt, da sie für das Fallbeispiel einer ethnischen Berichterstattung nicht relevant sind.

21 In Baden-Württemberg hat die CDU-Regierung beschlossen ab dem Schuljahr 2003/2004 Englisch in der 1. Grundschulklasse flächendeckend einzuführen trotz des ausgeprägten schwäbisch – alemannischen Dialektes und trotz der Anwesenheit ausländischer MitbürgerInnen, die die Zahl der italienischen MitbürgerInnen in Südtirol bei weitem übersteigt.

22 Wie würde die deutsche Sprachgruppe reagieren, wenn wichtige italienische Verbände und Parteien massiv gegen das Früherlernen der 2. Sprache Deutsch protestieren und angesichts der zahlenmäßigen und politischen Mehrheit der deutschsprachigen Bevölkerung im Lande ständig von einer Gefahr der Vermischung und des Identitätsverlustes sprechen würden? Oder, als andere Variante, dauernd darauf hinweisen würden, dass man hier in Südtirol in Italien sei und daher nicht Deutsch zu lernen brauche?

23 „La scuola tedesca segue l'esempio italiano" (Mattino, 26.03.03)

24 Die Tageszeitung „il mattino dell'Alto Adige" hat an diesem Tag ihr Erscheinen eingestellt.

25 Dieser Begriff könnte mit „Freihafen" übersetzt werden.

26 Ähnliche Thesen vertritt auch der Autor in seinem Buch: Die Tücken der Nähe (2000). Meran:Alpha&Beta, S. 303–330) im Kapitel: Die Grenzen der Didaktik. Zur Kritik der schulischen Maßnahmenpolitik.

Literaturverzeichnis

Bateson, Gregory (1972): *Ökologie des Geistes.* Frankfurt/M.: Suhrkamp.

Baur, Siegfried (2000): *Die Tücken der Nähe, Kommunikation und Kooperation in Mehrheits- /Minderheitssituationen.* Meran: Alpha&Beta.

Baur, Siegfried/von Guggenberg, Irma/ Larcher, Dietmar (1998): *Zwischen Herkunft und Zukunft. Südtirol im Spannungsfeld zwischen ethnischer und postnationaler Gesellschaftsstruktur.* Meran: Alpha&Beta.

Bono de Edward (1985): *Konflikte. Neue Lösungsmodelle und Strategien.* Düsseldorf, Wien, New York: ECON.

Brambati, Simona Maria (2004): Ruolo della dominanza linguistica e della esposozione: Studio con risonanza magnetica funzionale (fMRI) in bilingui precoci ad alta padronanza. In: Baur, Siegfried (Hrsg.): *Il soggetto plurilingue. Interlingua, neurolinguistica, identità e multiculturalità.* Milano: Franco Angeli, pp. 121–168.

Edelhoff, Christoph (2001) (Hrsg.): Neue Wege im Fremdsprachenunterricht. Tübingen: Gunther Narr.

Edelhoff, Christoph (2001): Fremdsprachen in der Schule. In: Praxis Schule 5–10, Oktober 2001, S. 6–9.

Müller, Horst M./Rickheit, Gert (Hrsg.) (2004): *Neurokognition der Sprache.* Tübingen: Stauffenburg Verlag.

Jäger, Ludwig (2002): Die Sprache als Medium des Geistes. In: König, Ekkehard/ Krämer, Sybille (Hrsg.): *Gibt es eine Sprache hinter dem Sprechen?* Frankfurt/M.: Suhrkamp.

Laing, Ronald D. (1969): *Phänomenologie der Erfahrung.* Frankfurt/M.: Suhrkamp.

Lanthaler, Franz (1994) (Hrsg.): *Dialekt und Mehrsprachigkeit. Beiträge eines internationalen Symposiums. Dialetto e plurilinguismo. Atti di un simposio internazionale.* Meran: Alpha&Beta.

Perani, Daniela/Paulesu, Eraldo/Sebastián-Gallés, Núria/Dupoux, Emmanuel/Dehaene, Stanislaus/ Bettinardi, Valentino/Cappa, Stefano F./Fazio, Ferruccio/Mehler, Jacques (1998): The Bilingual Brain: Proficiency and Age of Acquisition of the Second Language. *Brain,* 121: 1841–1852.

Stierlin, Helm (1976); *Das Tun des Einen ist das Tun des Anderen.* Frankfurt/M.: Suhrkamp.

Stierlin, Helm (1994): *Ich und die anderen.* Stuttgart: Klett-Cotta.

Watzlawick, Paul/Beavin, Janet H./Jackson, Don D. (1969): *Menschliche Kommuni-kation.* Bern: Hans Huber Verlag.

Weber, Max (1922): *Wirtschaft und Gesellschaft. Grundriss der verstehenden Soziolo-gie.* Tübingen: Verlag J.C.B. Mohr (Paul Siebeck), 1976.

Günther Pallaver

Voraussetzungen für eine sprachgruppen-übergreifende „Wir-Identität"

Zehn Thesen für eine gemeinsame Kommunikation in Südtirol

1. Medien haben eine wichtige friedensstiftende Funktion

Da in den heutigen medienzentrierten Demokratien soziale und politische Realitäten massenmedial vermittelt werden, hängt die soziale Identität und soziale Existenz von sprachlichen Minderheiten ganz wesentlich von Minderheitenmedien ab. In ethnisch fragmentierten Gesellschaften wird deshalb die Selbstbestätigungsfunktion der Massenmedien höher eingeschätzt als die reine Vermittlung von Informationen. Dem Grundrecht auf Identitätsbildung durch Massenmedien in der eigenen Sprache folgt aber parallel die friedensstiftende Funktion von Medien, die in einer Gesellschaft mit mehreren Sprachgruppen operieren. Medien in solchen Gesellschaften haben die Aufgabe, durch eine entsprechende Kommunikation die ethnischen Spannungen zu reduzieren und die Kooperation unter den Sprachgruppen zu fördern. Ziel muss ein friedliches und konstruktives Zusammenleben unter den Sprachgruppen sein. Dies gilt gleichermaßen für die Medien der Minderheit(en) wie für die der Mehrheit(en).

2. Medien üben eine zentrale Funktion beim Abbau von Vorurteilen und beim Aufbau von Vertrauen aus

Schritte zu einem solch befriedeten Zusammenleben unter Sprachgruppen sind der Abbau von Vorurteilen, die unter Sprachgruppen besonders hartnäckig sein können. Interpersonelle Beziehungen sind für den Abbau von Vorurteilen zwar wichtig, aber reichweitenmäßig offensichtlich zu gering und zu wenig effizient. Vorurteile können eher durch die Herstellung einer öffentlichen Meinung über Massenmedien abgebaut werden. Diese haben deshalb eine besonders hohe Verantwortung, weil sie die Stereotypisierung festigen, potenzieren, oder aber vermindern und beseitigen können. Der Abbau von Vorurteilen ist eine der Voraussetzungen für den Aufbau von Vertrauen unter den Sprachgruppen und ist deshalb essentiell, weil es in solchen Gesellschaften nicht nur um (lösbare) Interessenkonflikte, sondern um (mitunter unlösbare) Identitätskonflikte geht. Massenmedien sind deshalb besonders angehalten, einen ständigen vertrauensbildenden Informationsprozess voranzutreiben, um öffentliches Vertrauen in die jeweils andere Sprachgruppe und in die gemeinsamen Institutionen herbeizuführen. Die Glaubwürdigkeit der Medien spielt dabei eine entscheidende Rolle.

3. Eine ethnisch fragmentierte Gesellschaft zerfällt in Teilöffentlichkeiten

Öffentlichkeit ist jener fiktive Ort, wo politische Kommunikation sichtbar wird, ist jene Art Transmissionsriemen, der für die Austauschbeziehungen unter den BürgerInnen auf der einen Seite und den BürgerInnen und dem politischen System auf der anderen Seite notwendig ist. Öffentlichkeit bedeutet weiters der Grad an Zustimmung zu politischen Institutionen, der über einen permanenten politischen Diskurs in der Öffentlichkeit erfolgt. Öffentlichkeit wird schließlich als Voraussetzung für ein demokratisches Gemeinwesen schlechthin angesehen, weil politische Legitimation kommunikationsabhängig ist. In komplexen Gesellschaften zerfällt diese Öffentlichkeit in zielgruppen-spezifische Teilöffentlichkeiten. Eine solche Teilöffentlichkeit bilden auch all jene (ethnischen) Gruppen, die gemeinsam mit anderen in einer ethnisch pluralen Gesellschaft leben. Dies bedeutet nicht automatisch eine Inkommunikabilität zwischen den Teilöffentlichkeiten, weil es in der öffentlichen Sphäre zu informellen Delegierungen an Eliten kommt.

4. Die Legitimation politischer Herrschaft muss kommunikativ begründet sein

Legitimation eines politischen Systems hängt mit Öffentlichkeit zusammen. Die Legitimation einer demokratischen Herrschaft erfolgt zwar über Wahlen als Verfahren, aber materiell liegt sie in der Akzeptanz der Regeln. Wenn politisches Handeln aber legitimiert werden soll, so besitzt diese Legitimität eine kommunikative Begründungsleistung, kommt Legitimität über einen permanenten Rückkoppelungsprozess zwischen BürgerInnen und politischem System zustande sowie durch einen permanenten Diskurs über gemeinsame Themen. In ethnisch fragmentierten Gesellschaften können solche gemeinsame Diskurse fehlen, weil es eine ethnisch geteilte Öffentlichkeit gibt. Ist aber die Öffentlichkeit fragmentiert, kann auch die Legitimität eines politischen Systems (ethnisch) fragmentiert und somit (theoretisch) unstabil oder jedenfalls einem ständigen legitimatorischen Erosionsprozess ausgesetzt sein. Wegen der besonderen politischen Sensibilität, in der ethnisch fragmentierte Gesellschaften ständig leben, ist deshalb eine möglichst ungeteilte Öffentlichkeit für die Legitimität und Stabilität eines politischen Systems eine zentrale Voraussetzung.

5. Südtirols politisches System beruht auf dem Prinzip der ethnischen Trennung

Südtirols politisches System entspricht dem Modell der Konkordanzdemokratie (*consociational democracy*). Es beruht in erster Linie auf dem Prinzip der Inklusion aller offiziell in Südtirol anerkannten Sprachgruppen (deutsch-, italienisch- und ladinischsprachige SüdtirolerInnen) in die zentralen Entscheidungsinstanzen auf der Ebene der Eliten und auf der institutionellen ethnischen Trennung auf der Ebene der Zivilgesellschaft. So sind beispielsweise die Sprachgruppen in der Landesregierung im Verhältnis zu ihrer Stärke im Landtag vertreten, unabhängig vom politischen Ergebnis der Landtagswahlen. Umgekehrt sind an der Basis die Institutionen getrennt. Es gibt nach Sprachgruppen getrennte Parteien (z.B. Südtiroler Volkspartei, Alleanza Nazionale, Ladins), ein getrenntes Schulsystem (deutsch- und italienischsprachige Schulen), Vereine und Körperschaften (z.B. italienisches Rotes Kreuz, deutschsprachiges Weißes Kreuz), Interessenvertretungen (z.B. deutschsprachige Gewerkschaft, italienischsprachiger Handwerkerverband) usw. Bei der zivilgesellschaftlichen Kooperation lautet das Prinzip: So wenig als möglich, so viel als notwendig.

6. Der ethnischen Trennung des politischen Systems entspricht auch das Mediensystem

Der Logik der institutionellen ethnischen Trennung entspricht auch das Mediensystem. Jede Sprachgruppe besitzt ihre eigenen, einsprachigen Medien. Das gilt für den Bereich der privatrechtlich organisierten Printmedien genauso wie für die elektronischen, namentlich für die öffentlich-rechtliche Radio- und Fernsehanstalt RAI. Es gibt auch eine Reihe von zweisprachigen Medien. Diese Medien, die im wesentlichen von öffentlichen Stellen und (größeren) Verbänden herausgegeben werden, berichten in den drei Landessprachen, aber es handelt sich in der Regel um Übersetzungen derselben Texte. Zweisprachige bzw. mehrsprachige Medien, in denen Texte in den drei Landessprachen ohne Übersetzung erscheinen oder gesendet werden, bilden die Ausnahme. Es handelt sich dabei auch nicht um marktrelevante Medien, sondern eher um alternative Medien, um Nischenprodukte.

7. Mehrsprachigkeit als Voraussetzung für den Abbau von Vorurteilen und den Aufbau von gegenseitigem Vertrauen

Der öffentliche Diskurs ist in Südtirol ethnisch getrennt und kann deshalb nicht jene gesellschaftlichen Leistungen erbringen, die für den Abbau von Vorurteilen und für den Aufbau von gegenseitigem Vertrauen notwendig wären. Als Erklärung könnte man einwenden, dass eine Kommunikationsgemeinschaft eine gemeinsame Sprache voraussetzt. Solche Voraussetzungen, die von Alter, Bildung, Wohngebiet und Beruf abhängig sind, bestehen in Südtirol. Trotz vergleichsweise guter Zweitsprachkenntnisse werden aber Medien in einer anderen Landessprache wenig genutzt. Gründe dafür sind Zeitdruck und die inhaltliche Ausrichtung der Medien. Sympathien für die jeweils andere Sprachgruppe und Sprachkenntnisse hängen aber eng zusammen. Je besser die Sprachkenntnisse, desto größer auch die jeweiligen Sympathiewerte der anderen Sprachgruppe gegenüber. Die Selbstsicht ist dann am positivsten, wenn die Kenntnisse der anderen Landessprache gering sind.

8. Die ethnische Trennung der Kommunikation führt zur legitimatorischen Anfälligkeit des politischen Systems

Das sprachlich getrennte Mediensystem Südtirols ist ethnisch autoreferenziell. Die jeweiligen Medien berichten in erster Linie über Ereignisse und Akteure der eigenen Sprachgruppe. Ereignisse, die einen überwiegenden oder ausschließlichen Bezugspunkt nur zu einer Sprachgruppe aufweisen, werden von den Medien der anderen Sprachgruppe entweder überhaupt nicht oder nur zu einem (geringen) Teil berücksichtigt. Ein gemeinsamer Aufmerksamkeitsfokus wird in der Regel vermieden. Wenn über gemeinsame Themen berichtet wird, dann erfolgt dies sehr oft aus der Perspektive der jeweiligen Sprachgruppe. Ethnisch neutrale Ereignisse werden mitunter ethnisch eingefärbt und bergen dadurch Zündstoff für ethnische Spannungen. Grundsätzlich fehlt es an einem gemeinsamen Diskurs, der über die jeweiligen ethnischen Teilöffentlichkeiten hinausgeht. Eine ethnisch geteilte Öffentlichkeit führt zu einer ethnisch geteilten Legitimität des politischen Systems, weil es an gemeinsamen legitimationsstiftenden Diskursen fehlt, weil es unterschiedliche Wahrnehmungen, zu geringe gemeinsame Erfahrungen, unterschiedliche Verständigungsarten usw. gibt. Die Folge davon ist, dass die Legitimation des politische Systems durch eine quantitativ und qualitativ unterschiedliche Kommunikation gekennzeichnet ist. Die Legitimation ist ethnisch asymmetrisch.

9. Eine ethnisch ungeteilte Kommunikation erfordert gemeinsame intermediäre Strukturen und Entscheidungen

Die Schaffung einer gemeinsamen Öffentlichkeit in ethnisch fragmentierten Gesellschaften erfordert nicht nur gemeinsame Diskurse, sondern auch die sprachgruppenübergreifende Bündelung gemeinsamer Interessen. Solche intermediäre Strukturen sind in erster Linie gemeinsame Parteien und gemeinsame Verbände, also Einrichtungen, die nicht entlang des ethnischen *cleavage* organisiert sind. Solche gemeinsame Interessenvertretungen sind umso eher realisierbar, wenn den einzelnen Sprachgruppen deren gruppenübergreifende Bedeutung für den Alltag bewusst wird. Trotz der hohen Verantwortung für ein friedliches Zusammenleben unter den Sprachgruppen orientieren sich privatrechtlich organisierte, in erster Linie die Printmedien, am Markt. Wenn die Nachfrage nach zweisprachigen Medien wegen einer Reihe von Gründen (Sprachkenntnisse, Trägheitsmomente usw.) nicht gegeben ist, werden die privaten Anbieter in solche Produkte nicht investieren. Anders verhält es sich bei jenen Medien, insbesondere bei Rundfunk- und Fernsehanstalten, die einem öffentlich-rechtlichen Auftrag unterliegen. So hat etwa die RAI in Südtirol unabhängig von Rentabilitätsrechnungen gesamtgesellschaftliche Funktionen zu erfüllen. Darunter fällt nicht nur die Stärkung der Identität der einzelnen Sprachgruppen, sondern auch die friedensstiftende Funktion, mit der das Zusammenleben gefördert wird. Und dazu können spezielle zweisprachige Sendeeinrichtungen einen Beitrag leisten.

10. Die Schaffung einer „Wir-Identität" verstärkt das friedliche und konstruktive Zusammenleben unter den Sprachgruppen und führt zur Steigerung des Sozialkapitals

Die Schaffung von gemeinsamen Einrichtungen massenmedialer Kommunikation bedeutet nicht, dass die identitätsstiftende Funktion der Medien für die ethnischen Minderheiten (und Mehrheiten) beseitigt gehört. Hier geht es in erster Linie um die Bildung einer gemeinsame Dach-Identität, um eine transethnische Ökumene, in der ethnische genauso wie alle anderen (Teil)Identitäten ihren Platz finden können. Eine solche „Wir-Identität" ist in erster Linie über den Weg der (massenmedialen) Kommunikation in einer ungeteilten öffentlichen Sphäre und über gemeinsame Themen und Inhalte erreichbar. Dies würde mittelfristig auch zu einem gesellschaftlichen Mehrwert führen, den wir Sozialkapital nennen. Sozialkapitel ist eine Kombination aus Vertrauen, speziellen gemeinschaftsbezogenen Werten und Normen und bedeutet ganz allgemein soziale Kontakte und Netzwerke. Die Zusammenarbeit, in diesem Falle unter den verschiedenen Sprachgruppen, führt zur Bündelung individueller Ressourcen und verringert die Transaktionskosten sozialen Handelns. Die Überwindung der in Südtirol herrschenden ethnischen Trennung auf individueller (informeller) und institutioneller (formeller) Ebene würde zu einer Steigerung des Sozialkapitals, des gesellschaftlichen Mehrwerts führen sowie die Integration und Kohäsion der heute labilen, weil ethnisch fragmentierten Gesellschaft fördern und stärken.

138

Autorenverzeichnis

Mag. Dr. Hermann Atz

geb. 1953; studierte Physik, Mathematik und Politikwissenschaft in Innsbruck und Wien; Post-Graduate-Ausbildung in Politikwissenschaft am Institut für Höhere Studien, Wien. Langjähriger Mitarbeiter des Landesinstituts für Statistik der Autonomen Provinz Bozen. 1993 Gründung von apollis – Institut für Sozialforschung und Demoskopie in Bozen. Seit 2001 Lehrbeauftragter für Statistik am Institut für Politikwissenschaft der Univ. Innsbruck. Forschungsschwerpunkte: Angewandte Sozialforschung zu Schule und Berufsbildung, Arbeitsmarkt, Regionalentwicklung, Sozialwesen, Kundenzufriedenheit, ethnische Identität usw.; Wahlforschung. Zahlreiche Veröffentlichungen.

Univ.-Doz. Dr. Siegfried Baur

geb. 1943 in Wels (A); bis 1992 im Schuldienst als Lehrer, Direktor und Inspektor; Lehraufträge am Institut für Erziehungswissenschaften und Bildungsforschung der Universität Klagenfurt; Habilitation im Jahres 2000 an derselben Universität; Lehraufträge an der Freien Universität Bozen/Brixen und an der Universität Innsbruck.

Arbeitsschwerpunkte: Soziolinguistische Bedingungen für Zweitsprachlernen, interkulturelle Bildung, Begegnungspädagogik, bilinguale Erziehung.

Zahlreiche Beiträge in wissenschaftlichen Zeitschriften und Sammelbänden, Mitautor von „Zwischen Herkunft und Zukunft. Südtirol im Spannungsfeld zwischen ethnischer und nationaler Gesellschaftsstruktur", 1998, Autor von „Die Tücken der Nähe. Kommunikation und Kooperation in Mehrheits-/Minderheitssituationen" (ins Italienische übersetzt), 2000, beide Alpha Beta, Meran.

Dr. Leo Hillebrand

geb. 1964, wohnhaft in Prissian, studierte Geschichte, Politikwissenschaften und Germanistik in Wien. Er unterrichtet Deutsch und Geschichte an der Lehranstalt für Wirtschaft und Tourismus „Robert Gasteiner" in Bozen. Seit 1996 publizistische Tätigkeit für verschiedene Zeitungen und Zeitschriften, unter anderem für die Neue Südtiroler Tageszeitung. Mitglied der Arbeitsgruppe Regionalgeschichte. Zu seinen Buchveröffentlichungen zählen „Medienmacht & Volkstumspolitik. Michael Gamper und der Athesia-Verlag" (1996), „Im Zeichen der Urania. Bruno Pokorny. Ein Südtiroler Bildungspionier" (2001) und „,Es waren schmale Jahre.' Alltagsgeschichtliche Erinnerungen aus der Gemeinde Tisens" (2002). Mitarbeit an der Reihe „Das 20. Jahrhundert in Südtirol" (1999–2003).

DDr. Alexander Langer

geb. 1946 in Sterzing, Studium der Rechtswissenschaften in Florenz sowie Soziologie in Bonn und Trient. Gymnasiallehrer, Journalist und Übersetzer; Langer war seit Mitte der 60er Jahre politisch und publizistisch vor allem in der außerparlamentarischen Linken in Italien und Deutschland tätig. 1978 Mitbegründer der Liste Neue Linke/Nuova Sinistra, die er von 1978 bis 1981 im Südtiroler Landtag vertrat. 1983 wurde er für die Alternative Liste für das andere Südtirol/Lista alternativa per l'altro Sudtirolo, 1988 für die Grün-Alternative Liste/Lista Verde Alternativi als Landtagsabgeordneter wiedergewählt.

1985 bis 1987 baute er die Grünen Italiens auf, für die er 1989 ins Europäische Parlament zog. Als Vorsitzender der Grünen EU-Fraktion engagierte er sich vor allem in der Außen-, Sicherheits-, Abrüstungs- und Entwicklungspolitik. Als Mitglied der EU-Delegation für Südosteuropa hatte er zahlreiche Friedensinitiativen in Albanien, Kosovo und Bosnien initiiert. 1995 wählte Langer den Freitod.

ao. Univ.-Prof. DDr. Günther Pallaver

geb. 1955 in Bozen ist ao. Universitätsprofessor für Politikwissenschaft am Institut für Politikwissenschaft der Universität Innsbruck. Seit 2004 Fakultätsstudienleiter der Fakultät für Politikwissenschaft und Soziologie. Nach Studien der Rechtswissenschaften (Dr.jur.), Geschichte und Politikwissenschaft (Dr.phil.) in Innsbruck, Salzburg, Wien, Verona und London legte er 1991 in Rom die staatliche Journalistenprüfung ab und arbeitete bis 1995 als Journalist für die Tageszeitung Alto Adige (Deutsches Blatt) und das Wochenmagazin ff. 1996 gründete er mit anderen das Institut für Medienanalyse MediaWatch (Innsbruck). Seit 1995 an der Universität Innsbruck, wo er sich 2001 habilitierte. Er ist Italienexperte und beschäftigt sich vor allem mit politischer Kommunikation, ethnoregionalen Parteien und mit dem Vergleich politischer Systeme. Zahlreiche Veröffentlichungen.